全国一级建造师执业资格考试红宝书

建设工程经济

历年真题解析及预测

2023 版

主　编　左红军
副主编　叶虎翼
主　审　梅世强　黄金芳

机 械 工 业 出 版 社

本书以一级建造师考试大纲及教材为纲领，以现行法律、法规、标准、规范为依据，以历年真题为载体，在突出考点分布和答题技巧的同时，兼顾本科目知识体系框架的建立，并与各专业实务中的专业管理内容呼应，提供成本及造价管理的方法和依据。

本书以章节为纲领，以考点为程序，通过一级建造师的经典真题与考点的筛选、解析，使考生能够极为便利地抓住应试要点，并通过经典题目将考点激活，从而解决了死记硬背的问题，真正做到"三度"。

"广度"——考试范围的锁定。本书通过对考试大纲及命题考查范围的把控，确保覆盖90%以上的考点。

"深度"——考试要求的把握。本书通过对历年真题及命题考查要求的解析，确保内容的难易程度适宜，与考试要求契合。

"速度"——学习效率的提高。本书通过对历年真题及命题考查热点的筛选，确保重点突出60%的常考、必考内容，精准锁定30%的2023年考试要求掌握的内容，剔除10%的偏僻内容和老套过时的题，做到有的放矢，提高学习效率。

本书适用于2023年参加全国一级建造师执业资格考试的考生，同时可作为造价工程师考试的重要参考资料。

图书在版编目（CIP）数据

建设工程经济：历年真题解析及预测：2023版/左红军主编. —3版. —北京：机械工业出版社，2023.3

全国一级建造师执业资格考试红宝书

ISBN 978-7-111-72836-8

Ⅰ.①建… Ⅱ.①左… Ⅲ.①建筑经济-资格考试-自学参考资料 Ⅳ.①F407.9

中国国家版本馆CIP数据核字（2023）第049701号

机械工业出版社（北京市百万庄大街22号 邮政编码100037）

策划编辑：王春雨 责任编辑：王春雨

责任校对：龚思文 李 婷 封面设计：马精明

责任印制：常天培

北京机工印刷厂有限公司印刷

2023年4月第3版第1次印刷

184mm×260mm · 15.75印张 · 387千字

标准书号：ISBN 978-7-111-72836-8

定价：59.00元

电话服务 网络服务

客服电话：010-88361066 机 工 官 网：www.cmpbook.com

010-88379833 机 工 官 博：weibo.com/cmp1952

010-68326294 金 书 网：www.golden-book.com

 机工教育服务网：www.cmpedu.com

本书编审委员会

主　　编　左红军

副 主 编　叶虎翼

主　　审　梅世强　黄金芳

编写人员　左红军　叶虎翼　赵奕雯　侯文俊　杨伟伟　娄　卫

刘树仁　李　爽　周　健　黄成建　李　玥　王巧丽

刘莎莎　汪江丽　林　涛　唐朝旭　蒋　旭　张海龙

李艳平　李　俊　吴文斌　徐　盼　赵　乾　宋联飞

方煜文　张建波　伍胜洪　季秋蕾　程　敏　官庆勇

前　　言

——75 分须知

本书严格按照现行的法律、法规、会计准则和计量计价规范的要求，对历年真题进行了体系性的精解，从根源上解决了“知识繁杂难掌握、范围太大难锁定”的应试通病。

历年真题是实务考试科目命题的风向标，也是考生顺利通过一级建造师考试的生命线，在掌握搭建框架、锁定题型、实操细节三部曲之后，对本书中的历年真题反复精练 3 遍，75 分（60 分及格，另外 15 分为保险分）指日可待。所以，历年真题解析是考生应试的必备宝典。

一、框架纲领

1. 第一章——工程经济

本章内容是“建设工程经济”科目的难点，是以技术方案为研究对象，运用一些方法和理论进行财务分析和评价。本章的难点在于简单经济模型的建立和数学计算方法的掌握，侧重对知识的理解和运用。

本章知识的典型特点是“会者不难”，要求考生通过老师深入浅出、高度概括的讲解，迅速掌握基本理论和模型，结合生活及工作的实际加以理解，然后通过相应的习题练习加以巩固。

本章计算题、判断题较多，切忌死背公式和结论，记住“计算题不考数学计算，而是考查知识的理解和辨析”这一要义。本章分值约为 25 分，是通过考试的瓶颈内容，锁定 20 个左右的重点考点（几乎每年必考），考生应当反复练习。

2. 第二章——工程财务

本章内容是以企业为研究对象，以《企业会计准则》为依据，运用财务会计的方法和理论对企业进行财务分析和管理。本章的难点在于内容与考生日常生活和工作没有相关性，专业性较强，专业术语和理论较多，且晦涩难懂，非专业考生很难在短时间全面掌握，但本章分值约为 22 分，相对而言占比不大，在前期复习阶段属于本科目考试战略性放弃的内容。

在锁定相关考点后，考生可将本章内容放在考前突击阶段复习，通过培训班老师讲解和习题练习，也能拿到 50%左右的分数。

3. 第三章——建设工程估价

本章内容以建设项目为研究对象，以《方法与参数》（第 3 版）、《计量及计价规范》和《建设工程施工合同（示范文本）》为依据，运用定额、清单等工具对建设项目投资及工程造价进行分析和控制。本章属于“建设工程经济”科目最重要的内容，分值约为 55 分，也是通过本科目考试的基础。

本章内容体系性较强，记忆性知识点较多，分为下列几个板块：

1）建设项目投资的构成。重点在建筑安装工程造价及工程建设其他费用的构成，内容繁杂，考查细节内容。

2）建设工程定额体系。定额是一种工具，这部分内容以建设项目全过程造价管理为轴线，以在不同阶段运用不同的定额进行造价管理为线索，以不同定额的研究对象、项目划分、定额性质、定额作用为框架，对知识进行全面梳理。

3）建设工程项目设计概算及施工图预算。这部分内容以两者的编制依据、编制对象、编制方法、编制程序、审查方法和作用为框架进行梳理，对比理解记忆。

4）清单编制及计价。这部分内容是建筑安装工程造价的基础，要求对《清单计价规范》，以及清单计价模式与传统计价模式的区别进行全面掌握，同样应当将两者进行对比理解记忆。

5）计量与支付。以《清单计价规范》及《建设工程施工合同（示范文本）》为依据，以合同履行和管理为线索，涉及工程量的计量、合同预付款、进度款、合同价款变更、索赔、结算以及争议处理等内容，要求考生各个击破，有机结合。

同时注意，上述4）、5）的内容也是实务案例题第4题的考点，即案例题的题根和依据在上述两项中，考生在复习时应予以高度重视。

二、考试题型

1. 单项选择题60分

1）规则：4个备选项中，只有1个最符合题意。

2）要求：在考场上，题干读3遍，细想3秒钟，看全备选项。

3）例外：没有复习到的考点先放行，可能案例部分对其有提示。

4）技巧：设置计算题的目的在于通过数字考核概念；设置图形题的目的就是考核现场应知应会；综合单项选择题在于考核专业语感；有正反选项的单项选择题，其正确答案必是其中一个；偏题B、C选项的概率高。

2. 多项选择题40分

1）程序规则：①至少有2个备选项是正确的→②至少有1个备选项是错误的→③错选，不得分→④少选，所选的每个选项得0.5分。

2）依据①：如果用排除法已经排除3个备选项，剩下的2个备选项必须全选！

3）依据②：如果每个备选项均不能排除，说明该考点基本上已经掌握，但没有完全掌握到位，怎么办？在考场上你必须按照规则②执行！

4）依据③：如果已经选定了两个正确的备选项，第三个不能确定，在考场上你必须按照规则③执行！

5）依据④：如果该考点根本就是没有复习到的极偏的专业知识，在考场上你必须按照规则④执行！

请考生参照历年真题解析中的应试技巧，不同章节有不同的选定方法，但总的原则是“胆大心细规则定，无法排除AE并，两个确定不选三，完全不知C上挺”。

三、基本题型

根据试题的设问方法和考查角度，把本科目的考试题型划分为4大类：综合论述题、细节填空题、判断应用题、计算题。

1. 综合论述题

这是近年来一级建造师考试公共课命题的热点及趋势，也是目前考试的主打题型。此类型题目最大的特点是考查的知识点多，涉及面广，要求考生能够系统而全面地掌握相关知识，进而提高考试通过的概率。

在复习备考的过程中，考生需要系统而全面地对每科知识进行全面复习，通过知识体系框架的建立及习题练习，来保障对考试范围内知识点的覆盖程度。注意，一级建造师考试最重要的是对知识面的考查。

2. 细节填空题

细节填空题又分为两类：第一类是重要的知识点细节，即重要的期限、数字、组成、主体等；另外一类是对一些易混淆、易忽视、含义深的知识点的考查，题中会根据考生平时的惯性思维、复习盲区等制造干扰选项来扰乱思维。

在复习备考的过程中，由于这类题具有比较强的规律性，考生应当通过历年真题的练习和老师的讲解，对这些知识点进行重点标注、归纳总结。

3. 判断应用题

这种题型是考试的难点题型，需要考生对工程经济的专业概念、理论、规范有着深入而清醒的认识和理解，能够站在工程经济的角度，运用有关知识和工具对项目建设过程中出现的实际问题进行分析判断，进行合理有效的处理。

这部分知识点需要考生借助专业人士或辅导老师深入浅出的讲解，在理解的基础上系统掌握，而不是机械地背诵或记忆。这类题也是考试改革的趋势，同时对考生实际的建设工程项目管理工作有很强的规范和指导意义。

4. 计算题

历年“建设工程经济”科目考试计算题的分值都在 22 分左右，很多考生认为是难点，但其实本科目考试的计算题并不复杂，计算本身是小学和初中数学知识的运用，重点在于经济模型的建立和相关知识的理解。这部分内容的特点在于一旦掌握，长期不忘，无须记忆，分数稳拿，因此这部分内容应当是所有考生必须掌握的内容。

本书内容中所有计算题的解析尽可能地避免运用教材中繁杂的公式，用最简单的角度和列式来解答，要求考生重在理解，反复练习掌握，同时注意解题速度。

四、考生注意事项

1. 只背书肯定考不过

在应试学习过程中，只靠背书是肯定考不过的。切记：体系框架是基础、细节理解是前提、归纳总结是核心、重复记忆是辅助。特别是非专业考生，必须借助历年真题解析中的大量图表去理解每一个模块的知识体系。

2. 只勾画教材考不过

从 2014 年开始，通过勾画教材进行押题的神话已经成为“历史上的传说”。一级建造师考题的显著特点是以知识体系为基础的“海阔天空”，试题本身的难度并不大，但涉及的面太大。考生必须首先搭建起属于自己的知识体系框架，然后通过真题的反复演练，在知识体系框架中填充题型。

3. 只听不练难通过

听课不是考试过关的唯一条件，但听一个好老师的讲课对搭建知识体系框架和突破体系难点会有很大帮助，特别是非专业考生。听完课后要配合历年真题进行精练，反复校正答题模板，形成题型定式。

4. 先实务课后公共课，统一部署、区别对待

“赢在格局，输在细节”。“格局”是指一级建造师执业资格考试的四科应统一部署，整个知识体系化，主次分明、分而治之，穿插迂回、各个击破。“细节”是指日常的时间安排及投入，每个板块知识点最终聚焦为一个个考点，一道道真题，日积月累，滴水穿石。

在对历年真题总结归纳的基础上，区别对待不同的知识体系。例如同是合同管理的内容，“建设工程经济”侧重的是合同价款的全过程管理，“建设工程项目管理”侧重的是合同管理的理论和工具，“建设工程法规及相关知识”侧重的是法定程序和法律依据，“建筑工程管理与实务”侧重的是综合运用和实操。

实务是历年考试的重中之重，也是能否通过一级建造师考试的关键所在，同时“建筑工程管理与实务”这科又融合了三门公共课的主要知识内容，这就需要以实务为龙头形成体系框架，在此基础上跟进公共课的选择题，从而达到“实务带动公共课，公共课助攻实务”的目的。

5. 三遍成活

上述绝大部分内容在本书中都有体现，因此要求考生对本书的内容做到“三遍成活”。

第一遍：重体系框架、重知识理解，本书通篇内容都要练习。

第二遍：重细节填充、重归纳辨析，对书中的考点、难点、重点要反复练习，归纳总结，举一反三。

第三遍：重查漏补缺、重错题难题，在考前最好的复习资料就是错题和查漏补缺的点。

五、超值服务

（1）红宝书备考交流群：群内定期更新不同备考阶段精品资料、课程、指导。微信群二维码：

（2）《2023全章节高频考点速学课》视频，由左红军师资团队根据历年高频考点、最新考试方向精心录制，涵盖全章节核心考点精析。

（3）2023最新备考资料：《2023备考导学课》视频、《全阶段备考白皮书》（电子版）。

（4）1对1伴学顾问：给读者持续发送最新备考资料、第一时间更新最新考前动态、辅助制订备考计划、监督学习进度等。

本书编写过程中得到了业内多位专家的启发和帮助，在此深表感谢！由于时间和水平有限，书中难免有疏漏和不当之处，敬请广大读者批评指正。

编　者

目　　录

第一章　工程经济

第一节　资金时间价值的计算及应用

考点一：资金时间价值的概念
考点二：利息、利率的概念及计算
考点三：现金流量图的绘制
考点四：资金等值计算及应用
考点五：名义利率与有效利率的计算

一、历年真题及解析

1. **【2022 年真题】** 关于资金时间价值的说法，正确的是（　　）。

A. 资金的时间价值是资金随时间周转使用的结果

B. 资金的时间价值与资金数量无关

C. 资金的时间价值与资金周转的速度成反比

D. 利率是衡量资金时间价值的绝对尺度

【解析】 资金时间价值实质是资金作为生产经营要素，在扩大再生产及其资金流通过程中，资金随时间周转使用的结果，故选项 A 正确。

在资金增值率等其他条件不变的情况下，资金数量越多，资金的时间价值就越大，故选项 B 错误。

资金周转一次就会产生一次时间价值，故在一定的时间内资金周转的速度越快，周转的次数越多，资金的时间价值就越大，故选项 C 错误。

利率是衡量资金时间价值的相对尺度，故选项 D 错误。

2. **【2021 年真题】** 甲、乙、丙和丁四个公司投资相同项目，收益方案见下表（单位：万元）。若社会平均收益率为 10%，根据资金时间价值原理，其投资收益最大的是（　　）。

公司	第 1 年	第 2 年	第 3 年	合计
甲	200	500	300	1000
乙	200	400	400	1000
丙	300	500	200	1000
丁	300	400	300	1000

A. 甲公司　　　　B. 乙公司
C. 丙公司　　　　D. 丁公司

【解析】 在回收的资金总额和收益率一定的情况下，回收的资金回收得越早，资金产生的正效益就越大（资金时间价值越大），由上表可知，方案丙的资金回收时间最早。

3. 【2020 年真题】关于资金时间价值，正确的为（　　）。

A. 单位时间资金增值率一定的条件下，资金时间价值与使用时间成正比

B. 资金随时间推移而贬值部分就是原有资金

C. 其他条件不变的情况下资金的时间价值与资金数量成正比

D. 一定时间内等量资金周转次数越多，资金时间价值越多

E. 投入资金总额一定，前期投入越多，资金时间价值越多

【解析】 影响资金时间价值的因素：①资金的使用时间。在单位时间的资金增值率一定的条件下，资金使用时间越长，则资金的时间价值越大；使用时间越短，则资金的时间价值越小，故选项 A 正确。

② 资金数量的多少。在其他条件不变的情况下，资金数量越多，资金的时间价值就越多；反之，资金的时间价值则越少，故选项 C 正确。

③ 资金投入和回收的特点。在总资金一定的情况下，前期投入的资金越多，资金的负效益越大；反之，后期投入的资金越多，资金的负效益越小，故选项 E 错误。

④ 资金周转的速度。资金周转越快，在一定的时间内等量资金的周转次数越多。资金的时间价值越多；反之，资金的时间价值越少，故选项 D 正确。

资金价值是时间的函数，随时间的推移而增值，其增值的部分就是资金的时间价值，故选项 B 错误。

4. 【2007 年真题】某建设项目建设期为 3 年，生产运营期为 5 年，本项目可发生 A、B、C、D 四种现金流量状态，见下表，投资者最希望的现金流量状态是（　　）。

计算期	1	2	3	4	5	6	7	8
A	-100	-100	-100	100	100	100	100	100
B	-50	-50	-200	100	100	100	100	100
C	-50	-50	-200	50	50	100	100	200
D	-50	-50	-200	150	150	50	50	100

【解析】 资金投入和回收的特点对资金时间价值的影响：总资金一定，前期投入的资金越多，资金的负效益越大；资金回收额一定，离现在越近的时间回收的资金越多，资金的时间价值就越多。即在资金数额一定的前提下，资金投入越晚，回收越早对投资者越有利。题中投入及回收的总额一定，方案 D 投入最晚，回收最早，对投资者最有利。

5. 【2004 年真题】在其他条件不变的情况下，考虑资金时间价值时，下列现金流量图中效益最好的是（　　）。

A. 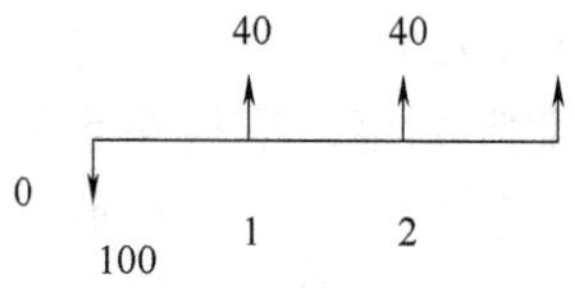

B. 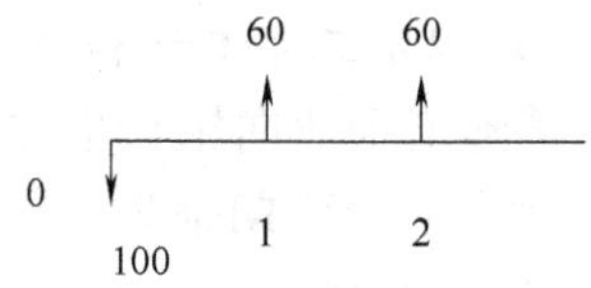

C. 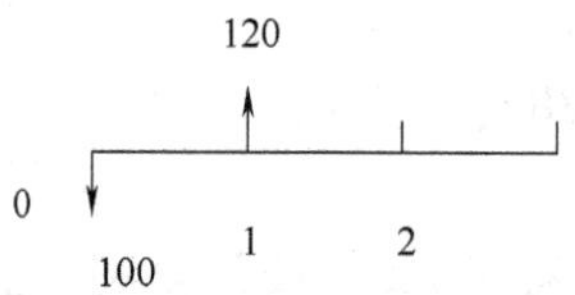

D. 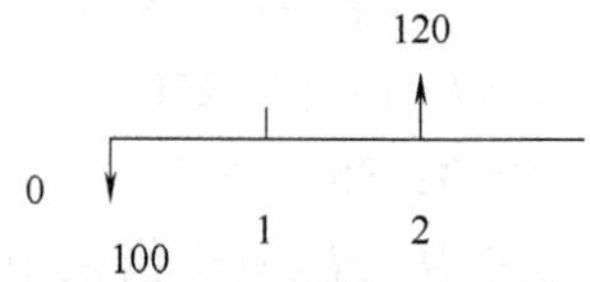

【解析】 资金投入和回收的特点对资金时间价值的影响：总资金一定，前期投入的资金越多，资金的负效益越大；资金回收额一定，离现在越近的时间回收的资金越多，资金的时间价值就越多。即在资金数额一定的前提下，资金投入越晚，回收越早对投资者越有利。题中投入及回收的总额一定，资金投入的时间一致，方案C回收最早，资金的时间价值最多，效益最好。

6. **【2022年真题】** 企业年初借入一笔资金，年名义利率为6%，按季度复利计息，年末本利和为3184.09万元，则年初借款金额是（ ）万元。

A. 3003.86　　B. 3000.00

C. 3018.03　　D. 3185.03

【解析】 $P=F/(1+i)^n=3184.0/(1+6\%/4)^4=3000.00$（万元）

7. **【2021年真题】** 某公司年初借入资金1000万元，期限3年，按年复利计息，年利率10%，到期一次还本付息。则第3年年末应偿还的本利和为（ ）万元。

A. 1210　　B. 1300　　C. 1331　　D. 1464

【解析】 $F=P(1+i)^n=1000\times(1+10\%)^3=1331$（万元）。

8. **【2019年真题】** 某企业以单利计息的方式年初借款1000万元，年利率6%，每年年末支付利息，第5年年末偿还全部本金，则第3年年末应支付的利息为（ ）万元。

A. 300.00　　B. 180.00　　C. 71.46　　D. 60.00

【解析】 单利计息，利息 $I=Pi=1000\times6\%=60$（万元）。

9. **【2016年真题】** 某施工企业拟从银行借款500万元，期限为5年，年利率8%，下列还款方式中，施工企业支付本利和最多的还款方式是（ ）。

A. 每年年末偿还当期利息，第5年年末一次还清本金

B. 第5年年末一次还本付息

C. 每年年末等额本金还款，另付当期利息

D. 每年年末等额本息还款

【解析】 复利的本质是当期产生的利息和本金在下一计息周期都得计息，而单利则是只有本金进入下一计息周期计息。题中四种方案中，只有B选项方案所有计息周期的利息和本金全部在计息（复利），因此利息最多，本利和最多。

10. **【2016年真题】** 某施工企业银行借款100万元，期限为3年，年利率8%，按年利息并于每年年末付息，则第3年年末企业需偿还的本利和为（ ）万元。

A. 100　　B. 124　　C. 126　　D. 108

【解析】 每年年末支付利息，所以按照单利计算。第三年应付利息 $100\times8\%=8$（万

元），第三年要归还本金，所以第三年本利和为 100+8=108（万元）。

11. **【2013 年真题】**某施工企业向银行借款 250 万元，期限 2 年，年利率 6%，半年复利计息一次，第二年还本付息，则到期企业需支付给银行的利息为（　　）万元。

A. 30.00　　B. 30.45　　C. 30.90　　D. 31.38

【解析】 半年复利计息，则半年的有效利率=6%/2=3%。

第二年年末的本利和 $F=P(1+i)^n=250\times(1+3\%)^4=281.38$（万元）。

应付利息=281.38−250=31.38（万元）。

12. **【2011 年真题】**企业从金融机构借款 100 万元，月利率 1%，按月复利计息，每季度付息一次，则该企业一年需向金融机构支付利息（　　）万元。

A. 12.00　　B. 12.12　　C. 12.55　　D. 12.68

【解析】 每个季度内按月复利计息，每年内按季度单利计息。

每个季度有效利率 $=i_{\text{eff}}=\left(1+\dfrac{r}{m}\right)^m-1=(1+1\%)^3-1=3.03\%$。

年利息 $I=Pi=100\times3.03\%\times4=12.12$（万元）。

13. **【2007 年真题】**每半年年末存款 2000 元，年利率 4%，每季复利计息一次，2 年年末存款本息和为（　　）万元。

A. 8160.00　　B. 8243.22　　C. 8244.45　　D. 8492.93

【解析】 每季度复利一次，则半年的有效利率 $=i_{\text{eff}}=\left(1+\dfrac{r}{m}\right)^m-1=(1+1\%)^2-1=2.01\%$。

每半年末存款一次，则 2 年共存款 4 次，第二年年末的本息和为每次存款的本息和之和：

$F=2000\times[(1+2.01\%)^3+(1+2.01\%)^2+(1+2.01\%)^1+(1+2.01\%)^0]=8244.45$（万元）。

或者直接使用年金终值公式：$F=A\dfrac{(1+i)^n-1}{i}=2000\times\dfrac{(1+2.01\%)^4-1}{2.01\%}=8244.45$（万元）。

14. **【2017 年真题】**关于现金流量图绘制规则的说法，正确的有（　　）。

A. 横轴为时间轴，向右延伸表示时间的延续

B. 对投资人而言，横轴上方的箭线表示现金流出

C. 垂直箭线代表不同时点的现金流量情况

D. 箭线长短应体现各时点现金流量数值的差异

E. 箭线与时间轴的交点即为现金流量发生的时点

【解析】 对投资人而言，横轴上方的箭线表示现金流入，故选项 B 错误。

15. **【2013 年真题】**关于现金流量图的绘制规则的说法，正确的有（　　）。

A. 箭线长短要能适当体现各时点现金流量数值大小的差异

B. 箭线与时间轴的交点表示现金流量发生的时点

C. 横轴是时间轴，向右延伸表示时间的延续

D. 现金流量的性质对不同的人而言是相同的

E. 时间轴上的点通常表示该时间单位的起始时点

【解析】 现金流量的性质对不同的人而言是不同的，故选项 D 错误；时间轴上的点通常表示该时间单位的期末，故选项 E 错误。

16.【**2011年真题**】某企业计划年初投资200万元购置新设备以增加产量，已知设备可以使用6年，每年增加产品销售收入60万元，增加经营成本20万元，设备报废时残值10万元，对此项投资活动绘制现金流量图，则第6年的净现金流量可以表示为（　　）。

A. 向上的现金流量，数值为50万元　　B. 向下的现金流量，数值为30万元

C. 向上的现金流量，数值为30万元　　D. 向下的现金流量，数值为50万元

【**解析**】第6年的现金流量：增加产品销售收入60万元，现金流入；增加的经营成本20万元，现金流出；设备报废时的残值10万元，现金流入。故第6年的净现金流量为50万元，现金流入。对投资人而言，现金流入为向上的现金流量。

17.【**2007年真题**】已知折现率i>0，所给现金流量图表示（　　）。

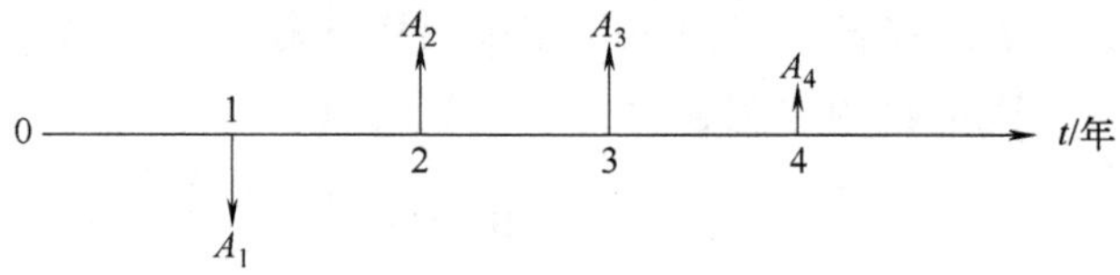

A. A_1为现金流出　　B. A_2发生在第3年年初

C. A_3发生在第3年年末　　D. A_4的流量大于A_3的流量

E. 若A_2与A_3流量相等，则A_2与A_3的价值相等

【**解析**】对投资人来说，“向下”的箭头表示现金流出，故选项A正确。

A_2发生在第2年年末，也就是第3年年初，故选项B正确。

A_3发生在第3年年末，故选项C正确。

A_4的流量小于A_3，故选项D错误。

若A_2与A_3相等，因为发生的时点不一致，其时间价值不相等，故选项E错误。

18.【**2022年真题**】关于一次支付现值（P）、终值（F）、计息期数（n）和折现率（i）相互关系的说法，正确的是（　　）。

A. 现值一定，计息期数相同，折现率越高，终值越小

B. 现值一定，折现率相同，计息期数越少，终值越大

C. 终值一定，折现率相同，计息期数越多，现值越大

D. 终值一定，计息期数相同，折现率越高，现值越小

【**解析**】$F=P\times(1+i)^n$

其他一定，折现率（i）越高，终值（F）越大，故选项A错误。

其他一定，计息期数（n）越少，终值（F）越小，故选项B错误。

其他一定，计息期数（n）越多，现值（P）越小，故选项C错误。

其他一定，折现率（i）越高，现值（P）越小，故选项D正确。

19.【**2018年真题**】某施工企业每年年末存入银行100万元，用于3年后的技术改造，已知银行存款年利率为5%，按年复利计息，则到第3年年末可用于技术改造的资金总额为（　　）万元。

A. 331.01　　B. 330.75　　C. 315.25　　D. 315.00

【**解析**】每年年末存入银行100万元为A，第3年年末的资金总额为F。

$$F=A\frac{(1+i)^n-1}{i}=100\times\frac{(1+5\%)^3-1}{5\%}=315.25\text{（万元）}。$$

20. **【2015年真题】** 某企业第1年年初和第1年年末分别向银行借款30万元，年利率均为10%，复利计息，第3~5年年末等额本息偿还全部借款。则每年年末应偿还金额为（　　）万元。

A. 20.94　　B. 23.03　　C. 27.87　　D. 31.57

【解析】 第3~5年每年年末应偿还的金额为A，$A=F(A/F,\ i,\ n)$。

$F=30\times[(1+10\%)^5+(1+10\%)^4]=92.24$（万元）。

$$A=F\frac{i}{(1+i)^n-1}=92.24\times\frac{10\%}{(1+10\%)^3-1}=27.87\text{（万元）。}$$

需要注意的是，在利用$A=F(A/F,\ i,\ n)$公式时，F和最后一个A应在同一个时点上。

21. **【2014年真题】** 某投资者6年内每年年末投资500万元。若基准收益率为8%，复利计息，则6年年末可一次性收的本利和为（　　）万元。

A. $500\times\frac{(1+8\%)^6-1}{1+8\%}$　　B. $500\times\frac{(1+8\%)^6-1}{8\%}$

C. $500\times\frac{8\%\times(1+8\%)^6}{(1+8\%)^6-1}$　　D. $500\times\frac{(1+8\%)^6-1}{8\%\times(1+8\%)^6}$

【解析】 “6年年末可一次性收的本利和”为F。

$$F=A\frac{(1+i)^n-1}{i}=500\times\frac{(1+8\%)^6-1}{8\%}$$

需要注意的是，在利用$F=A(F/A,\ i,\ n)$公式时，F和最后一个A应在同一个时点上。

22. **【2013年真题】** 某施工企业投资200万元购入一台施工机械，计划从购买日起的未来6年等额收回投资并获取收益。若基准收益率为10%，复利计息，则每年年末应获得的净现金流入为（　　）万元。

A. $200\times(A/P,\ 10\%,\ 6)$　　B. $200\times(F/P,\ 10\%,\ 6)$

C. $200\times(F/P,\ 10\%,\ 7)$　　D. $200\times(A/F,\ 10\%,\ 7)$

【解析】 “每年年末应获得的净现金流入”为A，利用“投资200万元购入一台施工机械”为P。

$$A=P\times(A/P,i,n)=200\times(A/P,10\%,6)$$

23. **【2013年真题】** 考虑资金时间价值，两笔资金不能等值的情形有（　　）。

A. 金额相等，发生在相同时点　　B. 金额不等，发生在不同时点

C. 金额不等，但分别发生在期初和期末　　D. 金额相等，发生在不同时点

【解析】 两笔资金“等值”就是两笔资金在某个时点数额相等，选项A、B、C两笔资金都存在可以相等的情形。而选项D两笔资金相等，但发生在不同时点，不存在某个时点两笔资金能够相等，因此不等值。

24. **【2011年真题】** 某施工企业投资100万元购入一台施工机械，计划从购买日起的未来5年等额收回投资并获取收益。若基准收益率为8%，复利计息，则每年年初应获得的净现金流入为（　　）。

A. $100\times(A/P,\ 8\%,\ 5)(P/F,\ 8\%,\ 5)$　　B. $100\times(P/A,\ 8\%,\ 6)$

C. $100\times(A/P,\ 8\%,\ 5)(P/F,\ 8\%,\ 1)$　　D. $100\times(A/F,\ 8\%,\ 5)$

【解析】 未来5年每年年末等额收回的资金为A，投资100万元为P。

$$A=100\times(A/P,\ 8\%,\ 5)$$

每年年末收回的资金为 $F=A$，每年年初获得的净现金流入 P：

$$P=F(P/F,8\%,1)=100\times(A/P,8\%,5)(P/F,8\%,1)$$

25. 【2009 年真题】某企业的银行存款期限为 10 年，到期时可得到现金 10000 元，但由于意外事故需钱，5 年时就必须取回，设贴现率为 10%，则企业可取回现金为（ ）元。

A. 4660　　B. 7500　　C. 5000　　D. 6200

【解析】“5 年时取回的钱”为 P，“10 年可得的现金 10000 元”为 F。

$P=F(1+i)^{-n}=10000\times(1+10\%)^{-5}=6200$（元）。

26. 【2006 年真题】下列关于现值 P、终值 F、年金 A、利率 i、计息期数 n 之间关系的描述中，正确的是（ ）。

A. F 一定、n 相同时，i 越高、P 越大

B. P 一定、n 相同时，i 越高、F 越小

C. i、n 相同时，F 与 P 呈同向变化

D. i、n 相同时，F 与 P 呈反向变化

【解析】 $F=P(1+i)^n$。

F、n 一定时，i 越高，P 越小，选项 A 错误。

P、n 一定时，i 越高，F 越大，选项 B 错误。

i、n 相同时，F 越大，P 越大，呈同向变化。

27. 【2005 年真题】现在的 100 元和 5 年以后的 248 元两笔资金在第 2 年年末价值相等，若利率不变，则这两笔资金在第 3 年年末的价值（ ）。

A. 前者高于后者

B. 前者低于后者

C. 两者相等

D. 两者不可比较

【解析】 两笔资金在某个时点相等（等值）后，利率不变，则在这个时点以后两笔资金都相等。

28. 【2021 年真题】某公司同一笔资金有如下四种借款方案，均在年末支付利息，则优选的借款方案是（ ）。

A. 年名义利率 3.6%，按月计息

B. 年名义利率 4.4%，按季度计息

C. 年名义利率 5.0%，半年计息一次

D. 年名义利率 5.5%，一年计息一次

【解析】 各方案实际年利率如下：

A 方案：$i_{\text{eff}}=\left(1+\frac{r}{m}\right)^m-1=\left(1+\frac{3.6\%}{12}\right)^{12}-1=3.66\%$。

B 方案：$i_{\text{eff}}=\left(1+\frac{r}{m}\right)^m-1=\left(1+\frac{4.4\%}{4}\right)^{4}-1=4.47\%$。

C 方案：$i_{\text{eff}}=\left(1+\frac{r}{m}\right)^m-1=\left(1+\frac{5\%}{2}\right)^{2}-1=5.06\%$。

D 方案：5.5%

故方案 A 实际年利率最小。

29. 【2020 年真题】某企业拟存款 200 万元。下列存款利率和计算方式中在 5 年年末存款本息和最多的是（ ）。

A. 年利率 6%，按单利计算

B. 年利率 5.5%，每年复利一次

C. 年利率 4%，每季度复利一次

D. 年利率 5%，每半年复利一次

【解析】 各项 5 年年末本利和如下。

A：200+200×6%×5=260（万元）。

B：$200\times(1+5.5\%)^{5}=261.39$（万元）。

C：$200\times(1+4\%/4)^{4\times5}=244.04$（万元）。

D：$200\times(1+5\%/2)^{2\times5}=256.02$（万元）。

30. 【2019 年真题】某企业面对金融机构提供的四种存款条件相关数据见下表，最有利的选择是（　　）。

存款条件	年计息次数	年名义利率
条件一	1	5%
条件二	2	4%
条件三	4	3%
条件四	12	2%

A. 条件一　　B. 条件二　　C. 条件三　　D. 条件四

【解析】 题中四种存款条件的年有效利率分别如下：

条件一：$i_{eff}=5\%$。

条件二：$i_{eff}=\left(1+\frac{r}{m}\right)^{m}-1=\left(1+\frac{4\%}{2}\right)^{2}-1=4.04\%$。

条件三：$i_{eff}=\left(1+\frac{r}{m}\right)^{m}-1=\left(1+\frac{3\%}{4}\right)^{4}-1=3.03\%$。

条件四：$i_{eff}=\left(1+\frac{r}{m}\right)^{m}-1=\left(1+\frac{2\%}{12}\right)^{12}-1=2.02\%$。

存款应当选择年有效利率最大的，条件一的年有效利率最大，故选 A。

31. 【2017 年真题】某施工企业欲借款 500 万元，借款期限 2 年，到期一次还本。现有甲、乙、丙、丁四家银行都提供贷款，年名义利率均为 7%，其中，甲要求按月计息并支付利息，乙要求按季度计息并支付利息，丙要求按半年计息并支付利息，丁要求按年计息并支付利息。若其他条件相同，则该企业应选择的银行是（　　）。

A. 丁　　B. 丙　　C. 乙　　D. 甲

【解析】 “名义利率”与“有效利率”的实质就是“单利”和“复利”，题中所有银行计息周期和收付周期一致，为单利，年有效利率都等于名义利率，即所有银行的年有效利率相同，但方案丁要求的是按年计息并支付利息，利息支付最晚，在考虑资金时间价值的前提下产生的效益最大，故选 A。

32. 【2015 年真题】某借款年利率为 8%，半年复利计息一次，则该借款年有效利率比名义利率高（　　）。

A. 0.16%　　B. 1.25%　　C. 4.16%　　D. 0.64%

【解析】 $i_{eff}=\left(1+\frac{r}{m}\right)^{m}-1=(1+4\%)^{2}-1=8.16\%$，名义利率为 8%，因此有效利率比名

义利率高 0.16%。

33. **【2014 年真题】** 关于年有效利率和名义利率的说法，正确的有（　　）。

A. 当每年计息周期数大于 1 时，名义利率大于年有效利率

B. 年有效利率比名义利率更能准确反映资金的时间价值

C. 名义利率一定，计息周期越短，年有效利率与名义利率差异越小

D. 名义利率为 r，一年内计息 m 次，则计息周期利率为 rm

E. 当每年计息周期数等于 1 时，则年有效利率等于名义利率

【解析】 1）当年计息周期数大于 1 时，年有效利率大于名义利率，故选项 A 错。

2）因为年有效利率将利息再生因素也考虑进资金计算中，所以能更准确地反映资金时间价值，故选项 B 正确。

3）计息周期越短，复利次数越多，年有效利率与名义利率的差异越大，故选项 C 错误。

4）计息周期利率 $i=\dfrac{r}{m}$，故选项 D 错误。

5）年计息周期数为 1 时，每年只计息一次，计息周期等于付息周期，则年有效利率等于名义利率，故选项 E 正确。

34. **【2010 年真题】** 年利率 8%，按季度复利计息，则半年期实际利率为（　　）。

A. 4.00%　　B. 4.04%　　C. 4.07%　　D. 4.12%

【解析】 半年的有效利率 $i_{eff}=(1+2\%)^2-1=4.04\%$。

二、参考答案

题号	1	2	3	4	5	6	7	8	9
答案	A	C	ACD	D	C	B	C	D	B
题号	10	11	12	13	14	15	16	17	18
答案	D	D	B	C	ACDE	ABC	A	ABC	D
题号	19	20	21	22	23	24	25	26	27
答案	C	C	B	A	D	C	D	C	C
题号	28	29	30	31	32	33	34		
答案	A	B	A	A	A	BE	B		

三、2023 考点预测

考点一：资金时间价值的概念

影响利率高低的因素。

考点二：利息、利率的概念及计算

单利及复利的复合计算。

考点三：现金流量图的绘制

无考点。

考点四：资金等值计算及应用

1）一次支付系列的终值计算。

2）等额支付系列的现值计算。

考点五：名义利率与有效利率的计算

年有效利率的计算。

第二节 技术方案经济效果评价

考点一：经济效果评价的内容

考点二：经济效果评价指标体系

考点三：投资收益率分析

考点四：投资回收期分析

考点五：基准收益率

考点六：财务净现值分析

考点七：内部收益率分析

考点八：偿债能力分析

一、历年真题及解析

1. **【2016 年真题】**技术方案经济效果评价中的计算期包括技术方案的（　　）。

A. 投资建设期　　B. 投产期

C. 投资前策划期　　D. 达产期

E. 后评价期间

【解析】 计算期包括建设期和运营期，运营期又包含投产期和达产期。

2. **【2014 年真题】**技术方案经济效果评价的主要内容是分析论证技术方案的（　　）。

A. 技术先进性和经济合理性　　B. 技术可靠性和财务盈利性

C. 财务盈利性和抗风险能力　　D. 财务可行性和经济合理性

【解析】 技术方案经济效果评价是对技术方案的财务可行性和经济合理性进行分析论证，为选择技术方案提供科学决策的依据。

3. **【2012 年真题】**对于非经营性技术方案，经济效果评价主要分析拟定方案的（　　）。

A. 盈利能力　　B. 偿债能力

C. 财务生存能力　　D. 抗风险能力

【解析】 对于经营性技术方案，经济效果评价分析拟定技术方案的盈利能力、偿债能力和财务生存能力。对于非经营性技术方案，经济效果评价主要分析拟定方案的财务生存能力。

4. **【2011 年真题】**将技术方案经济效果评价分为静态分析和动态分析的依据是（　　）。

A. 评价方法是否考虑主观因素　　B. 评价指标是否能够量化

C. 评价方法是否考虑时间因素　　D. 经济效果评价是否考虑融资的影响

【解析】 经济效果评价指标可以分为静态分析和动态分析，其依据在于是否考虑时间因素的影响。

5.【2022 年真题】关于技术方案经济效果评价的说法，正确的是（　　）。

A. 经济效果评价应定性分析和定量分析相结合，以定性分析为主

B. 经济效果动态分析不能全面地反映技术方案整个计算期的经济效果

C. 融资前经济效果分析通常以静态分析为主，动态分析为辅

D. 方案实施前经济效果分析通常存在一定的不确定性和风险性

【解析】 在技术方案经济效果评价中，定量分析与定性分析相结合，以定量分析为主的，故选项 A 错误。

动态分析能较全面地反映技术方案整个计算期的经济效果，故选项 B 错误。

融资前分析应以动态分析为主，静态分析为辅，故选项 C 错误。

6.【2009 年真题】在建设项目财务评价时，可以采用静态指标进行评价的情形是（　　）。

A. 评价精度要求较高　　B. 项目年收益大致相等

C. 项目寿命期较短　　D. 项目现金流量变动大

E. 可以不考虑资金时间价值

【解析】 建设项目财务评价时，静态分析的最大特点是不考虑时间因素，所以在对方案进行粗略评价，或对短期投资方案进行评价，以及对项目收益逐年相等的方案都是可以采用的。

7.【2022 年真题】对于经营性项目，通过财务报表分析，计算财务指标，进行经济效果评价的内容有（　　）。

A. 盈利能力分析　　B. 经济敏感分析

C. 偿债能力分析　　D. 财务生存能力分析

E. 经济费用效益分析

【解析】

经济效果评价的概念、内容及方法		
经济效果评价的内容	① 经营性方案：盈利能力、偿债能力、财务生存能力 ② 非经营性方案：财务生存能力	
经济效果评价的方法	分类的根据	具体类别
	基本分类	确定性和不确定性评价，同一方案必须同时进行
	性质	定性分析和定量分析，两者结合，定量分析为主
	是否考虑时间因素	静态分析和动态分析，两者结合，动态分析为主
	是否考虑融资	融资前分析和融资后分析，先融资前后融资后分析
	评价的时间	事前、事中、事后评价，事前评价有一定预测性，事中评价也称跟踪评价

8.【2021 年真题】下列经济效果评价指标中，属于动态指标的是（　　）。

A. 财务净现值　　B. 流动比率

C. 资金净利润率　　D. 投资收益率

【解析】 选项 B 属于短期偿债能力指标，选项 C、D 属于盈利能力的静态指标。

9.【2018 年真题】技术方案的偿债能力评价指标有（　　）。

A. 资产负债率　　B. 投资回收期

C. 财务净现值　　D. 生产能力利用率

E. 速动比率

【解析】 偿债能力评价指标有利息备付率、偿债备付率、借款偿还期、资产负债率、流动比率和速动比率。

10. 【2017 年真题】下列技术方案的经济效果评价中，属于偿债能力指标的是（　　）。

A. 借款偿还期　　B. 资本积累率

C. 财务内部收益率　　D. 投资回收期

E. 流动比率

【解析】 偿债能力指标有 6 个，其中包括借款偿还期和流动比率。财务内部收益率和投资回收期属于盈利能力指标，资本积累率是企业发展能力评价指标，所以选 A、E。

11. 【2014 年真题】下列经济效果评价指标中，属于盈利能力动态分析指标的有（　　）。

A. 总投资收益率　　B. 财务净现值

C. 资本金净利润率　　D. 财务内部收益率

E. 速动比率

【解析】 选项 A、C 属于盈利能力静态指标，选项 E 属于偿债能力指标。

12. 【2011 年真题】反映技术方案资本金盈利水平的经济效果评价指标是（　　）。

A. 财务内部收益率　　B. 总投资收益率

C. 资本积累率　　D. 资本金净利润率

【解析】 选项 A 属于盈利能力动态指标，选项 C 是反映企业发展能力的评价指标，选项 B 总投资收益率是反映技术方案总投资盈利水平的经济效果评价指标。

13. 【2021 年真题】某技术方案建设投资 1000 万元，流动资金 100 万元，全部为自有资金（资本金）。运营期正常年份的年利润总额为 140 万元，年所得税为 35 万元，则该方案的资本金净利润率是（　　）。

A. 10.50%　　B. 12.73%　　C. 14.00%　　D. 9.55%

【解析】 资本金净利润率 = 正常年份净利润/资本金 × 100% = (140 − 35)/(1000 + 100) × 100% = 9.55%。

14. 【2019 年真题】关于技术方案总投资收益率的说法，正确的是（　　）。

A. 总投资收益率高于同期银行贷款利率时举债不利于提高技术方案收益

B. 总投资收益率指标充分体现了资金的时间价值

C. 总投资收益率越高，说明技术方案获得的收益越多

D. 投资收益率指标作为主要的决策依据比较客观，不受人为因素影响

【解析】 总投资收益率高于同期银行贷款利率时适度举债，有利于提供技术方案收益，故选项 A 错误。

总投资收益率是技术方案盈利能力的静态指标，不考虑资金的时间价值，故选项 B 错误。

投资收益率没有考虑资金的时间价值，指标的主观随意性太强，受人为因素的影响，因此作为主要的决策依据不太可靠，故选项 D 错误。

15. 【2018 年真题】某项目建设投资为 9700 万元（其中：建设期贷款利息 700 万元），全部流动资金为 900 万元，项目投产后正常年份的年息税前利润为 950 万元，则该项目的总投资收益率为（　　）。

A. 10.56%　　B. 9.79%　　C. 9.60%　　D. 8.96%

【解析】 总投资收益率=息税前利润/技术方案总投资×100%=950/(9700+900)×100%=8.96%。

16. 【2017年真题】某项目建设投资为8250万元，建设期利息为620万元，全部流动资金700万元，其中铺底流动资金210万元，项目投产后正常年份的年平均息税前利润为500万元，则该项目的总投资收益率为（　　）。

A. 6.06%　　B. 5.64%　　C. 5.51%　　D. 5.22%

【解析】 总投资收益率=息税前利润/技术方案总投资=息税前利润/(建设投资+建设期利息+全部流动资金)×100%=500/(8250+620+700)×100%=5.22%。

17. 【2016年真题】某项目建设投资为5000万元（不含建设期贷款利息），建设期贷款利息为550万元，全部流动资金为450万元，项目投产期年息税前利润为900万元，达到设计生产能力的正常年份年息税前利润为1200万元，则该项目的总投资收益率为（　　）。

A. 24.00%　　B. 17.50%　　C. 20.00%　　D. 15.00%

【解析】 总投资收益率=息税前利润/技术方案总投资=息税前利润/(建设投资+建设期利息+全部流动资金)×100%=1200/(5000+550+450)×100%=20%。

18. 【2015年真题】建设工程项目经济效果评价中的总投资包括（　　）。

A. 设备及工器具购置费　　B. 建设期利息

C. 总成本费用　　D. 流动资金

E. 流动资金借款利息

【解析】 经济效果评价中的总投资包括建设投资、建设期利息和全部流动资金。

19. 【2015年真题】某项目建设投资3000万元，全部流动资金450万元。项目投产期年息税前利润总额500万元，运营期正常年份的年平均利润总额500万元，年利息为300万元，则该项目的总投资收益率为（　　）。

A. 18.84%　　B. 26.67%　　C. 23.19%　　D. 25.52%

【解析】 总投资收益率=息税前利润/技术方案总投资=息税前利润/(建设投资+全部流动资金)×100%=(500+300)/(3000+450)×100%=23.19%。

20. 【2014年真题】某技术方案总投资1500万元，其中资本金1000万元，运营期年平均利息18万元，年平均所得税40.5万元。若项目总投资收益率为12%，则项目资本金净利润率为（　　）。

A. 16.20%　　B. 13.95%　　C. 12.15%　　D. 12.00%

【解析】 由总投资收益率=息税前利润/技术方案总投资可以得出息税前利润=总投资收益率×技术方案总投资=1500×12%=180（万元）。

净利润=息税前利润-利息-所得税=180-18-40.5=121.5（万元）。

资本金净利润率=净利润/资本金×100%=121.5/1000×100%=12.15%。

21. 【2014年真题】投资收益率是指投资方案建成投产并达到设计生产能力后一个正常生产年份的（　　）的比率。

A. 年净收益额与方案固定资产投资　　B. 年销售收入与方案固定资产投资

C. 年净收益额与方案总投资　　D. 年销售收入与方案总投资

【解析】 投资收益率是指投资方案建成投产并达到设计生产能力后一个正常生产年份

的年净收益额与方案总投资的比率。

22. 【**2012 年真题**】某技术方案的总投资 1500 万元，其中债务资金 700 万元，技术方案在正常年份年利润总额 400 万元，所得税 100 万元，年折旧费 80 万元，则该方案的资本金净利润率为（　　）。

A. 26.7%　　B. 37.5%　　C. 42.9%　　D. 47.5%

【**解析**】　资本金净利润率＝净利润/资本金＝(利润总额－所得税)/(总投资－债务资金)×100%＝(400－100)/(1500－700)×100%＝37.5%。

23. 【**2020 年真题**】某技术方案的静态投资回收期为 5.5 年，行业基准值为 6 年，关于该方案经济效果评价的说法正确的是（　　）。

A. 该方案静态投资回收期短于行业基准值，表明资本周转的速度慢

B. 从静态投资回收期可以判断该方案前 5 年各年均不盈利

C. 静态投资回收期短于行业基准值，不代表该案内部收益率大于行业基准收益率

D. 静态投资回收期短，表明该方案净现值一定大于零

【**解析**】　该方案静态投资回收期短于行业基准值表明资本周转的速度较快，故选项 A 错误；静态投资回收期是以每年的净收益回收总投资需要的时间，静态投资回收期为 5.5 年表明前 5.5 年肯定有净收益，也即肯定盈利，故选项 B 错误；静态投资回收期短只能表明资金周转的速度，没考虑资金时间价值，只考虑了成本回收前的效果，不能反映整个计算期的净现值，故选项 D 错误。

24. 【**2019 年真题**】某技术方案的现金流量见下表，设基准收益率（折现率）为 8%，则静态投资回收期为（　　）年。

计算期/年	0	1	2	3	4	5	6	7
现金流入/万元	—	—	—	800	1200	1200	1200	1200
现金流出/万元	—	600	900	500	700	700	700	700

A. 2.25　　B. 3.58　　C. 5.40　　D. 6.60

【**解析**】　技术方案的现金流量表如下：

计算期/年	0	1	2	3	4	5	6	7
现金流入/万元	—	—	—	800	1200	1200	1200	1200
现金流出/万元	—	600	900	500	700	700	700	700
净现金流量/万元	—	-600	-1500	300	500	500	500	500
累计净现金流量/万元	—	-600	-1500	-1200	-700	-200	300	800

静态投资回收期：$P_t=(6-1)+\frac{|-200|}{500}=5.40$（年）。

25. 【**2018 年真题**】某项目估计建设投资为 1000 万元，全部流动资金为 200 万元，建设当年即投产并达到设计生产能力，各年净收益均为 270 万元。则该项目的静态投资回收期为（　　）年。

A. 2.13　　B. 3.70　　C. 3.93　　D. 4.44

【**解析**】　技术方案投产后每年净收益均相等，则

$P_t=I/A=(1000+200)/270=4.44$（年）。

注意运用此公式的前提条件是第一年投资，当年投产并达到设计生产能力（即第一年年末获得完全净收益）。

26. **【2017 年真题】** 现有甲和乙两个项目，静态投资回收期分别为 4 年和 6 年，该行业的基准投资回收期为 5 年，关于这两个项目的静态投资回收期的说法，正确的是（　　）。

A. 甲项目的静态投资回收期只考虑了前 4 年的投资效果

B. 乙项目考虑了全寿命周期各年的投资效果，确定静态投资回收期为 6 年

C. 甲项目投资回收期小于基准投资回收期，据此可以准确判断甲项目可行

D. 乙项目的资本周转速度比甲项目更快

【解析】 静态投资回收期只考虑回收之前的投资效果，不够全面，不能单独判断项目是否可行，项目投资回收期小于基准投资回收期，则可以考虑此项目，故选项 B、C 错误，选项 A 正确；回收期越短，周转越快，故选项 D 错误。

27. **【2016 年真题】** 某投资方案建设期为 1 年，第一年年初投资 8000 万元，第二年年初开始盈利，运营期为 4 年，运营期每年年末净收益为 3000 万元，净残值为零。若基准收益率为 10%，则该投资方案的财务净现值和静态投资回收期分别为（　　）。

A. 1510 万元和 3.67 年　　B. 1510 万元和 2.67 年

C. 645 万元和 2.67 年　　D. 645 万元和 3.67 年

【解析】 技术方案现金流量表如下：

计算期/年	0	1	2	3	4	5
净现金流量/万元	-8000	0	3000	3000	3000	3000
累计净现金流量/万元	-8000	-8000	-5000	-2000	1000	4000

$P_t=(4-1)+\frac{|-2000|}{3000}=3.67$（年）。

$FNPV=-8000+3000\times(1+10\%)^{-2}+3000\times(1+10\%)^{-3}+3000\times(1+10\%)^{-4}+3000\times(1+10\%)^{-5}=645$（万元）。

28. **【2015 年真题】** 某项目各年的净现金流量见下表，基准投资收益率为 10%，则该项目的财务净现值和静态投资回收期分别为（　　）。

计算期/年	0	1	2	3	4	5
净现金流量/万元	-160	50	50	50	50	50

A. 32.02 万元，4.2 年　　B. 32.02 万元，3.2 年

C. 29.54 万元，4.2 年　　D. 29.54 万元，3.2 年

【解析】 技术方案当年投入（第一年年初投入），当年投产并达到设计生产能力，且每年的净现金流量相等，则

$P_t=I/A=160/50=3.2$（年）。

$FNPV=-160+A(P/A,10\%,5)=-160+50\times\frac{(1+10\%)^5-1}{10\%\times(1+10\%)^5}=29.54$（万元）。

29. **【2012 年真题】** 某技术方案的净现金流量见下表，则该技术方案的静态投资回收期为（　　）年。

计算期/年	0	1	2	3	4	5	6
净现金流量/万元	—	-1500	400	400	400	400	400

A. 3.25　　B. 3.75　　C. 4.25　　D. 4.75

【解析】 $P=I/A=1500/400=3.75$（年）注意运用此公式计算出来的静态投资回收期是从运营期（第 1 年年末，第 2 年年初）开始计算的，没有特别说明，静态投资回收期默认应当从建设期开始计算，由题中现金流量表可以判断，建设期为 1 年，故 $P_t=3.75+1=4.75$（年）。

30. 【2011 年真题】关于静态投资回收期特点的说法，正确的是（　　）。

A. 静态投资回收期只考虑了方案投资回收之前的效果

B. 静态投资回收期可以单独用来评价方案是否可行

C. 静态投资回收期若大于基准投资回收期，则表明该方案可以接受

D. 静态投资回收期越长，表明资本周转速度越快

【解析】 静态投资回收期舍弃了回收期以后的收入与支出数据，不能全面反映项目在寿命期内的真实效益，只作为反映盈利能力的辅助评价指标，故选项 B 错误；静态投资回收期若小于基准投资回收期，则表明该方案可以接受，故选项 C 错误；静态投资回收期越短，表明资金的周转速度越快，故选项 D 错误。

31. 【2005 年真题】某项目净现金流量见下表，则项目的静态投资回收期为（　　）年。

计算期/年	1	2	3	4	5	6	7	8	9
净现金流量/万元	-800	-1200	400	600	600	600	600	600	600

A. 5.33　　B. 5.67　　C. 6.33　　D. 6.67

【解析】 技术方案现金流量表如下：

计算期/年	1	2	3	4	5	6	7	8	9
净现金流量/万元	-800	-1200	400	600	600	600	600	600	600
累计净现金流量	-800	-2000	-1600	-1000	-400	200	800	1400	2000

$P_t=(6-1)+\frac{|-400|}{600}=5.67$（年）。

32. 【2022 年真题】关于财务基准收益率的说法，正确的是（　　）。

A. 境外投资项目基准收益率的测定，可忽略国家风险因素

B. 财务基准收益率必须由政府投资主管部门统一确定

C. 财务基准收益率的确定应考虑资金成本、投资机会成本、通货膨胀和风险因素

D. 财务基准收益率是投资项目可能获得的最高盈利水平

【解析】 在境外投资的技术方案财务基准收益率的测定，应首先考虑国家风险因素，故选项 A 错误。

企业技术方案参考选用的行业财务基准收益率，应在分析一定时期内国家和行业发展战略、发展规划、产业政策、资源供给、市场需求、资金时间价值、技术方案目标等情况的基

础上，结合行业特点、行业资本构成情况等因素综合测定，故选项 B 错误。

基准收益率是企业或行业投资者以动态的观点所确定的、可接受的技术方案最低标准的收益水平，故选项 D 错误。

33. **【2020 年真题】** 关于基准收益率测定的说法，正确的是（　　）。

A. 基准收益率最低限度不应低于单位资金成本

B. 政府投资项目基准收益率的测定可以不考虑投资的机会成本

C. 当资金供应充足时，基准收益率的测定可不考虑投资风险因素

D. 基准收益率的测定不应考虑通货膨胀因素

【解析】 在政府投资项目以及按政府要求进行财务评价的建设项目中采用的行业财务基准收益率，应根据政府的政策导向进行确定，但也需要考虑投资的机会成本，故选项 B 错误。

投资者自行测定技术方案的最低可接受财务收益率，除了应考虑上述国家及行业发展战略、市场需求、资源供给外，还应根据自身的发展战略和经营策略、技术方案的特点与风险、资金成本、机会成本等因素综合测定，故选项 C、D 错误。

基准收益率应不低于单位资金成本和单位投资的机会成本，故选项 A 正确。

34. **【2014 年真题】** 对于完全由投资者自有资金投资的项目，确定基准收益率的基础是（　　）。

A. 资金成本　　　　B. 通货膨胀

C. 资金机会成本　　D. 投资风险

【解析】 技术方案完全由企业自有资金投资时，确定基准收益率的基础是资金的机会成本，即确定的投资基准收益率应大于单位投资的机会成本。机会成本就是投资者选择拟实施的技术方案而放弃其他投资机会所获取的最大收益。

35. **【2012 年真题】** 关于基准收益率的说法，正确的有（　　）。

A. 测定基准收益率不需要考虑通货膨胀因素

B. 基准收益率是投资资金应获得的最低盈利水平

C. 测定基准收益率应考虑资金成本因素

D. 基准收益率取值高低应体现对项目风险程度的估计

E. 债务资金比例高的项目应降低基准收益率取值

【解析】 基准收益率，是企业或行业投资者以动态的观点所确定的、可接受的技术方案最低标准的收益水平，也即投资资金应获得的最低盈利水平，故选项 B 正确。

确定基准收益率的基础是资金成本和机会成本，而投资风险和通货膨胀是必须考虑的影响因素，故选项 A 错误，选项 C 正确。

确定基准收益率时，除考虑上述成本外，还要考虑风险，风险越高，收益越大，故选项 D 正确。

债务资金比例高，技术方案的风险就越大，故应提高基准收益率取值，选项 E 错误。

36. **【2011 年真题】** 投资者自行测定技术方案的最低可接受财务收益率时，应考虑的因素有（　　）。

A. 自身的发展战略和经营策略　　B. 资金成本

C. 技术方案的特点和风险　　D. 沉没成本

E. 机会成本

【解析】 投资者自行测定技术方案的最低可接受财务收益率，应根据自身的发展战略和经营策略、技术方案的特点与风险、资金成本、机会成本等因素综合测定。

37. 【2009年真题】企业或行业投资者以动态的观点确定的、可接受的投资方案最低标准的收益水平称为（　　）。

A. 基准收益率　　B. 社会平均收益率

C. 内部收益率　　D. 社会折现率

【解析】 基准收益率，是企业或行业投资者以动态的观点所确定的、可接受的技术方案最低标准的收益水平。

38. 【2021年真题】某技术方案现金流量表如下，若基准收益率为8%，则该方案财务净现值为（　　）万元。

计算期/年	第0年	第1年	第2年	第3年	第4年
现金流入/万元	0	1000	6000	3000	6000
现金流出/万元	3700	4000	2000	3000	2000

A. −1300.00　　B. −100.40　　C. −108.30　　D. 126.91

【解析】

计算期/年	第0年	第1年	第2年	第3年	第4年
现金流入/万元	0	1000	6000	3000	6000
现金流出/万元	3700	4000	2000	3000	2000
净现金流量/万元	-3700	-3000	4000	0	4000

$FNPV=-3700-3000\times(1+8\%)^{-1}+4000\times(1+8\%)^{-2}+0+4000\times(1+8\%)^{-4}=-108.30$（万元）。

39. 【2018年真题】某技术方案的净现金流量见下表。若基准收益率为6%，则该方案的财务净现值为（　　）万元。

计算期/年	0	1	2	3
净现金流量/万元	-1000	200	400	800

A. 147.52　　B. 204.12　　C. 216.37　　D. 400.00

【解析】 $FNPV=-1000+200\times(1+6\%)^{-1}+400\times(1+6\%)^{-2}+800\times(1+6\%)^{-3}=216.37$（万元）。

40. 【2017年真题】某技术方案的净现金流量见下表。若基准收益率大于0，则方案的净现值（　　）。

A. 等于900万元　　B. 大于900万元，小于1400万元

C. 小于900万元　　D. 等于1400万元

某技术方案的净现金流量表

计算期/年	0	1	2	3	4	5
净现金流量/万元	—	-300	-200	200	600	600

【解析】 基准收益率起到对净现金流的折减作用，随着折现率的增加，则净现值逐步变小。因此当折现率大于0时，*FNPV* 一定小于（−300−200+200+600+600）= 900（万元）。

41.【2014年真题】某企业拟新建一项目，有两个备选方案技术均可行。甲方案投资5000万元，计算期15年，财务净现值为200万元；乙方案投资8000万元，计算期20年，财务净现值为300万元。则关于两方案比选的说法，正确的是（　　）。

A. 甲乙方案必须构造一个相同的分析期限才能比选

B. 甲方案投资少于乙方案，净现值大于零，故甲方案较优

C. 乙方案净现值大于甲方案，且都大于零，故乙方案较优

D. 甲方案计算期短，说明甲方案的投资回收速度快于乙方案

【解析】 互斥型方案在利用财务净现值进行比选时，计算期不同不能直接比较，必须构造一个相同的计算期才能比较。

42.【2012年真题】关于技术方案财务净现值与基准收益率，说法正确的是（　　）。

A. 基准收益率越大，财务净现值越小　　B. 基准收益率越大，财务净现值越大

C. 基准收益率越小，财务净现值越小　　D. 两者之间没有关系

【解析】 技术方案财务净现值与基准收益率呈反比例关系。即某技术方案计算期及各期现金流量确定，基准收益率越高，则计算出的财务净现值越小；基准收益率越低，则计算出的财务净现值越大。

43.【2012年真题】技术方案的盈利能力越强，则技术方案的（　　）越大。

A. 投资回收期　　B. 盈亏平衡产量　　C. 速动比率　　D. 财务净现值

【解析】 技术方案盈利能力越强，则每年的净收益（净现金流量）就越大，则财务净现值越大，投资回收期和盈亏平衡产量越小，故选项D正确，选项A、B错误；速动比率是偿债能力指标，不能直接用于盈利能力的评价，故选项C错误。

44.【2010年真题】某项目的财务净现值前5年为210万元，第6年净现金流量为30万元，$i_c=10\%$，则前6年的财务净现值为（　　）万元。

A. 227　　B. 237　　C. 240　　D. 261

【解析】 $FNPV_6=FNPV_5+30\times(1+10\%)^{-6}=227$（万元）。

45.【2006年真题】某投资方案各年的净现金流量如下图所示，试计算该方案的财务净现值，并判断方案的经济可行性，单位：万元（　　）。

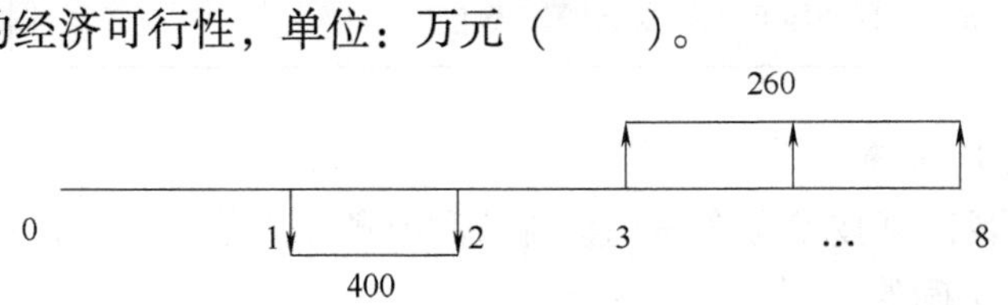

已知：基准收益率为10%，（*P/A*，10%，2）= 1.7355，（*P/A*，10%，6）= 4.3553，（*P/F*，10%，2）= 0.8264。

A. 335.8万元，可行　　B. −125.7万元，不可行

C. 241.6万元，可行　　D. 760万元，可行

【解析】 如题图，$A_1=-400$ 万元，$A_2=260$ 万元。

$FNPV=A_1(P/A,10\%,2)+A_2(P/A,10\%,6)\times(P/F,10\%,2)=-400\times1.7355+260\times4.3553\times0.8264=241.6$（万元）。

46. **【2005 年真题】** 某投资方案的初期投资额为 1500 万元，此后每年年末的净现金流量为 400 万元，若基准收益率为 15%，方案的寿命期为 12 年，则该方案的财务净现值为（　　）万元。$(P/A, 15\%, 12) = 5.421$

A. 668.4　　B. 892.6　　C. 1200.2　　D. 566.4

【解析】 根据财务净现值（$FNPV$）= 现金流入现值之和-现金流出现值之和。

$FNPV = 400\times(P/A, 15\%, 12) - 1500 = 400\times5.421 - 1500 = 668.4$（万元）。

47. **【2021 年真题】** 关于财务内部收益率的说法，正确的是（　　）。

A. 其大小易受基准收益率等外部参数的影响

B. 任一技术方案的财务内部收益率均存在唯一解

C. 可直接用于互斥方案之间的比选

D. 考虑了技术方案在整个计算期内的经济状况

【解析】

指标	计算	判别	优缺点
内部收益率（*FIRR*）	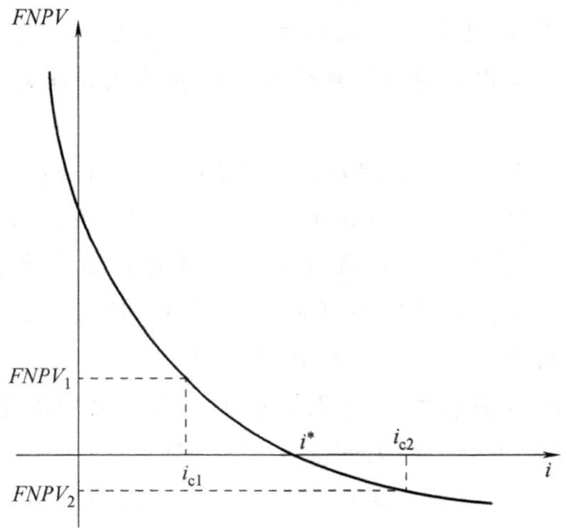 如上图，*FIRR* 是 *FNPV* 函数曲线与横轴的交点，即 $FNPV(i)=0$ 时的折现率（i）。无须精确计算，能大致判断 *FIRR* 所在区间即可（内插法计算大致值）	① $FIRR \geqslant i_c$，则技术方案在经济上可以接受 ② $FIRR < i_c$，则技术方案在经济上不可以接受 对独立常规技术方案，应用 *FIRR* 评价与应用 *FNPV* 评价均可，其结论是一致的：① $FIRR \geqslant i_c$，则 $FNPV \geqslant 0$，方案可行；② $FIRR < i_c$，则 $FNPV < 0$，方案不可行	优点：①考虑了时间价值及整个计算期内的经济状况；②大小不受外部参数影响 缺点：①计算比较复杂；②对于非常规技术方案，其财务内部收益率在某些情况下甚至不存在或存在多个解，而对多个解的分析、检验和判断是比较复杂的；③不能直接用于互斥方案之间的比选 财务内部收益率特别适用于独立的、具有常规现金流量的技术方案的经济评价和可行性判断

由上表可知选项 D 正确。

48. **【2021 年真题】** 某技术方案净现金流量和财务净现值见下表，根据表中数据，关于该方案评价的说法，正确的是（　　）。

年份	1	2	3	4	5	6	7
净现金流量/万元	-420	-470	200	250	250	250	250
财务净现值（折现率 8%）	24.276 万元						

A. 累计净现金流量小于零　　B. 财务内部收益率可能小于 8%

C. 静态投资回收期大于 6 年　　D. 项目在经济上可行

【解析】

年份	1	2	3	4	5	6	7
净现金流量/万元	-420	-470	200	250	250	250	250
累计净现金流量/万元	-420	-890	-690	-440	-190	60	310

累计净现金流量=-420-470+200+250×4=310（万元），故选项 A 错误；静态投资回收期$=6-1+\frac{|-190|}{250}=5.76$年，故选项 C 错误；该方案财务净现值为 24.276 万元>0，方案可行，且财务内部收益率大于基准收益率 8%，故选项 D 正确，选项 B 错误。

49. **【2019 年真题】**某常规技术方案进行现金流量分析，当折现率为 10%时，财务净现值为 900 万元；当折现率为 12%时，财务净现值为 16 万元。则该方案财务内部收益率可能的范围是（　　）。

A. 大于 10%　　B. 大于 10%小于 11%

C. 大于 11%小于 12%　　D. 大于 12%

【解析】 对于常规方案，$FNPV$ 是 i 的递减函数，$FNPV$ 与 i 成反比，即 $FNPV$ 会随着 i 的增大而减少，并由正值变向负值，而方案的财务内部收益率 $FIRR$，就是使财务净现值等于 0 时的 i，当折现率为 12%时，$FNPV=16$ 万元，则由此可知，$FNPV=0$ 时，$i(FIRR)>12\%$。

50. **【2018 年真题】**某常规技术方案，当折现率为 10%时，财务净现值为-360 万元；当折现率为 8%时，财务净现值为 30 万元，则关于该方案经济效果评价的说法，正确的有（　　）。

A. 内部收益率在 8%~9%之间

B. 当行业基准收益率为 8%时，方案可行

C. 当行业基准收益率为 9%时，方案不可行

D. 当折现率为 9%时，财务净现值一定大于 0

E. 当行业基准收益率为 10%时，内部收益率小于行业基准收益率

【解析】 常规技术方案的净现值函数曲线如下：

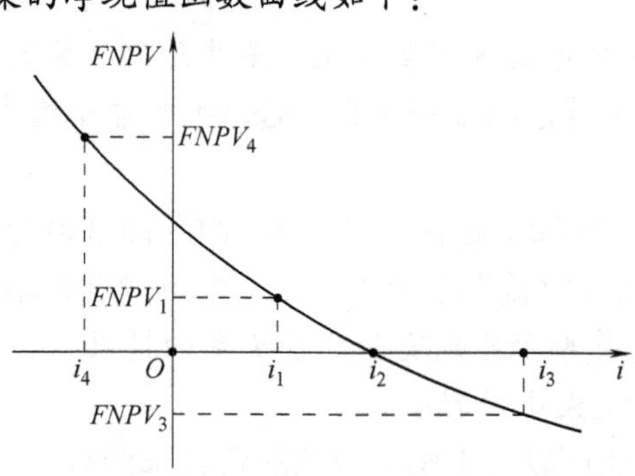

$i_1=8\%$，$FNPV_1=30$ 万元；$i_2=FIRR$，$FNPV=0$；$i_3=10\%$，$FNPV_3=-360$ 万元。

根据上图，利用内插法，根据相似三角形原理可以判断 $FIRR<9\%$，故选项 A 正确。

当$i_c=8\%$时，由上图可知 $FNPV=30$ 万元>0，方案可行，故选项 B 正确。

FIRR<9%，由上图可知，当$i_c=9\%$时，*FNPV*<0，方案不可行，故选项 C 正确，选项 D 错误。

当$i_c=10\%$，*FIRR*<9%<10%，故选项 E 正确。

51. **【2015 年真题】**某常规技术方案的净现值函数曲线如下图所示，则该方案的内部收益率为（　　）。

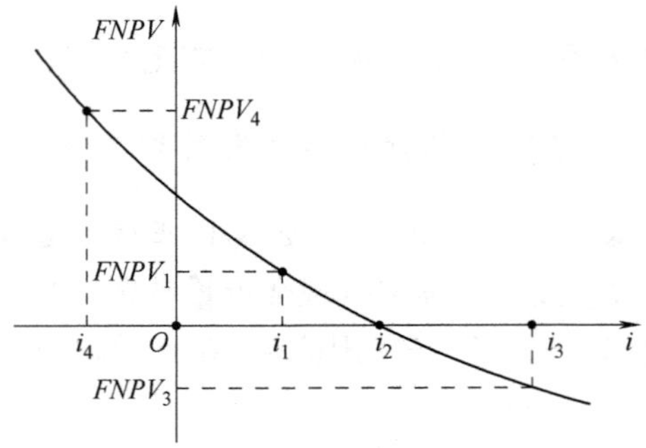

A. i_1　　B. i_2

C. i_3　　D. i_4

【解析】 财务内部收益率是在财务净现值为 0 时对应的折现率。

52. **【2014 年真题】**关于财务内部收益率的说法，正确的是（　　）。

A. 财务内部收益率大于基准收益率时，技术方案在经济上可以接受

B. 财务内部收益率是一个事先确定的基准折现率

C. 财务内部收益率受项目外部参数的影响较大

D. 独立方案用财务内部收益率评价与财务净现值评价，结论通常不一致

【解析】 对于常规方案，*FNPV* 是 *i* 的递减函数，*FNPV* 与 *i* 成反比，即 *FNPV* 会随着 *i* 的增大而减少，而 *FIRR* 是在财务净现值为 0 时对应的折现率。因此当 *FIRR*>i_c时，i_c对应的财务净现值（*FNPV*）>0，方案可行，故选项 A 正确。

由上述可知，*FIRR* 和 *FNPV* 对同一常规技术方案的评价结论一致，即 *FIRR*>i_c 时，*FNPV*>0，方案可行，故选项 D 错误。

财务内部收益率是在财务净现值为 0 时对应的折现率，选项 B 是基准收益率的概念，故选项 B 错误。

FIRR 与技术方案计算期内净现金流量有关，不受外部参数的影响，故选项 C 错误。

53. **【2013 年真题】**对于特定的投资方案，若基准收益率增大，则投资方案评价指标的变化规律是（　　）。

A. 财务净现值与内部收益率均减小　　B. 财务净现值与内部收益率均增大

C. 财务净现值减小，内部收益率不变　　D. 财务净现值增大，内部收益率减小

【解析】 在技术方案计算期和各期现金流量确定的情况下，*FNPV* 与i_c之间是反比例的变化关系；*FIRR* 的大小不受i_c大小的影响。

54. **【2021 年真题】**企业可以用于偿还贷款的资金来源有（　　）。

A. 固定资产折旧费　　B. 应支付给股东的股利

C. 无形资产摊销费　　D. 其他资产摊销费

E. 企业的注册资本

【解析】

<table>
<tr><th colspan="4">偿债资金来源</th></tr>
<tr><td colspan="4">归还借款的利润（一般是提取了盈余公积金、公益金后的未分配利润）、固定资产折旧、无形资产及其他资产摊销费和其他还款资金来源（减免的税金）</td></tr>
<tr><td rowspan="2">偿债能力</td><td>利息备付率</td><td>息税前利润/当期应付利息
① 建设期利息计入建设项目总投资（资本化），运营期利息计入总成本费用（费用化）
② 息税前利润=利润总额（税前利润）+计入总成本费用的利息（当期应付利息）</td><td>正常>1
我国≥2</td></tr>
<tr><td>偿债备付率</td><td>息税折摊前利润-企业所得税/当期应还本付息的金额
① 息税折摊前利润=息税前利润+折旧+摊销费
②“本金偿还”不计入总成本费用
③ 当期应还本付息金额包括当期应还贷款金额及计入总成本费用的利息，融资租赁的租赁费用视为借款偿还</td><td>正常>1
我国≥1.3</td></tr>
</table>

55.【2022年真题】关于偿债备付率的说法，正确的是（　　）。

A. 偿债备付率大于1，说明偿付债务本息的能力不足

B. 偿债备付率从付息资金来源角度反映企业偿付债务利息的能力

C. 偿债备付率是还本付息的资金与当期应还本金额的比值

D. 偿债备付率应在借款偿还期内分年计算

【解析】 正常情况偿债备付率应当大于1，当偿债备付率小于1时，说明偿付债务本息的资金不充足，偿债风险大，故选项A错误。

偿债备付率是从偿债资金来源的充裕性角度反映偿付债务本息的能力，是指在技术方案借款偿还期内，各年可用于还本付息的资金（息税折摊前利润）与当期应还本付息金额的比值，故选项B、C错误，选项D正确。

二、参考答案

题号	1	2	3	4	5	6	7	8	9
答案	ABD	D	C	C	D	BCE	ACD	A	AE
题号	10	11	12	13	14	15	16	17	18
答案	AE	BD	D	D	C	D	D	C	ABD
题号	19	20	21	22	23	24	25	26	27
答案	C	C	C	B	C	C	D	A	D
题号	28	29	30	31	32	33	34	35	36
答案	D	D	A	B	C	A	C	BCD	ABCE
题号	37	38	39	40	41	42	43	44	45
答案	A	C	C	C	A	A	D	A	C
题号	46	47	48	49	50	51	52	53	54
答案	A	D	D	D	ABCE	B	A	C	ACD
题号	55								
答案	D								

三、2023 考点预测

考点一：经济效果评价的内容
经营性方案和非经营性方案的财务评价内容。
考点二：经济效果评价指标体系
经济效果评价指标的分类及组成。
考点三：投资收益率分析
1）总投资收益率的计算、判别、优劣。
2）资本金净利润率的计算。
考点四：投资回收期分析
投资回收期的计算、优劣。
考点五：基准收益率
基准收益率的概念，测定时应考虑的因素。
考点六：财务净现值分析
财务净现值的计算。
考点七：内部收益率分析
1）常规技术方案的净现值函数曲线。
2）财务内部收益率的定义及判别。
考点八：偿债能力分析
1）偿还贷款的资金来源。
2）利息备付率的计算及判别。

第三节　技术方案不确定性分析

考点一：盈亏平衡分析
考点二：敏感性分析

一、历年真题及解析

1.【2021 年真题】下列条件中，属于线性盈亏平衡分析模型假设条件的有（　　）。
A. 产销量和单位可变成本保持不变
B. 生产量等于销售量
C. 生产多种产品的，可以换算为单一产品计算
D. 产量超过一定规模时，固定成本线性增加
E. 产销量和销售单价不变

【解析】 为简化数学模型，对线性盈亏平衡分析做了如下假设：

① 生产量等于销售量，当年生产的产品（或提供的服务，下同）扣除自用量，当年完全销售出去。

② 产销量变化，单位可变成本不变，总成本费用是产销量的线性函数。

③ 产销量变化，销售单价不变，销售收入是产销量的线性函数。

④ 只生产单一产品或者生产多种产品，但可以换算为单一产品计算，不同产品生产负荷率的变化应保持一致。

2. **【2020 年真题】**某技术方案年设计生产能力为 10 万台，年固定成本为 1200 万元，满负荷生产时，产品年销售收入为 9000 万元，单台产品可变成本为 560 元，以上均为不含税价格，单台产品税金及附加为 12 元，则该方案以生产能力利用率表示的盈亏平衡点是（　　）。

A. 36.59%　　B. 35.29%　　C. 14.24%　　D. 13.33%

【解析】 满负荷生产时，产品年销售收入 = 100000×产品售价 = 90000000（元），产品售价 = 900（元/台）。此价格为不含税价格，盈亏平衡时，盈亏平衡点产量×(900−560)−12000000 = 0，盈亏平衡点产量 = 3.529（万台），生产能力利用率 = 3.529/10×100% = 35.29%。

3. **【2019 年真题】**某技术方案年设计生产能力为 10 万台，单台产品销售价格为 2000 元，单台产品可变成本为 1000 元，单台产品税金及附加为 150 元。若盈亏平衡点年产量为 5 万台，则该方案的年固定成本为（　　）万元。

A. 5000　　B. 4250　　C. 5750　　D. 9250

【解析】 盈亏平衡时，税前利润（B）= 收入(S)−总成本费用(C) = 收入(S)−可变成本费用(C_u)−固定成本费用(C_F) = 0。

由题列式：50000×(2000−1000−150)−C_F = 0，可得：C_F = 4250（万元）。

4. **【2018 年真题】**某技术方案设计年产量为 12 万 t，已知单位产品的销售价格为 700 元（含税价格），单位产品税金为 165 元，单位可变成本为 250 元，年固定成本为 1500 万元，则以价格（含税价格）表示的盈亏平衡点是（　　）元/t。

A. 540　　B. 510　　C. 375　　D. 290

【解析】 当技术方案盈亏平衡时，税前利润(B) = 销售收入(S)−总成本(C) = 0

盈亏平衡的价格为 P，则可列式：

120000×(P−165−250)−15000000 = 0

P = 540（元）

5. **【2017 年真题】**某公司生产单一产品，设计年生产能力为 3 万件，单位产品的售价为 380 元/件，单位产品可变成本为 120 元/件，单位产品税金及附加为 70 元/件，年固定成本为 285 万元。该公司盈亏平衡点的产销量为（　　）。

A. 20000　　B. 19000　　C. 15000　　D. 7500

【解析】 当技术方案盈亏平衡时，税前利润(B) = 销售收入(S)−总成本(C) = 0

盈亏平衡点的产量为 Q，则可列式：

Q×(380−120−70)−2850000 = 0

Q = 15000（件）

6. **【2022 年真题】**某技术方案年设计生产能力为 3 万 t，产销量一致，销售价格和成本费用均不含增值税，单位产品售价为 300 元/t。单位产品可变成本为 150 元/t，单位产品税金及附加为 3 元/t，年固定成本为 280 万元，用生产能力利用率表示的盈亏平衡点为（　　）。

A. 31.11%　　B. 63.49%　　C. 31.42%　　D. 62.22%

【解析】 平衡点产量 = 年固定成本/(单位产品售价−单位产品税金及附加−单位产品可

变成本) = 2800000/(300-3-150) = 19047.62 (t)

生产能力利用率 = 19047.62/30000×100% = 63.49%

7. **【2014 年真题】**某技术方案的设计年产量为 8 万件，单位产品销售价格为 100 元/件，单位产品可变成本为 20 元/件，单位产品税金及附加为 5 元/件，按设计生产能力生产时，年利润为 200 万元，则该技术方案的盈亏平衡点产销量为（　　）万件。

A. 5.33　　B. 5.00　　C. 4.21　　D. 4.00

【解析】　当技术方案盈亏平衡时，利润(B) = 销售收入(S) - 总成本(C) = 0

盈亏平衡点的产量为 Q，固定成本为 C_F，按设计生产能力生产时可列式：

$80000\times(100-20-5)-C_F=2000000$

$C_F=400$（万元）

盈亏平衡时，则可列式：

$Q\times(100-20-5)-4000000=0$

$Q=5.33$（万件）

8. **【2014 年真题】**项目盈亏平衡分析中，若其他条件不变，可以降低盈亏平衡点产量的有（　　）。

A. 提高设计生产能力　　B. 降低固定成本

C. 降低产品售价　　D. 降低单位产品可变成本

E. 提高税金及附加率

【解析】　盈亏平衡时，产量×(单位产品售价-单位产品税金及附加-单位产品可变成本)-固定成本=0。

则降低固定成本、减低单位产品可变成本可以降低盈亏平衡点的产量，故选项 B、D 正确。

设计生产能力与盈亏平衡点的产量无关，故选项 A 错误。

降低产品售价、提高税金及附加率则提高了盈亏平衡点的产量，故选项 C、E 错误。

9. **【2012 年真题】**某技术方案设计年产量为 5000 件，单位产品售价为 2500 元，单位产品可变成本为 750 元，单位产品的税金及附加为 370 元，年固定成本为 240 万元，该项目达到设计生产能力时的年税前利润为（　　）万元。

A. 450　　B. 135　　C. 635　　D. 825

【解析】　年税前利润 = 销售收入(S) - 总成本(C) = 产量×(单位产品售价-单位产品营业税金及附加-单位产品可变成本)-固定成本 = 5000×(2500-750-370)-2400000 = 4500000（元）。

10. **【2007 年真题】**某建设项目年设计生产能力为 10 万台，单位产品可变成本为单位产品售价的 55%，单位产品销售税金及附加为单位产品售价的 5%，经分析求得产销量盈亏平衡点为年产销量 4.5 万台。若企业要赢利，则其生产能力利用率至少应保持在（　　）以上。

A. 45%　　B. 50%　　C. 55%　　D. 60%

【解析】　生产能力利用率 = 盈亏平衡点产量/设计生产能力产量 = 4.5/10×100% = 45%。

11. **【2006 年真题】**项目盈亏平衡分析时，一般应列入固定成本的是（　　）。

A. 生产工人工资　　B. 外购原材料费用

C. 外购燃料动力费用　　D. 固定资产折旧费

【解析】 固定成本是指在一定范围内不受产量增减变化而变化的成本费用，故选项D正确。选项A、B、C属于可变成本。

12. **【2005年真题】**某项目设计生产能力为10万台/年，单位产品销售价格为180元/台，单位产品可变成本为100元/台，单位产品税金及附加为30元/台。若在盈亏平衡的条件下，生产能力利用率为37.5%，则项目盈亏平衡时，(　　)。

A. 年销售收入为1800万元　　B. 年税金及附加为112.5万元

C. 固定成本为525万元　　D. 年可变成本为375万元

E. 年利润为0

【解析】 项目盈亏平衡时的生产能力利用率为37.5%，则盈亏平衡时的产量=10万台/年×37.5%=37500（台/年）。

因此，盈亏平衡时的年销售收入=37500×180=675（万元），A选项错误。

年税金及附加=37500×30=112.5（万元），B选项正确。

年固定成本=盈亏平衡时的年销售收入-年税金及附加-年可变成本=675-112.5-37500×100/10000=187.5（万元），C选项错误。

年可变成本=37500×100=375（万元），D选项正确。

年利润=0，E选项正确。

13. **【2022年真题】**关于技术方案敏感性分析的说法，正确的是(　　)。

A. 不确定因素的临界点越低，该因素对技术方案的评价指标影响越小

B. 敏感性分析可以通过计算敏感度系数和临界点确定敏感因素

C. 敏感度系数大于零，表示评价指标与不确定因素反方向变化

D. 敏感度系数的绝对值越大，表明评价指标对于不确定因素越不敏感

【解析】 在若干不确定性因素中，临界点越低，说明该因素对技术方案经济效果指标影响越大，故选项A错误。

敏感度系数大于零，表示评价指标与不确定因素同方向变化，故选项C错误。

敏感度系数的绝对值越大，表明评价指标对于不确定因素越敏感，故选项D错误。

14. **【2021年真题】**已知某投资方案财务内部收益率（*FIRR*）为100%，现选择4个影响因素分别进行单因素敏感性分析，计算结果如下：当产品价格上涨10%时，*FIRR*=110%；当原材料价格上涨10%时，*FIRR*=95%；当建设投资上涨10%时，*FIRR*=90%；当人民币汇率上涨10%时，*FIRR*=88%。根据上述条件判断，最敏感的因素是(　　)。

A. 建设投资　　B. 原材料价格　　C. 人民币汇率　　D. 产品价格

【解析】

敏感度系数（S_{AF}）	
概念及计算	敏感度系数（S_{AF}）= 指标变化率/因素变化率=$\frac{\Delta A/A}{\Delta F/F}$
判别	① $S_{AF}>0$，表示评价指标与不确定因素同方向变化；$S_{AF}<0$，表示评价指标与不确定因素反方向变化 ② 某因素 $\lvert S_{AF}\rvert$ 越大，则该因素的直线斜率越大，直线越陡，评价指标 *A* 对不确定因素 *F* 越敏感

根据敏感度系数（S_{AF}）= 指标变化率/因素变化率 = $\frac{\Delta A/A}{\Delta F/F}$，题中 $\frac{\Delta F}{F}$ 都是 10%，A 都为 100%，故 $|\Delta A|$ 最大的 $|S_{AF}|$ 最大，最敏感，故最敏感的因素是人民币汇率。

15. **【2020 年真题】** 关于技术方案不确定因素临界点的说法，正确的是（　　）。

A. 若基准收益率固定，某不确定性因素的临界点百分比越小，说明方案对该因素就越敏感

B. 对同一个技术方案，随着基准收益率的提高，临界点也会变高

C. 不确定因素临界点的高低，不能作为判定风险的依据

D. 临界点是客观存在的，与设定的指标判断标准无关

【解析】 临界点的高低与设定的指标判断标准有关。如财务内部收益率的判断标准为基准收益率，则不确定性因素变化的临界点是财务内部收益率等于基准收益率，故选项 D 错误。

对于同一个技术方案，随着设定基准收益率的提高，临界点就会变低（即临界点表示的不确定因素的极限变化变小），故选项 B 错误。

临界点越低，方案对该因素敏感性越高，将临界点与未来实际可能发生变化的幅度结合，就能分析方案的风险，故选项 C 错误。

在一定指标判断标准（如基准收益率）下，对若干不确定性因素中，临界点越低，说明该因素对技术方案经济效果指标影响越大，对该因素就越敏感，故选项 A 正确。

16. **【2020 年真题】** 某方案单因素敏感性分析示意图如下。根据该图，可以得出的结论有（　　）。

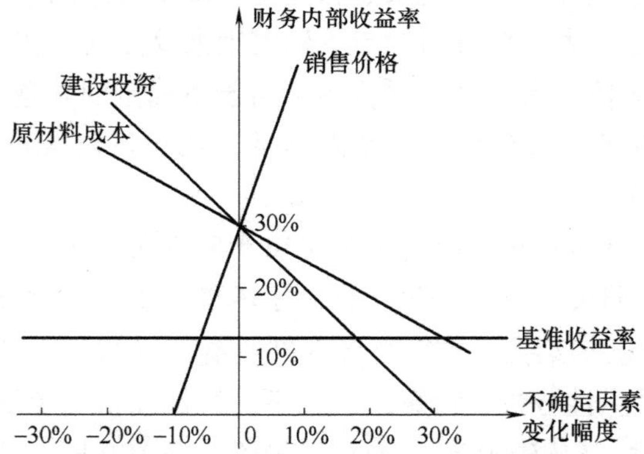

A. 原材料成本比建设投资更敏感　　B. 销售价格的临界点小于 10%

C. 建设投资的临界点大于 10%　　D. 销售价格是最敏感的因素

E. 建设投资比销售价格更敏感

【解析】 在敏感性分析图中，斜率越大，直线越陡，直线与横轴交点距离原点越短，越敏感。敏感性由大到小的顺序为：销售价格>建设投资>原材料成本，故选项 A、E 错误，选项 D 正确；

内部收益率（$FIRR$）≥基准收益率（i_c），故由图可以判断 B、C 正确。

17. **【2019 年真题】** 关于敏感度系数的说法，正确的是（　　）。

A. 敏感度系数可以用于对敏感因素敏感性程度的排序

B. 敏感度系数大于 0，表明评价指标与不确定因素反方向变化

C. 利用敏感度系数判别敏感因素的方法是绝对测定法

D. 敏感度系数的绝对值越大，表明评价指标对于不确定因素越不敏感

【解析】 敏感度系数大于0，表明评价指标与不确定因素同方向变化，故选项B错误。利用敏感度系数判别敏感因素的方法是相对测定法，故选项C错误。敏感度系数的绝对值越大，表明评价指标对于不确定因素越敏感，故选项D错误。

18. **【2018年真题】** 对某技术方案的财务净现值（*FNPV*）进行单因素敏感性分析，投资额、产品价格、经营成本以及汇率四个因素的敏感性分析如下图所示，则对财务净现值指标来说最敏感的因素是（　　）。

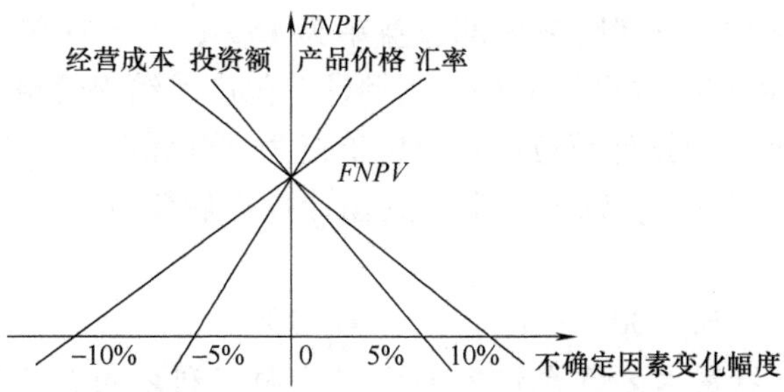

A. 投资额　　B. 产品价格　　C. 经营成本　　D. 汇率

【解析】 敏感度系数的绝对值越大，斜率越大，直线越陡，越敏感。由图可知，产品价格对应的直线最陡，故最敏感。

19. **【2016年真题】** 某技术方案进行单因素敏感性分析的结果是：产品售价下降10%时，内部收益率的变化率为55%；原材料价格上涨10%时，内部收益率的变化率为39%；建设投资上涨10%时，内部收益率的变化率为50%；人工工资上涨10%时，内部收益率的变化率为30%。则该技术方案的内部收益率对（　　）最敏感。

A. 人工工资　　B. 产品售价　　C. 原材料价格　　D. 建设投资

【解析】 根据敏感度系数=指标变化率/因素变化率，经过计算，各个因素对内部收益率的敏感度系数的绝对值分别为5.5，3.9，5和3，最大的是产品售价，所以选B。

20. **【2015年真题】** 关于敏感度系数S_{AF}的说法，正确的是（　　）。

A. S_{AF}越大，表示评价指标*A*对于不确定因素*F*越敏感

B. $S_{AF}>0$表示评价指标*A*与不确定因素*F*同方向变化

C. S_{AF}表示不确定因素*F*的变化额与评价指标*A*的变化额之间的比例

D. S_{AF}可以直接显示不确定因素*F*变化后评价指标*A*的值

【解析】 S_{AF}的绝对值越大，越敏感，故选项A错误。

S_{AF}为正数，表明指标与因素同方向变化；S_{AF}为负数，表明指标与因素反方向变化，故选项B正确。

S_{AF}表示不确定因素*F*的变化率与评价指标*A*的变化率之间的比例，因此只能直接显示不确定因素*F*变化后评价指标*A*的变化率，不能直接显示变化后评价指标的值，故选项C、D错误。

21. **【2014年真题】** 某技术方案经济评价指标对甲、乙、丙三个不确定因素的敏感度系数分别为-0.1、0.05、0.09，据此可以得出的结论有（　　）。

A. 经济评价指标对于甲因素最敏感

B. 甲因素下降10%，方案达到盈亏平衡

C. 经济评价指标与丙因素反方向变化

D. 经济评价指标对于乙因素最不敏感

E. 丙因素上升 9%，方案由可行转为不可行

【解析】 S_{AF}的绝对值越大，越敏感。S_{AF}为正数，表明指标与因素同方向变化；S_{AF}为负数，表明指标与因素反方向变化。因此选项 A 正确，C 错误，D 正确。

敏感度系数只能反映指标随因素变化的趋势和敏感程度，不能定量反映方案允许不确定因素朝不利方向变化的极限值（临界点），也不能反映方案的盈亏平衡点，因此选项 B、E 错误。

22. **【2014 年真题】** 对某技术方案进行单因素敏感性分析。当预计投产后的单位产品销售价格为 1000 元时，该技术方案财务内部收益率为 15%；当预计单位产品销售价格为 800 元时，该技术方案财务内部收益率为 12%；当预计单位产品销售价格为 700 元时，该技术方案财务内部收益率为 9%；当预计单位产品销售价格为 500 元时，该技术方案财务内部收益率为 0。如果基准收益率为 9%，则该技术方案预计投产后单位产品销售价格下降的临界点为（　　）元。

A. 1000　　B. 800　　C. 700　　D. 500

【解析】 临界点是指技术方案允许不确定因素向不利方向变化的极限值。超过极限，技术方案的经济效果指标将不可行。当预计单位产品销售价格为 700 元时，该技术方案财务内部收益率为 9%，根据 $FIRR$ 的判别标准 $FIRR>i_c$，单位产品销售价格下降至 700 元时，$FIRR=9\%=i_c$，故单位产品销售价格下降的临界点为 700 元。

23. **【2013 年真题】** 某项目采用净现值指标进行敏感性分析，有关数据见下表，则各因素的敏感程度由大到小的顺序为（　　）。

项目	−10%	0	10%
建设投资/万元	623	564	505
营业收入/万元	393	564	735
经营成本/万元	612	564	516

A. 建设投资—营业收入—经营成本　　B. 营业收入—经营成本—建设投资

C. 经营成本—营业收入—建设投资　　D. 营业收入—建设投资—经营成本

【解析】 根据公式：$S_{AF}=\dfrac{\Delta A/A}{\Delta F/F}$（式中，$\Delta A/A$ 表示评价指标变化率，$\Delta F/F$ 表示因素变化率）可以得知，不确定性因素变化幅度一致时，指标变化幅度越大，$|S_{AF}|$就越大，越敏感。

根据题中表格，因素变化幅度增加 10% 时，导致变化幅度由大到小的顺序是：营业收入>建设投资>经营成本，因此选 D。

24. **【2012 年真题】** 关于技术方案敏感性分析的说法，正确的是（　　）。

A. 敏感性分析只能分析单一不确定因素变化对技术方案经济效果的影响

B. 敏感性分析的局限性是依靠分析人员主观经验来分析判断，有可能存在片面性

C. 敏感系数越大，表明评价指标对不确定因素越不敏感

D. 敏感性分析必须考虑所有不确定因素对评价指标的影响

【解析】 敏感性分析分为单因素敏感性分析和多因素敏感性分析，单因素敏感性分析是分析单一不确定因素变化对技术方案经济效果的影响，多因素敏感性分析是分析多个相互

独立不确定性因素同时变化对技术方案经济效果的影响，故选项 A 错误。

敏感系数的绝对值越大，表明评价指标对不确定因素越敏感，故选项 C 错误。

敏感性分析不必考虑所有不确定因素对评价指标的影响，而只考虑对经济效果评价指标影响较大或者不确定性较大的因素，故选项 D 错误。

25. **【2011 年真题】**单因素敏感分析过程包括：①确定敏感因素；②确定分析指标；③选择需要分析的不确定性因素；④分析每个不确定因素的波动程度及其对分析指标可能带来的增减变化情况。正确的排列顺序是（　　）。

A. ③②④①　　B. ①②③④　　C. ②④③①　　D. ②③④①

【解析】 单因素敏感分析步骤：①确定分析指标；②选择需要分析的不确定性因素；③分析每个不确定因素的波动程度及其对分析指标可能带来的增减变化情况；④确定敏感性因素。

二、参考答案

题号	1	2	3	4	5	6	7	8	9
答案	BC	B	B	A	C	B	A	BD	A
题号	10	11	12	13	14	15	16	17	18
答案	A	D	BDE	B	C	A	BCD	A	B
题号	19	20	21	22	23	24	25		
答案	B	B	AD	C	D	B	D		

三、2023 考点预测

考点一：盈亏平衡分析

1）固定成本、可变成本的区分。

2）盈亏平衡点产销量、生产能力利用率的计算。

考点二：敏感性分析

利用敏感度系数判别因素敏感性。

第四节　技术方案现金流量表的编制

考点一：技术方案现金流量表

考点二：技术方案现金流量表的构成要素

一、历年真题及解析

1. **【2021 年真题】**某项目建设投资为 5000 万元，其中自有资金 4000 万元，借款 1000 万元，借款年利率为 5%。流动资金 1000 万元全部为借款，借款年利率为 4%。建设期计息不付息。编制资本金现金流量表时，建设期现金流出的金额是（　　）万元。

A. 2000　　B. 4090　　C. 4000　　D. 6000

【解析】 资本金现金流量表中现金流出为项目资本金、偿还借款本息，建设期内不付息不还本，因此现金流出为项目资本金4000万元。

2. 【2019年真题】根据投资现金流量表计算技术方案的财务内部收益率时，若要提高所得税后的财务内部收益率指标值，通常可以采用的做法是（　　）。

A. 提高资本金比例　　B. 提高借款比例

C. 缩短建设工期　　D. 降低借款比例

【解析】 投资现金流量表中分为所得税前的净现金流量和所得税后的净现金流量，即所得税后的净现金流量=所得税前的净现金流量-调整所得税，调整所得税=息税前利润×适用所得税税率，不需要减去利息，因此投资现金流量表所得税后分析也是融资前分析，以建设项目总投资为计算基础，不考虑借款，故选项A、B、D错误。

缩短建设工期，能提高技术方案的净现值，从而提高财务内部收益率，故选项C正确。

3. 【2016年真题】某技术方案有三个投资者共同投资，若要比较三个投资者的财务内部收益率是否均衡，则适宜采用的现金流量表是（　　）。

A. 投资现金流量表　　B. 资本金现金流量表

C. 投资各方现金流量表　　D. 财务计划现金流量表

【解析】 要比较三个投资者的财务内部收益率是否均衡，需要分别编制每个投资方的现金流量表，即投资各方现金流量表。

4. 【2015年真题】可据以计算累计盈余资金，分析技术方案财务生存能力的现金流量表是（　　）。

A. 财务计划现金流量表　　B. 投资各方现金流量表

C. 资本金现金流量表　　D. 投资现金流量表

【解析】 财务计划现金流量表反映技术方案计算期各年的投资、融资及经营活动的现金流入和流出，用于计算累计盈余资金，分析技术方案的财务生存能力。

5. 【2015年真题】在技术方案投资各方现金流量表中，应作为现金流出的有（　　）。

A. 实缴资本　　B. 租赁资产支出

C. 技术方案资本金　　D. 借款本金偿还

E. 经营成本

【解析】 投资各方现金流量表中作为现金流出的有实缴资本、租赁资产支出、其他现金流出。

技术方案资本金、借款本金偿还、经营成本是资本金现金流量表的流出，故选项C、D、E错误。

6. 【2014年真题】资本金现金流量表中，列出现金流出项目的是（　　）。

A. 政府补贴　　B. 借款本金偿还

C. 回收固定资产余值　　D. 增值税销项税额

【解析】 资本金现金流量表是从技术方案权益投资者整体（即项目法人）角度出发，以技术方案资本金作为计算基础，把借款本金偿还和利息支付作为现金流出。

政府补贴、回收固定资产余值、增值税销项税额是现金流入，故选项A、C、D错误。

7. 【2022年真题】下列现金流量中，属于资本金现金流量表中现金流出的是（　　）。

A. 实分利润　　B. 销项税额

C. 建设投资　　D. 借款利息支付

【解析】 实分利润为投资各方现金流量表的现金流入，销项税额为现金流入，故选项A、B错误；建设投资属于投资现金流量表现金流出，故选项C错误。

8. 【2013年真题】某垃圾处理项目得到政府300万元的财政补贴，则这300万元应计入财务计划现金流量表中的（　　）。

A. 经营活动净现金流量　　B. 投资活动净现金流量

C. 筹资活动净现金流量　　D. 营业收入

【解析】 补贴收入属于财务计划现金流量表中的经营活动净现金流量。

9. 【2012年真题】以技术方案建设所需的总投资作为计算基础，反映技术方案整个计算期内现金流入和流出的现金流量表是（　　）。

A. 资本金现金流量表　　B. 投资各方现金流量表

C. 财务计划现金流量表　　D. 投资现金流量表

【解析】 投资现金流量表是以技术方案为一独立系统进行设置的。它以技术方案建设所需的总投资作为计算基础，反映技术方案在整个计算期（包括建设期和生产运营期）内现金的流入和流出。

10. 【2011年真题】资本金现金流量表是以技术方案资本金作为计算的基础，站在（　　）的角度编制的。

A. 项目发起人　　B. 债务人　　C. 项目法人　　D. 债权人

【解析】 资本金现金流量表是从技术方案权益投资者整体（即项目法人）角度出发，以技术方案资本金作为计算基础的现金流量表。

11. 【2005年真题】技术方案现金流量表按其评价的角度不同分类，其中不包括（　　）。

A. 投资现金流量表　　B. 资本金现金流量表

C. 投资各方现金流量表　　D. 项目差额财务现金流量表

【解析】 技术方案现金流量表按其评价的角度不同分类分为投资现金流量表、资本金现金流量表、投资各方现金流量表、财务计划现金流量表。

12. 【2021年真题】下列财务计划现金流量表的构成项中，属于投资活动净现金流量的有（　　）。

A. 建设投资借款　　B. 建设投资

C. 维持运营投资　　D. 偿还债务本金

E. 流动资金

【解析】 选项A、D为融资活动现金流量。

13. 【2022年真题】下列成本费用中，属于技术方案现金流量表中的有（　　）。

A. 折旧费　　B. 外购原材料

C. 工资及福利费　　D. 修理费

E. 利息支出

【解析】 经营成本=总成本费用−折旧费−摊销费−利息支出=外购原材料、燃料及动力费+工资及福利费+修理费+其他费用

14. 【2019年真题】下列成本费用项目中，属于经营成本的有（　　）。

A. 折旧费　　B. 工资及福利费

C. 摊销费　　D. 利息支出

E. 修理费

【解析】 经营成本＝外购原材料、燃料及动力费+工资及福利费+修理费+其他费用。

固定资产折旧费、无形资产及其他资产摊销费、利息支出属于总成本费用。

15. 【2018 年真题】技术方案现金流量表中经营成本计算的正确表达式是（　　）。

A. 经营成本＝总成本费用-工资及福利费-摊销费-利息支出

B. 经营成本＝总成本费用-折旧费-摊销费-利息支出

C. 经营成本＝外购原材料、燃料及动力费+折旧费+财务费用+摊销费

D. 经营成本＝外购原材料费用+利息支出+修理费+其他费用

【解析】 经营成本＝总成本费用-折旧费-摊销费-利息支出＝外购原材料、燃料及动力费+工资及福利费+修理费+其他费用。

16. 【2018 年真题】技术方案资本金的出资方式除现金外，还可以采用的出资形态包括经过有资格的资产评估机构评估作价后的（　　）。

A. 实物　　B. 工业产权

C. 非专利技术　　D. 土地使用权

E. 股票

【解析】 技术方案资本金的出资方式除现金外，还可以采用的出资形态包括经过有资格的资产评估机构评估作价后的实物、工业产权、非专利技术、土地使用权、资源开采权作价出资。

股票因为价值波动风险大，不能作价出资，故选项 E 错误。

17. 【2016 年真题】某技术方案估计年总成本费用为 8000 万元，其中外购原材料、燃料及动力费为 4500 万元，折旧费为 800 万元，摊销费为 200 万元，修理费为 500 万元，利息支出为 210 万元。则该技术方案的年经营成本为（　　）万元。

A. 4500　　B. 6290

C. 6790　　D. 7290

【解析】 经营成本＝总成本费用-折旧费-摊销费-利息支出＝8000-800-200-210＝6790（万元）。

18. 【2013 年真题】已知某技术方案的年总成本费用为 2000 万元，年销售费用、管理费用合计为总成本费用的 15%，年折旧费用为 200 万元，年摊销费为 50 万元，年利息支出为 100 万元，则该技术方案的年经营成本为（　　）万元。

A. 1750　　B. 1650

C. 1350　　D. 650

【解析】 经营成本＝总成本费用-折旧费-摊销费-利息支出＝2000-200-50-100＝1650（万元）。

二、参考答案

题号	1	2	3	4	5	6	7	8	9
答案	C	C	C	A	AB	B	D	A	D
题号	10	11	12	13	14	15	16	17	18
答案	C	D	BCE	BCD	BE	B	ABCD	C	B

三、2023 考点预测

考点一：技术方案现金流量表
1）技术方案现金流量表的编制对象、计算基础、作用。
2）资本金现金流量表的编制对象、计算基础。
3）财务计划现金流量表的作用。
考点二：技术方案现金流量表的构成要素
1）补贴收入的内容。
2）技术方案资本金的出资方式。
3）经营成本和总成本费用的组成及计算。

第五节 设备更新分析

考点一：设备的磨损及补偿
考点二：设备更新方案的比选原则
考点三：更新时机的确定方法
考点四：设备租赁与购买的影响因素
考点五：租赁和购买方案的比选

一、历年真题及解析

1. **【2022 年真题】**下列关于设备磨损的补偿方式，说法正确的是（ ）。
A. 大修理是对设备有形磨损的局部补偿
B. 由于科学技术进步的无形磨损可通过现代化改装进行局部补偿
C. 不可消除的有形磨损可通过大修理进行局部补偿
D. 设备制造工艺不断改进，同类设备再生价值降低，致使原设备贬值，可通过现代化改装进行局部补偿
E. 设备有形磨损和无形磨损的完全补偿是更新

【解析】

设备磨损形式及其补偿方式

设备磨损形式		设备补偿方式
有形磨损	可消除有形磨损	修——大修理，换——更新
	不可消除有形磨损	换——更新
无形磨损	第一种无形磨损	无法补偿
	第二种无形磨损	改——现代化改装，换——更新

不可消除的有形磨损只能进行更新，故选项 C 错误；设备制造工艺不断改进，同类设备再生价值降低，致使原设备贬值属于第一种无形磨损，无法补偿，故选项 D 错误。

2. 【2021 年真题】关于设备磨损补偿方式的说法，正确的是（　　）。

A. 设备的无形磨损可以通过修理进行补偿

B. 设备的综合磨损只能通过更新进行补偿

C. 可消除的有形磨损只能通过现代化改装进行补偿

D. 不可消除的有形磨损可以通过更新进行补偿

【解析】

设备磨损形式		设备补偿形式
有形磨损	可消除有形磨损	修——大修理，换——更新
	不可消除有形磨损	换——更新
无形磨损	第一种无形磨损	无法补偿
	第二种无形磨损	改——现代化改装，换——更新

由上表可知，设备的第一种无形磨损无法补偿，故选项 A 错误；设备的综合磨损应根据实际情况和深入的研究，确定合理的补偿方式，而不是只能通过更新补偿，故选项 B 错误。

3. 【2020 年真题】会导致原有设备产生无形磨损的是（　　）。

A. 设备部件在使用过程中自然老化

B. 由于科技进步出现效率更高的新设备

C. 设备使用中的损坏

D. 同类型设备市场价格明显降低

E. 设备在闲置过程中被腐蚀造成精度降低

【解析】 设备的无形磨损包括第一种无形磨损：由于社会生产效率提高或技术进步导致同类型设备再生产价值降低，因而市场价格降低，故选项 D 正确。

第二种无形磨损：是由于科学技术的进步，不断创新出结构更先进、性能更完善、效率更高、耗费原材料和能源更少的新型设备，使原有设备相对陈旧落后，其经济效益相对降低而发生贬值，故选项 B 正确。

选项 A、C、E 属于设备的有形磨损。

4. 【2018 年真题】造成设备无形磨损的原因有（　　）。

A. 高强度的使用导致设备自然寿命缩短

B. 自然力的作用使设备产生磨损

C. 技术进步创造出效率更高、能耗更低的新设备

D. 社会劳动生产率提高使同类设备的再生产价值降低

E. 设备使用过程中实体产生变形

【解析】 设备的无形磨损分两种形式：第一种无形磨损是因为社会劳动生产率提高使同类设备的再生产价值降低，即设备的市场价格降低，致使原设备贬值；第二种无形磨损是因为技术进步创造出效率更高、能耗更低的新设备，是原设备相对陈旧落后，其经济效益降低而贬值。

5. 【2014 年真题】可以采用大修理方式进行补偿的设备磨损是（　　）。

A. 不可消除性有形磨损　　B. 第一种无形磨损

C. 可消除性有形磨损 D. 第二种无形磨损

【解析】 不可消除性有形磨损只能通过更新的方式补偿，故选项 A 错误。

第一种无形磨损无法补偿，故选项 B 错误。

可消除性有形磨损可以通过大修理或者更新的方式补偿，故选项 C 正确。

第二种无形磨损可以通过现代化改装或更新的方式补偿，故选项 D 错误。

6. **【2012 年真题】**家庭的半自动洗衣机，经过多次维修也无法使用，准备购买全自动的新洗衣机，这一措施属于对（　　）。

A. 有形磨损的局部补偿 B. 有形磨损的完全补偿

C. 无形磨损的局部补偿 D. 无形磨损的完全补偿

【解析】 设备在使用过程中，在外力的作用下实体产生的磨损、变形和损坏，称为第一种有形磨损，这种磨损程度与使用强度和使用时间长度有关。因此，家用洗衣机的磨损应主要属于第一种有形磨损。

7. **【2007 年真题】**某设备一年前购入后闲置至今，产生锈蚀，此期间由于制造工艺改进，使该种设备制造成本降低，其市场价格也随之下降。那么，该设备遭受了（　　）。

A. 第一种有形磨损和第二种无形磨损 B. 第二种有形磨损和第一种无形磨损

C. 第一种有形磨损和第一种无形磨损 D. 第二种有形磨损和第二种无形磨损

【解析】 “闲置至今，产生锈蚀”是自然力的作用产生的实体磨损，属于第二种有形磨损；“由于制造工艺改进，使该种设备制造成本降低，其市场价格也随之下降”是因为社会劳动生产率提高使同类设备的再生产价值降低，属于第一种无形磨损。

8. **【2006 年真题】**下列关于设备更新作用的描述中，错误的是（　　）。

A. 设备更新是对设备磨损的局部补偿

B. 设备更新可以对设备无形磨损进行补偿

C. 设备更新可以对设备有形磨损进行补偿

D. 设备更新是对设备在运行中消耗掉的价值的重新补偿

【解析】 设备更新是对设备磨损的完全补偿。

9. **【2020 年真题】**某设备 10 年前的原始成本是 100000 元，目前的账面价值是 30000 元，当前的市场价值为 20000 元。关于该设备沉没成本和更新决策时价值的说法，正确的是（　　）。

A. 沉没成本 10000 元，更新决策时价值应为 40000 元

B. 沉没成本 80000 元，更新决策时价值应为 30000 元

C. 沉没成本 10000 元，更新决策时价值应为 20000 元

D. 沉没成本 70000 元，更新决策时价值应为 70000 元

【解析】 沉没成本 = 账面价值 - 当前市场价值 = 30000 - 20000 = 10000（元），更新决策时，当要继续使用旧设备时，相当于付出旧设备当前市场价值的成本才能获得旧设备的使用权，故为 20000 元。

10. **【2022 年真题】**某公司 5 年前购置一台设备，原价为 10 万元，因环保要求需更换，目前该设备的账面价值为 5 万元，市场价为 4 万元，则设备更新决策时的沉没成本是（　　）元。

A. 6 B. 1

C. 5 D. 4

【解析】 沉没成本=设备账面价值-当前市场价=5-4=1（万元）

11.【2017年真题】关于设备技术寿命的说法，正确的有（　　）。

A. 设备的技术寿命主要由设备的无形磨损决定

B. 设备的技术寿命是指设备年平均维修费用最低对应的使用年限

C. 设备的技术寿命一般长于设备的自然寿命

D. 科学技术进步越快，设备的技术寿命越短

E. 设备的技术寿命受产品物理寿命的影响

【解析】 设备的技术寿命一般短于设备的自然寿命，和自然寿命没有太大关系，也和设备年平均维修费用没有关系，故选项B、C、E错误。

技术寿命是指设备从投入使用到因技术落后而被淘汰所延续的时间，主要由设备的无形磨损所决定，故选项A正确。

科学技术进步越快，设备技术寿命越短，故选项D正确。

12.【2020年真题】某设备目前实际价值为30000元，有关资料如下表所示，则该设备的经济寿命为（　　）年。

继续使用年限/年	1	2	3	4	5	6	7
年末净残值/元	15000	7500	3750	3000	2000	900	600
年末运行成本/元	5000	6000	7000	9000	11500	14000	18200
年平均使用成本/元	20000	16750	14750	137500	13300	13600	14300

A. 3　　B. 4　　C. 5　　D. 6

【解析】 设备的经济寿命为设备年平均使用成本最低的年份，第5年的年均使用成本最低，故选项C正确。

13.【2017年真题】某设备在不同使用年限时的平均年度资产消耗成本和平均年度运行成本数据见下表，则该设备的经济寿命为（　　）年。

使用年限/年	1	2	3	4	5	6	7
平均年度资产消耗成本/万元	90	50	35	23	20	18	15
平均年度运行成本/万元	30	35	30	35	40	45	60

A. 7　　B. 5　　C. 4　　D. 3

【解析】 设备的经济寿命是设备年均使用成本最小的使用年限N_0，年均使用成本为年均资产消耗成本与年均运行成本之和，由题中表格可知，第四年设备的年均使用成本最小，故设备的经济寿命为4年。

14.【2016年真题】有一设备买来10万元，账面价值为4万元，市场价值为3万元，现在设备更新买同样的设备为8万元，说法正确的有（　　）。

A. 使用旧设备投资按3万元

B. 不考虑沉没成本1万元

C. 新方案市场价比旧方案多4万元

D. 新方案投资应为 10 万元

E. 新旧方案的经济寿命和运行成本相同

【解析】 若要保留旧设备，首先要付出相当于旧设备当前市场价值的投资，才能取得旧设备的使用权，所以使用旧设备投资是 3 万元，故选项 A 正确。

在进行设备更新方案比选时，原设备的价值应按目前实际价值计算，而不考虑其沉没成本，沉没成本=设备账面价值-当前市场价值=4-3=1（万元），故选项 B 正确。

新方案市场价比旧方案多(8-3)=5（万元），故选项 C 错误。

新方案投资应为 8 万元，故选项 D 错误。

从题中已知条件中无法判断新旧方案的经济寿命和运行成本是否相同，故选项 E 错误。

15. **【2016 年真题】**某企业 2005 年年初以 3 万元的价格购买了一台新设备，使用 7 年后发生故障不能正常使用，且市场上出现了技术更先进、性能更加完善的同类设备，但原设备经修理后又继续使用，至 2015 年年末不能继续修复使用而报废，则该设备的自然寿命为（　　）年。

A. 7　　B. 10　　C. 12　　D. 11

【解析】 设备的自然寿命是指设备从投入使用开始，直到因物质磨损严重而不能继续使用、报废为止所经历的全部时间。故自然寿命是 2005 年年初至 2015 年年末共 11 年。

16. **【2015 年真题】**关于确定设备经济寿命的说法，正确的有（　　）。

A. 使设备在自然寿命期内一次性投资最小

B. 使设备的经济寿命与自然寿命、技术寿命尽可能保持一致

C. 使设备在经济寿命平均每年净收益达到最大

D. 使设备在经济寿命期平均使用成本最小

E. 使设备在可用寿命期内总收入达到最大

【解析】 确定设备经济寿命期的原则是：使设备在经济寿命内平均每年净收益达到最大或使设备在经济寿命内一次投资和各种经营费（年平均使用成本）总和达到最小。

17. **【2014 年真题】**某设备目前的账面价值为 50000 元，预计净残值为 5000 元，第 1 年设备运行成本为 500 元，此后每年运行成本均等递增 400 元，则该设备的经济寿命为（　　）年。

A. 10　　B. 8　　C. 15　　D. 12

【解析】 每年运行成本均等递增 400 元为低劣化值（λ），根据公式：

$$N_0=\sqrt{\frac{2(P-L_N)}{\lambda}}=\sqrt{\frac{2\times(50000-5000)}{400}}=15\text{（年）}$$

18. **【2013 年真题】**关于设备寿命的说法，正确的是（　　）。

A. 设备经济寿命是从经济观点确定的设备更新的最佳时间

B. 设备的使用年限越长，设备的经济性越好

C. 设备的合理维修和保养可以避免设备的无形磨损

D. 设备的技术寿命主要是由设备的无形磨损决定的

E. 设备的自然寿命是由设备的综合磨损决定的

【解析】 设备在其经济寿命内使用的经济性最好，故选项 B 错误。

设备的无形磨损是由社会生产水平的发展，生产效率的提高，技术进步等原因造成的，合理维修和保养无法避免设备的无形磨损，故选项 C 错误。

19.【2012年真题】关于设备技术寿命的说法，正确的是（ ）。

A. 完全未使用的设备技术寿命不可能等于零

B. 设备的技术寿命一般短于自然寿命

C. 科学技术进步越快，设备的技术寿命越长

D. 设备的技术寿命主要有其有形磨损决定

【解析】 技术寿命是指设备从投入使用到因技术落后而被淘汰所延续的时间，完全未使用的设备可能因为技术落后而导致技术寿命为0，故选项A错误。

科学技术进步越快，设备的技术寿命越短，故选项C错误。

设备的技术寿命主要由其无形磨损决定，有形磨损决定其自然寿命，故选项D错误。

20.【2011年真题】某设备年度费用曲线如下图所示，依据下图判断，该设备的经济寿命为（ ）年。

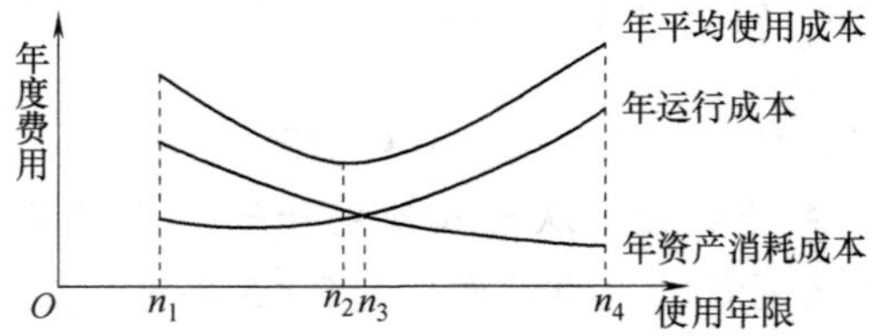

设备年度费用曲线

A. n_1　　B. n_2　　C. n_3　　D. n_4

【解析】 设备的经济寿命是设备年均使用成本最小的使用年限，由图可知n_2年对应的年均使用成本最小。

21.【2004年真题】设备使用年限越长，每年所分摊的资产消耗成本（ ）。

A. 越多，运行成本越少　　B. 越少，运行成本越少

C. 越多，运行成本越多　　D. 越少，运行成本越多

【解析】 设备的年度成本费用曲线如下图：

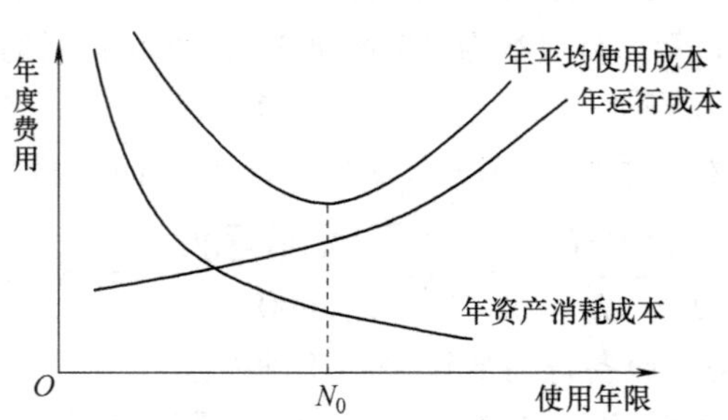

由图可知，随着设备使用年限的增加，年资产消耗成本减少，年运行成本增加，故选项D。

22.【2021年真题】关于设备融资租赁的说法，正确的是（ ）。

A. 租赁期的设备租金总额低于直接购置设备的费用

B. 租赁容易导致承租人资产负债状况恶化

C. 租赁期间承租人可以将租用设备用于抵押贷款

D. 设备融资租赁的租期通常较长

【解析】

设备租赁的优缺点（对承租人而言）——与购买比较	
优点	缺点
① 在资金短缺的情况下既可用较少资金获得生产急需的设备，也可以引进先进设备，加速技术进步的步伐 ② 可获得良好的技术服务 ③ 可以保持资金的流动状态，防止呆滞，也不会使企业资产负债状况恶化 ④ 可避免通货膨胀和利率波动的冲击，减少投资风险 ⑤ 经营租赁设备租金可在所得税前扣除，能享受税费上的利益	① 在租赁期间承租人对租用设备无所有权，只有使用权，故承租人无权随意对设备进行改造，不能处置设备，也不能用于担保、抵押贷款 ② 承租人在租赁期间所交的租金总额一般比直接购置设备的费用要高 ③ 长年支付租金，形成长期负债 ④ 融资租赁合同规定严格，毁约要赔偿损失，罚款较多等

由上表可知，选项 A、B、C 错误。

23. **【2019 年真题】**对于承租人来说，设备租赁与设备购买相比的优越性有（　　）。

A. 设备可用于担保、抵押贷款　　B. 不需要考虑设备的维护保养

C. 能用较少资金获得生产急需的设备　　D. 设备租金可在所得税前扣除

E. 可获得设备出租方的技术服务

【解析】 设备租赁期间，承租人对租赁设备无所有权，只有占有使用权，故无权对租赁设备进行处分，不得用于担保、抵押贷款，故选项 A 错误。

租赁期间，经营性租赁设备的日常维护保养是出租人的义务，但融资性租赁设备的日常维护保养是承租人的义务，故选项 B 错误。

24. **【2017 年真题】**对于承租人来说，设备租赁与设备购买相比，不足之处主要在于（　　）。

A. 长年支付租金，形成长期负债　　B. 不能获得良好的技术服务

C. 不能享受税费上的利益　　D. 容易受到利率波动的冲击

【解析】 设备租赁的不足之处在于：①承租人在租赁期间对租用设备无所有权，只有使用权，未经出租人同意，无权随意对设备进行改造、处置，也不能担保、抵押贷款；②承租人所交的租金总额一般比直接购置设备的费用要高；③长年支付租金，形成长期负债；④融资租赁合同规定严格，毁约要赔偿损失，罚款较多等。

25. **【2013 年真题】**关于设备租赁的说法，错误的是（　　）。

A. 融资租赁通常适用于长期使用的贵重设备

B. 临时使用的设备适宜采用经营租赁方式

C. 经营租赁的任何一方可以以一定方式在通知对方后的规定期限内取消租约。

D. 租赁期内，融资租赁承租人拥有租赁设备的所有权

【解析】 租赁期内，融资租赁承租人拥有租赁设备的使用权、占有权，但没有所有权。设备的所有权归出租人所有，故选项 D 错误。

26. **【2012 年真题】**设备融资租赁与经营租赁的主要不同点是（　　）。

A. 租金的支付方式　　B. 可用于租赁的设备

C. 租赁双方的根本目的　　D. 租赁双方承担义务的约束力

【解析】 在融资租赁中，租赁双方不得任意中止和取消合约，而经营性租赁中，租赁双方的任何一方可以以一定方式在通知对方后的规定期限内取消租约。也即双方承担义务的约束力不同。

27. 【2011年真题】对于承租人来说，经营性租赁设备与购买设备相比的优越性体现在（　　）。

A. 在资金短缺时可用较少资金获得急需的设备

B. 可获得良好的技术服务

C. 可减少投资风险

D. 在租赁期间可以将设备用于抵押贷款

E. 租金可以在税前扣除，能享受税费上的优惠

【解析】 对于承租人而言，经营性租赁设备与购买设备相比的优越性体现在：

① 在资金短缺时，可用较少资金获得急需的设备。

② 可获得良好的技术服务。

③ 可保持资金的流动状态。

④ 可减少投资风险。

⑤ 租金可以在税前扣除，能享受税费上的优惠。

28. 【2020年真题】某施工企业计划租赁一台设备，设备价格为240万元，寿命期10年，租期8年，每年年末支付租金，折现率为8%，附加率为3%。采用附加率法计算，每年需支付的租金为（　　）万元。

A. 33.0　　B. 50.4

C. 56.4　　D. 61.2

【解析】 $R=P/N+Pi+Pr=240/8+240\times8\%+240\times3\%=56.4$（万元）

式中　P——租赁资产的价格；

N——租赁期数，可按月、季、半年、年计；

i——与租赁期数相对应的利率；

r——附加率。

29. 【2018年真题】某施工企业拟租赁一台设备，该设备价格为100万元，寿命期和租期均为6年，每年年末支付租金，折现率为6%，附加率为3%，则按附加率法计算每年租金为（　　）万元。

A. 18　　B. 22.67　　C. 25.67　　D. 36.00

【解析】 $R=P/N+Pi+Pr=100/6+100\times6\%+100\times3\%=25.67$（万元）。

式中　P——租赁资产的价格；

N——租赁期数，可按月、季、半年、年计；

i——与租赁期数相对应的利率；

r——附加率。

30. 【2022年真题】某施工企业以经营租赁方式租入一台设备，租赁保证费2万元，担保费5万元，年租金10万元，预计租赁设备年运行成本10万元，其中原材料消耗2万元，则设备第一年的租赁费是（　　）。

A. 19　　B. 17　　C. 20　　D. 27

【解析】 租赁费=租赁保证费2万元+担保费5万元+年租金10万元=17万元。

31.【2016年真题】融资租赁的租金应由（ ）构成。

A. 租赁资产的成本
B. 出租人承办租赁业务的费用
C. 租赁资产的运行成本
D. 租赁资产成本的利息
E. 出租人提供租赁服务的利润

【解析】 融资租赁的租金包括三大部分：

① 租赁资产的成本，即租赁资产的购置费、运杂费、运输途中的保险费等。

② 租赁资产成本的利息。

③ 租赁手续费及出租人所赚取的利润。

租赁资产在租赁期间的运行成本由承租人自行承担，与出租人无关，故选项C错误。

32.【2011年真题】将租赁资产价值按动态等额分摊到未来各租赁期间的租金计算方法是（ ）。

A. 附加率法 B. 消耗率法 C. 低劣化值法 D. 年金法

【解析】 年金法是将一项租赁资产价值按动态等额分摊到未来各租赁期间内的租金计算方法。年金法计算有期末支付和期初支付租金之分。

33.【2011年真题】某建筑公司融资租赁一台施工设备，设备价格300万元，租期为6年，每年年末支付租金，折现率为6%，附加率为3%。租赁保证金为30万元，租赁保证金在租赁期满时退还；担保费为2万元。租赁保证金和担保费的时间价值忽略不计。则按附加率计算的年租金为（ ）万元。

A. 68.0 B. 77.0 C. 79.0 D. 81.6

【解析】 $R=P/N+Pi+Pr=300/6+300\times6\%+300\times3\%=77.0$（万元）。

式中 P——租赁资产的价格；

N——租赁期数，可按月、季、半年、年计；

i——与租赁期数相对应的利率；

r——附加率。

二、参考答案

题号	1	2	3	4	5	6	7	8	9
答案	ABE	D	BD	CD	C	B	B	A	C
题号	10	11	12	13	14	15	16	17	18
答案	B	AD	C	C	AB	D	CD	C	ADE
题号	19	20	21	22	23	24	25	26	27
答案	B	B	D	D	CDE	A	D	D	ABCE
题号	28	29	30	31	32	33			
答案	C	C	B	ABDE	D	B			

三、2023考点预测

考点一：设备的磨损及补偿

设备磨损的类型及补偿方式。

考点二：设备更新方案的比选原则

1）设备更新的原则。

2）沉没成本的计算。

考点三：更新时机的确定方法

设备经济寿命的概念和年度费用曲线。

考点四：设备租赁与购买的影响因素

设备租赁的优越性（优点）。

考点五：租赁和购买方案的比选

附加率法计算设备租金。

第六节　价值工程在工程建设中的应用

考点一：价值工程的概念、特点及提升途径

考点二：价值工程的工作程序

考点三：价值工程的评析阶段

一、历年真题及解析

1. **【2021 年真题】**对于建设工程，利用价值工程原理提高技术方案经济效果最佳的阶段是（　　）。

A. 生产与销售阶段　　　　B. 规划与设计阶段

C. 使用与报废阶段　　　　D. 生产与使用阶段

【解析】 对于建设工程，应用价值工程的重点是在规划和设计阶段，因为这两个阶段是提高技术方案经济效果的关键环节，故选项 B 正确。

2. **【2021 年真题】**运用价值工程原理提高产品价值的途径有（　　）。

A. 通过采用新方案，既提高产品功能，又降低产品成本

B. 通过设计优化，在产品成本不变的前提下，提高产品功能

C. 在保证产品功能不变的前提下，通过组织管理措施降低产品成本

D. 适当增加产品成本，同时大幅度提高产品功能和适用性

E. 采用新材料保证产品功能不变的前提下，成本略有增加

【解析】 选项 A 为双向型，选项 B 为改进型，选项 C 为节约型，选项 D 为投资型，都为提高产品价值的途径。

选项 E 降低了产品价值，故错误。

3. **【2020 年真题】**某工程施工方案的计划工期为 350 天，对方案运用价值工程原理优化后工期缩短了 10 天，可实现同样的功能，并降低了工程费用。根据价值工程原理，该价值提升的途径属于（　　）。

A. 功能提高，成本降低

B. 功能提高，成本不变

C. 功能不变，成本降低

D. 功能不变，成本不变

【解析】 工期缩短，成本降低，但功能不变，这种提升价值的途径属于节约型。故选项 C 正确。

4. 【2018 年真题】人防工程设计时，在考虑战时能发挥其隐蔽功能的基础上平时利用为地下停车场。这种提高产品价值的途径是（　　）。

A. 改进型　　B. 双向型

C. 节约型　　D. 牺牲型

【解析】 提高产品价值的途径有五种：

① 双向型：成本降低，功能提高，这是最理想的途径。

② 改进型：成本不变，功能提高。

③ 节约型：成本降低，功能不变。

④ 投资型：成本提高，功能大大提高。

⑤ 牺牲型：成本大大降低，功能降低。

题中所描述情形为成本不变，功能提高，属于改进型。

5. 【2022 年真题】价值工程中产品功能与成本的关系图如下，关于图中两者关系的说法，正确的是（　　）。

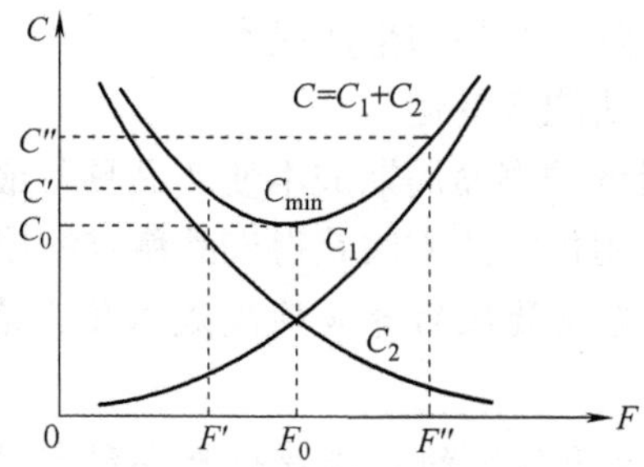

A. 随着产品功能水平 F 提高，生产成本 C_1 降低，使用及维护成本 C_2 增加

B. 在 F' 处，产品的功能较少，生产成本 C_1、使用及维护成本 C_2 较低，寿命周期成本较低

C. 在 F'' 处，产品功能较多，生产成本 C_1、使用及维护成本 C_2 均较高，寿命周期成本较高

D. 在 F_0 时，产品满足必要的功能需求，生产成本 C_1、使用及维护成本 C_2 之和对应的寿命周期成本最低

【解析】 随着产品功能水平 F 提高，生产成本 C_1 提高，使用及维护成本 C_2 降低，故选项 A 错误。

在 F' 处，产品的功能较少，生产成本 C_1 较低、使用及维护成本 C_2 较高，寿命周期成本较高，故选项 B 错误。

在 F'' 处，产品功能较多，生产成本 C_1 较高、使用及维护成本 C_2 较低，寿命周期成本较高，故选项 C 错误。

6. 【2017 年真题】对某产品进行价值分析，其产品功能与成本关系如下图所示，图中

C_1最有可能表示（　　）随产品功能变动的变化规律。

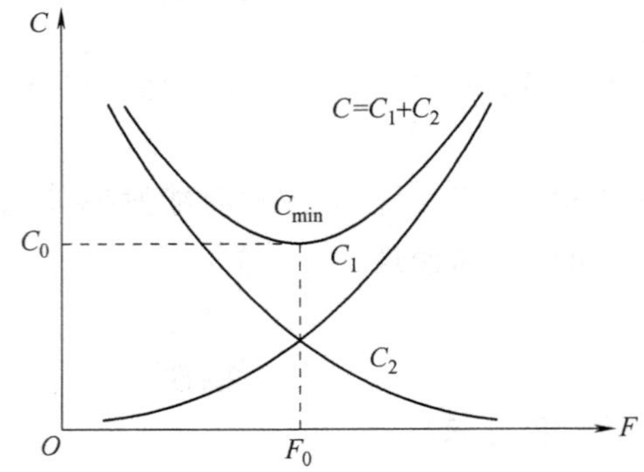

A. 用户购买产品的费用　　B. 产品使用成本

C. 产品维护成本　　D. 产品报废拆除所需费用

【解析】 从图上可以看出，随着功能增加，C_1 成本不断地增加，根据常识判断，一个产品拥有越多的功能，则其购置费用一定会不断地增加，故选项 A 正确。

选项 B、C、D 属于使用过程中的费用，即使用及维护成本，随着产品功能的提高，使用及维护成本降低，故选项 B、C、D 错误。

7. **【2017 年真题】** 关于价值工程特点的说法，正确的有（　　）。

A. 价值工程的核心是对产品进行功能分析

B. 价值工程并不单纯追求降低产品的生产成本

C. 价值工程要求将产品的功能定量化

D. 价值工程的目标是以最低的寿命周期成本使产品具备最大功能

E. 价值工程的主要工作是用传统的方法获得产品稳定的技术经济效益

【解析】 价值工程的目标是以最低的寿命周期成本使产品具备必要的功能，故选项 D 错误。

价值工程的主要工作并非是用传统的方法获得产品稳定的技术经济效益，而是强调创新，故选项 E 错误。

8. **【2016 年真题】** 价值工程中方案创造的理论依据是（　　）。

A. 产品功能具有系统性　　B. 功能载体具有替代性

C. 功能载体具有排他性　　D. 功能实现程度具有差异

【解析】 方案创造是通过创造性的思维活动，提出能够实现目标的新方案，新方案对老方案的替代性应该是方案创造的基本条件。

9. **【2022 年真题】** 下列有关价值工程的特点说法，正确的是（　　）。

A. 价值工程的核心是对产品进行功能分析

B. 价值工程分值产品是在分析它的结构、材质基础上，再去分析它的功能

C. 价值工程追求最低的成本水平

D. 价值工程要求将功能定量化，即将功能转化为能够与成本直接相比的量化价值

E. 价值功能是以集体智慧开展的有计划、有组织、有领导的管理活动

【解析】 价值工程分析产品，首先不是分析它的结构，而是分析它的功能，是在分析功能的基础之上，再去研究结构、材质等问题，故选项 B 错误。

价值工程并不是单纯追求低成本水平，也不片面追求高功能、多功能水平，而是力求正确处理好功能与成本的对立统一关系，提高它们之间的比值水平，研究产品功能和成本的最佳配置，故选项 C 错误。

10. **【2011 年真题】**某分项工程施工采用方案 A 的成本为 5 万元，在相同条件下，采用其他方案的合理成本为 4.5 万元。对方案实施价值工程，可以认为方案 A 的价值系数为（　　）。

A. 0.90　　B. 0.10　　C. 0.53　　D. 1.11

【解析】 功能价值(V)= 目标成本(F)/现实成本(C)= 4.5/5=0.90。

11. **【2010 年真题】**产品的寿命周期成本由产品生产成本和（　　）组成。

A. 使用及维护成本　　B. 使用成本

C. 生产前准备成本　　D. 资金成本

【解析】 产品成本(C)= 产品生产成本(C_1)+使用及维护成本(C_2)。

12. **【2009 年真题】**根据价值工程的原理，提高产品价值最理想的途径是（　　）。

A. 在产品成本不变的条件下提高产品功能

B. 在保持产品功能不变的前提下降低成本

C. 在提高产品功能的同时降低产品成本

D. 产品功能有较大幅度提高，产品成本有较少提高

【解析】 提升产品价值的途径中最理想的方式双向型，即在提高产品功能的同时降低产品成本。

13. **【2006 年真题】**下列关于价值工程原理的描述中，正确的有（　　）。

A. 价值工程中所述的“价值”是指研究对象的使用价值

B. 运用价值工程的目的是提高研究对象的比较价值

C. 价值工程的核心是对研究对象进行功能分析

D. 价值工程是一门分析研究对象效益与费用之间关系的管理技术

E. 价值工程中所述的“成本”是指研究对象建造/制造阶段的全部费用

【解析】 价值工程中所述的“价值”是指研究对象的比较价值，故选项 A 错误。

价值工程中所述的“成本”是指研究对象整个寿命周期的全部成本费用，故选项 E 错误。

14. **【2022 年真题】**工程产品中，从设计方面优先作为价值工程研究对象的是（　　）。

A. 结构复杂、性能和技术指标较差的工程产品

B. 用户意见少且竞争力较强的工程产品

C. 成本较低或占总成本比重较小的工程产品

D. 工艺简单、原材料能耗较低、质量有一定保障的工程产品

【解析】 从设计方面看，应当将结构复杂、性能和技术指标差、体积和重量大的工程产品作为价值工程研究对象，故选项 A 正确。

从施工生产方面看，应当将量大面广、工序烦琐、工艺复杂、原材料和能源消耗高、质量难于保证的工程产品作为价值工程研究对象，故选项 D 错误。

从市场方面看，应当将选择用户意见多和竞争力差的工程产品作为价值工程研究对象，故选项 B 错误。

从成本方面看，应当将成本高或成本比重大的工程产品作为价值工程研究对象，故选项

C 错误。

15.【2020 年真题】价值工程活动中功能评价前应完成的工作有（　　）。

A. 设计方案优化　　B. 功能整理

C. 方案创造　　D. 方案评价

E. 功能定义

【解析】　价值工程活动中功能评价前应完成的工作有功能定义、功能整理、功能成本分析。

16.【2019 年真题】价值工程功能评价的程序如下图，图中“＊”位置应进行的工作是（　　）。

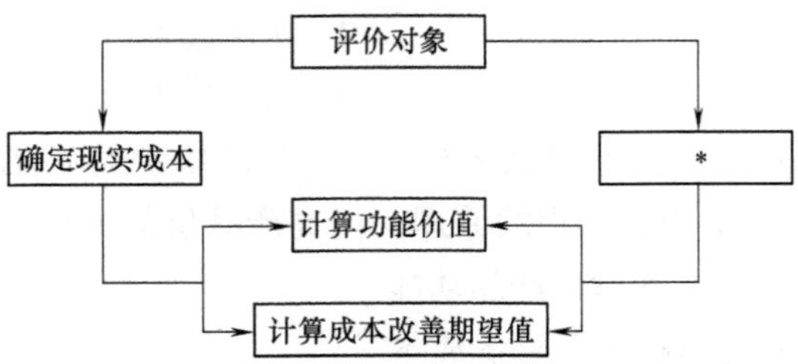

A. 整理功能之间的逻辑关系　　B. 确定功能评价值

C. 确定目标成本　　D. 确定基本功能

【解析】　价值工程功能评价是在分别确认了产品的目标成本（功能评价值）和现实成本之后，将两者对比计算工程评价值 F，由此确定价值工程对象的改进范围并计算成本改善的期望值。

17.【2019 年真题】价值工程分析中，将功能按用户的需求分类，有必要功能和不必要功能，下列功能中，属于不必要的功能有（　　）。

A. 美学功能　　B. 辅助功能

C. 多余功能　　D. 重复功能

E. 过剩功能

【解析】　必要功能就是指用户所要求的功能以及与实现用户所需求功能有关的功能，使用功能、美学功能、基本功能、辅助功能等均为必要功能；不必要功能是指不符合用户要求的功能。不必要的功能包括三类：一是多余功能，二是重复功能，三是过剩功能。

18.【2017 年真题】在产品价值工程工作程序中功能定义和功能整理工作的目的是（　　）。

A. 明确产品的成本是多少　　B. 确定产品的价值是多少

C. 界定产品是干什么用的　　D. 确定价值工程的研究对象是什么

【解析】　工程成本分析是“明确产品的成本是多少”，故选项 A 错误。

功能评价是“确定产品的价值是多少”，故选项 B 错误。

功能定义和整理是“界定产品是干什么用的”，故选项 C 正确。

对象选择是“确定价值工程的研究对象是什么”，故选项 D 错误。

19.【2016 年真题】某施工企业对建筑物的外墙进行功能性分析的说法，正确的有（　　）。

A. 承重外墙的基本功能是承受荷载　　B. 防风防雨是外墙的过剩功能

C. 分隔空间是外墙的上位功能　　D. 隔热保温是外墙的辅助功能

E. 造型美观是外墙的美学功能

【解析】 基本功能就是要达到这种产品的目的所必不可少的功能，是产品的主要功能，防风挡雨是外墙的基本功能，故选项 B 错误。

上位功能是目的性功能，下位功能是实现上位功能的手段性功能，分隔空间是下位功能，也是室内间壁墙的基本功能，而不是外墙的功能，故选项 C 错误。

20. **【2015 年真题】**价值工程分析阶段的工作有（　　）。

A. 对象选择　　B. 功能定义

C. 功能整理　　D. 功能评价

E. 方案评价

【解析】 价值工程分析阶段的工作有功能定义、功能整理、功能成本分析、功能评价、确定改进范围。

21. **【2014 年真题】**在价值工程活动中，描述某一个产品零部件“是干什么用的?”，属于（　　）。

A. 产品功能分析　　B. 产品结构分析

C. 对象选择　　D. 产品设计

【解析】 产品的功能分析对应的问题是“这是干什么用的?”。

22. **【2013 年真题】**价值工程也像其他技术一样具有自己独特的一套工作过程，其中功能评价这一步骤需要解决的问题是（　　）。

A. 新方案能否满足要求　　B. 新方案的成本是多少

C. 该功能的成本是多少　　D. 该功能的价值是多少

E. 该功能的用途是什么

【解析】 功能评价步骤分为功能分析和功能评析两个基本步骤，其中功能分析解决的问题是“这是干什么用的”，功能评析解决的问题是“成本是多少”及“价值是多少”。

23. **【2010 年真题】**价值工程分析阶段的工作步骤是（　　）。

A. 功能整理→功能定义→功能评价→功能成本分析→确定改进范围

B. 功能定义→功能整理→功能成本分析→功能评价→确定改进范围

C. 功能定义→功能评价→功能整理→功能成本分析→确定改进范围

D. 功能整理→功能定义→功能成本分析→功能评价→确定改进范围

【解析】 价值工程分析阶段的工作步骤是：功能定义→功能整理→功能成本分析→功能评价→确定改进范围。

24. **【2007 年真题】**在建设产品生产中应用价值工程原理时，应（　　）。

A. 在分析结构、材质等问题的同时，对产品的必要功能进行定义

B. 首先确定建筑产品的设计方案，然后进行功能分析和评价

C. 在分析功能的基础上，再去研究结构材质等问题

D. 在分析结构、施工工艺的基础上确定建筑产品的功能

【解析】 价值工程的核心，是对产品进行功能分析。价值工程分析产品，首先不是分析它的结构，而是分析它的功能，是在分析功能的基础之上，再去研究结构、材质等问题，以达到保证用户所需功能的同时降低成本，实现价值提高的目的。

25. **【2021 年真题】**某单位工程由甲、乙、丙和丁 4 个分部工程组成，相关数据见下表，运用价值工程原理判断，应作为优先改进对象的是（　　）。

项目	甲	乙	丙	丁
现实成本/万元	1100	2350	1220	1630
目标成本/万元	1000	2000	1230	1500
功能价值	0.909	0.851	1.008	0.920

A. 甲　　B. 丙　　C. 乙　　D. 丁

【解析】 应当选择 V 小且 $\Delta C=C-F$ 值大的功能，故方案乙为优先改进的对象。

26. 【2017年真题】现有四个施工方案可供选择，其功能评分和寿命周期成本相关数据见下表，则根据价值工程原理应选择的最佳方案是（　　）。

方案	甲	乙	丙	丁
功能评分	9	8	7	6
寿命周期成本/万元	100	80	90	70

A. 甲　　B. 乙　　C. 丙　　D. 丁

【解析】 甲方案的功能系数(F) = 9/(9+8+7+6) = 0.3，甲方案的成本系数(C) = 100/(100+80+90+70) = 0.294，甲方案的价值系数(V) = 0.3/0.294 = 1.02。

乙方案的功能系数(F) = 8/(9+8+7+6) = 0.267，乙方案的成本系数(C) = 80/(100+80+90+70) = 0.235，乙方案的价值系数(V) = 0.267/0.235 = 1.13。

丙方案的功能系数(F) = 7/(9+8+7+6) = 0.233，丙方案的成本系数(C) = 90/(100+80+90+70) = 0.265，丙方案的价值系数(V) = 0.233/0.265 = 0.88。

丁方案的功能系数(F) = 6/(9+8+7+6) = 0.2，丁方案的成本系数(C) = 70/(100+80+90+70) = 0.205，丁方案的价值系数(V) = 0.2/0.205 = 0.98。

故方案乙的价值系数最大，为最佳方案。

27. 【2015年真题】四个互斥型施工方案的功能系数和成本系数见下表，从价值工程角度最优的方案（　　）。

方案	甲	乙	丙	丁
功能系数	1.20	1.25	1.05	1.15
成本系数	1.15	1.01	1.05	1.20

A. 甲　　B. 乙　　C. 丙　　D. 丁

【解析】 四个互斥型施工方案的价值系数见下表。

方案	甲	乙	丙	丁
功能系数	1.20	1.25	1.05	1.15
成本系数	1.15	1.01	1.05	1.20
价值系数	1.04	1.24	1.00	0.96

故方案乙的价值系数最大，故选项B正确。

28. 【2014年真题】关于价值工程中功能的价值系数的说法，正确的是（　　）。

A. 价值系数越大越好

B. 价值系数大于 1 表示评价对象存在多余功能

C. 价值系数等于 1 表示评价对象的价值为最佳

D. 价值系数小于 1 表示现实成本较低，而功能要求较高

【解析】 价值系数等于 1 时表明实现功能的最低成本（目标成本）与实际成本相当，最为理想，也即评价对象的价值为最佳。

29. **【2013 年真题】** 某工程由六个分部工程组成，采用价值工程分析得到各分部工程功能指数和成本指数见下表，则首先应进行价值工程改进的是（　　）。

分部工程	分部一	分部二	分部三	分部四	分部五	分部六
功能指数	0.20	0.30	0.20	0.15	0.10	0.05
成本指数	0.21	0.29	0.19	0.17	0.10	0.04

A. 分部二　　B. 分部四

C. 分部五　　D. 分部六

【解析】 各分部工程的价值指数见下表。

分部工程	分部一	分部二	分部三	分部四	分部五	分部六
功能指数（F）	0.20	0.30	0.20	0.15	0.10	0.05
成本指数（C）	0.21	0.29	0.19	0.17	0.10	0.04
价值指数（V）	0.95	1.03	1.05	0.88	1.00	1.25

在确定改进对象时，重点改进对象是价值系数 $V<1$ 的对象，特别是改进期望值 $\Delta C=C-F$ 比较大的对象，故选项 B 正确。

30. **【2013 年真题】** 下面关于价值系数论述正确的是（　　）。

A. 价值系数越大，说明该零件的重要性越大

B. 价值系数越小，说明该零件实现的功能水平越低

C. 价值系数的大小，反映了零件单位费用所实现的功能水平的高低

D. 价值系数越小，说明该零件的成本费用越高

【解析】 价值系数表示的是某零件所具有的功能与获得该功能的全部费用的比值，是一种比较价值。零件功能（F）反映的是零件功能的重要性和功能水平的高低，零件成本（C）反映的是零件成本费用的高低。故选项 A、B、D 错误。

31. **【2012 年真题】** 造成价值工程活动对象的价值系数 V 小于 1 的可能原因有（　　）。

A. 评价对象的现实成本偏低　　B. 功能实现成本大于功能评价值

C. 可能存在着不足的功能　　D. 实现功能的条件或方法不佳

E. 可能存在着过剩的功能

【解析】 V 小于 1 表明功能的现实成本大于功能评价值（不是原因），原因是可能存在着过剩的功能，或者实现功能的条件或者方法不佳导致成本过高。

32. **【2007 年真题】** 应作为价值工程重点对象的是那些（　　）的功能。

A. 价值系数高　　B. 功能价值低

C. 可靠性尚可　　D. 改进期望值大

E. 复杂程度高

【解析】 在确定改进对象的时候，重点研究改进对象是价值系数 $V<1$ 的对象，特别是 V 比 1 小得多的对象，或成本降低期望值（$\Delta C=C-F$）较大的对象，以及问题功能复杂或问题较多的对象。

二、参考答案

题号	1	2	3	4	5	6	7	8	9
答案	B	ABCD	C	A	D	A	ABC	B	ADE
题号	10	11	12	13	14	15	16	17	18
答案	A	A	C	BCD	A	BE	B	CDE	C
题号	19	20	21	22	23	24	25	26	27
答案	ADE	BCD	A	CD	B	C	C	B	B
题号	28	29	30	31	32				
答案	C	B	C	DE	BDE				

三、2023 考点预测

考点一：价值工程的概念、特点及提升途径

价值工程的特点及产品工程与成本关系图。

考点二：价值工程的工作程序

1）功能的分类。

2）工程现实成本的计算。

考点三：价值工程的评析阶段

无考点。

第七节　新技术、新工艺和新材料应用方案的技术经济分析

考点一：新技术、新材料和新工艺应用方案比选原则及方法

考点二：增量投资收益法

考点三：折算费用法

考点四：新技术应用方案的技术经济综合分析

一、历年真题及解析

1. **【2022 年真题】** 下列新技术应用方案属于技术适用性的是（　　）。

A. 有利于保证和提高产品质量，提高自动化程度

B. 对产品的质量性能和方案的生产能力有足够的保证程度

C. 必须考虑是否会对操作人员造成人身伤害，有无保护措施

D. 充分发挥企业和方案所在地的资源优势

【解析】

技术上先进、可靠、安全、适用	
技术先进性	相关指标：降低原材料和能源消耗，缩短工艺流程，提高劳动生产率，提高自动化程度，有益于人身安全，减轻工人的劳动强度，减少污染、消除公害，有助于改善环境
技术可靠性	① 备选的新技术应用方案必须是成熟的、稳定的，有可借鉴的企业或项目。能够实现方案设定的目标，对产品的质量性能和方案的生产能力有足够的保证程度 ② 对尚在试验阶段的新技术应采取积极慎重的态度；采用转让技术，要考虑技术来源的可靠性
技术安全性	备选的新技术应用方案必须考虑是否会对操作人员造成人身伤害，有无保护措施；“三废”和噪声的产生和治理情况是否会影响周边环境
技术适用性	备选的新技术应用方案必须考虑对当地资源的适用性（包括原材料、人力资源、环境资源），充分发挥企业和方案所在地的资源优势

选项 A 为技术先进性，选项 B 为技术可靠性，选项 C 为技术安全性。

2.【**2020 年真题**】下列技术特性中，属于技术可靠性的是（　　）。

A. 自动化程度高　　B. 三废排放少

C. 有工业化应用业绩　　D. 有利用当地资源的优势

【解析】 技术可靠性是指备选的新技术应用方案必须是成熟的、稳定的、有可借鉴的企业或项目，故选项 C 正确。

自动化程度高是技术的先进性，三废排放少是技术的安全性，有利用当地资源的优势是技术的适用性，故选项 A、B、D 错误。

3.【**2019 年真题**】关于新技术应用方案技术经济分析的说法，正确的是（　　）。

A. 有无对比法是新技术应用方案比选常用的方法

B. 新技术应用方案技术经济分析的内容不包括环境分析

C. 新技术应用方案比选只能采用定性分析方法

D. 横向对比法适于不同行业的新技术应用方案对比

【解析】 新技术应用方案的技术经济分析分为技术分析、经济分析、社会分析、环境分析和综合分析，故选项 B 错误。

新技术应用方案的技术经济分析方法包括定性分析和定量分析，故选项 C 错误。

横向对比是比较同一行业类似方案在投入、产出、资源消耗、能源节约、环境保护、费用、效益、技术水平等方面的指标。不同行业的方案、同一行业规模相差太大的方案，均不宜横向对比，故选项 D 错误。

4.【**2014 年真题**】新技术应用方案的技术分析是通过对其技术特性和条件指标进行对比与分析完成的，下列指标中，属于反映方案技术特性的指标是（　　）。

A. 施工专业化协作　　B. 方案生产能力

C. 构配件供应保证率　　D. 方案占地面积

【解析】 技术特性和条件指标的区别在于：技术特性是技术方案本身的特点及属性，如方案中实体工程的尺寸，工程量，混凝土的强度等级、浇筑量，方案本身的生产能力等；条件指标是指实施方案时外部环境需求以及外部条件的指标，如方案的占地面积、构配件供应保证率、施工专业化协作以及专业工种工人是否能够保证供应等。

5. **【2009 年真题】**在工程建设中，对不同的新技术、新工艺和新材料应用方案进行经济分析可采用的静态分析方法有（　　）。

A. 增量投资分析法、净年值法、综合总费用法

B. 增量投资分析法、年折算费用法、综合总费用法

C. 净年值法、净现值法、年折算费用法

D. 年折算费用法、综合总费用法、净年值法

【解析】 对新技术、新工艺和新材料应用方案进行经济分析按照是否考虑资金时间价值分为静态分析方法和动态分析方法。

静态分析方法包括：增量投资分析法、年折算费用法、综合总费用法，故选项 B 正确。

动态分析方法包括：财务净现值（费用现值）法、财务净年值（年成本）法等。

6. **【2020 年真题】**某工程施工现有两个对比的技术方案，方案 1 需投资 200 万元，年生产成本 120 万元；方案 2 与方案 1 应用环境相同的情形下，需投资 300 万元，年生产成本 100 万元。设基准投资收益率为 10%，采用增量投资收益率法选择方案，正确的有（　　）。

A. 方案 2 与方案 1 相比，增量投资收益率为 10%

B. 方案 2 与方案 1 相比，在经济上可行

C. 方案 2 比方案 1 投资高出 50%，超过基准收益率，经济上不可行

D. 当基准投资收益率提高为 15%时，方案 2 优于方案 1

E. 当基准投资收益率降低为 8%时，方案 1 优于方案 2

【解析】 增量投资收益率 = (120−100)/(300−200)×100% = 20%，大于 10%，方案 2 可行。故选项 B、D 正确。

7. **【2016 年真题】**某施工项目有两个工艺方案：方案 1 需投资 2000 万元，年生产成本 500 万元；方案 2 与方案 1 应用环境相同，需投资 2800 万元，年生产成本 400 万元。则两方案相比较的增量投资收益率为（　　）。

A. 18.75%　　B. 12.50%　　C. 25.00%　　D. 16.67%

【解析】 增量投资收益率 = 成本的减少值/投资的增加值 = (500−400)/(2800−2000)×100% = 12.50%。

8. **【2013 年真题】**某工程施工有两个技术方案可供选择，甲方案投资 180 万元，年生产成本为 45 万元，乙方案需投资 220 万元，年生产成本为 40 万元。设基准投资收益率为 12%，若采用增量投资收益率评价两方案，则（　　）。

A. 甲方案优于乙方案　　B. 甲乙两个方案的效果相同

C. 乙方案优于甲方案　　D. 甲乙两个方案的折算费用相同

【解析】 两个方案都需要增加投资，采用增量投资收益率法：

增量投资收益率 = 成本的减少值/投资的增加值 = (45−40)/(220−180)×100% = 12.5% > 12%，因此乙方案优于甲方案。

9. **【2019 年真题】**某施工项目有甲、乙两个对比工艺方案，均不需要增加投资。采用甲方案需年固定费用 120 万元，单位产量可变费用为 450 元；采用乙方案需年固定费用 100 万元，单位产量可变费用为 500 元。下列关于该对比方案决策的说法，正确的有（　　）。

A. 年产量为 5000 单位时，应选择乙方案

B. 两方案年成本相等时的临界点产量为 4000 单位

C. 年产量为 3000 单位时，应选择甲方案

D. 应该选择甲方案，因为其单位产量可变费用低

E. 两个方案总成本相等时，甲方案的单位产量固定成本大于乙方案

【解析】 甲、乙两个方案均不需要增加投资，则方案的比选就是比较方案成本的大小。

方案甲的成本(C_2) = 1200000+产量(Q_1)×450。

方案乙的成本(C_1) = 1000000+产量(Q_2)×500。

生产成本和产量的曲线如下：

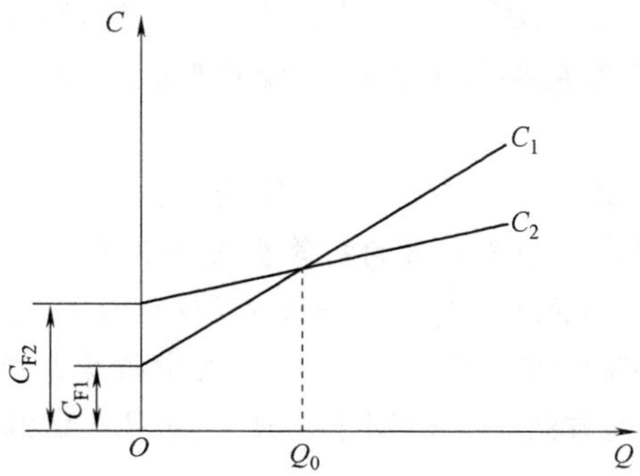

当 $Q_1=Q_2=Q_0$（临界点产量），$C_1=C_2$，可得

$Q_0=\dfrac{1200000-1000000}{500-450}$=4000 单位，故选项 B 正确。

两个方案产量相同，方案甲的固定成本大于方案乙，则方案甲单位产量固定成本大于方案乙，故选项 E 正确（本选项严格来说不严谨，当总成本相等，但两个方案产量不等时，此选项就不能选，因此慎选）。

当年产量为 5000 单位时，根据上图可知应选择方案甲，故选项 A 错误。

当年产量为 3000 单位时，根据上图可知应选择方案乙，故选项 C 错误。

由上可知选项 D 错误。

10. **【2017 年真题】** 某项目施工所需机械有两种方案满足要求：方案 1 为购置方案，购置费用 120 万元，单位产量可变费用为 500 元；方案 2 为租赁方案，单位产量可变费用为 800 元。关于机械方案的选择，正确的是（　　）。

A. 施工数量大于 2400 小于 4000 个生产单位时，应选方案 1

B. 施工数量大于 4000 个生产单位时，应选择方案 2

C. 施工数量为 2400 个生产单位时，应选择方案 1 或方案 2

D. 施工数量为 4000 个生产单位时，可选方案 1 或方案 2

【解析】 两个方案的比选就是比较方案成本的大小。设临界产量是 X，两个方案的成本相等，则有：$500X+1200000=800X$，$X=4000$，所以当处于临界产量 4000 时，选择方案 1 或方案 2 都是可以的，故选项 D 正确。

当产量小于 4000 时，方案 1 的成本大于方案 2，应选择方案 2，故选项 A、C 错误。

当产量大于 4000 时，方案 1 的成本小于方案 2，应选择方案 1，故选项 B 错误。

11. **【2021 年真题】** 某施工项目有四个可选择的技术方案，其效果相同。方案一需要投资

240 万元，年生产成本为 64 万元；方案二需要投资 320 万元，年生产成本为 52 万元；方案三需要投资 360 万元，年生产成本为 45 万元；方案四需要投资 400 万元，年生产成本为 36 万元。不考虑税收因素，当基准投资收益率为 12%时，运用折算费用法选择的方案应是（　　）。

A. 方案一　　B. 方案二　　C. 方案三　　D. 方案四

【解析】 折算费用：$C_{方案一}=240\times12\%+64=92.8$（万元）；$C_{方案二}=320\times12\%+52=90.4$（万元）；$C_{方案三}360\times12\%+45=88.2$（万元）；$C_{方案四}=400\times12\%+36=84$（万元）。

方案四的折算费用最小，应当选择方案四。

12. 【2011 年真题】某工程有甲、乙、丙、丁四个实施方案可供选择。四个方案的投资额依次是 60 万元、80 万元、100 万元、120 万元。年运行成本依次是 16 万元、13 万元、10 万元和 6 万元，各方案应用环境相同。设基准投资率为 10%。则采用折算费用法选择的最优方案为（　　）。

A. 丁　　B. 甲　　C. 乙　　D. 丙

【解析】 采用折算费用法，四个方案的折算费用分别为：

$Z_{甲}=16+60\times10\%=22$（万元）；$Z_{乙}=13+80\times10\%=21$（万元）；$Z_{丙}=10+100\times10\%=20$（万元）；$Z_{丁}=6+120\times10\%=18$（万元）。四个方案中折算费用最小的是方案丁，故选 A。

13. 【2018 年真题】下列方法中，适用于新技术应用方案的技术经济综合比选的方法是（　　）。

A. 增量投资收益率法　B. 费用现值法　C. 加权评分法　D. 劳动生产率比较法

【解析】 新技术应用方案的技术经济综合分析方法有简单评分法和加权评分法。

二、参考答案

题号	1	2	3	4	5	6	7	8	9
答案	D	C	A	B	B	BD	B	C	BE
题号	10	11	12	13					
答案	D	D	A	C					

三、2023 考点预测

考点一：新技术、新材料和新工艺应用方案比选原则及方法

效益综合性。

考点二：增量投资收益法

增量投资收益率的计算。

考点三：折算费用法

当方案有用成果相同时，增加投资或不增加投资方案的比选。

考点四：新技术应用方案的技术经济综合分析

综合分析的方法。

第二章　工程财务

第一节　财务会计基础

考点一：财务会计的内涵及基本职能
考点二：会计假设及计量属性
考点三：权责发生制
考点四：会计要素和会计等式

一、历年真题及解析

1. **【2022 年真题】** 某企业 3 年前购置一台价值为 30 万元的设备，现在若以 20 万元卖出，卖出该设备需发生维修成本 2 万元，发生销售费用 1 万元，缴纳税金 0.5 万元，则该设备可变现净值为（　　）万元。

A. 18.5　　B. 19.5
C. 20　　D. 16.5

【解析】 在可变现净值计量下，资产按照其正常对外销售所能收到现金或者现金等价物的金额，扣减该资产至完工时估计将要发生的成本、估计的销售费用以及相关税费后的金额计量；20-(2+1+0.5)= 16.5（万元）。

2. **【2020 年真题】** 某企业 2 年前用 20 万元购买的设备，累计已提取折旧 4 万元，现在市场上购买同样的设备需要 15 万元，则在会计计量时，该设备的历史成本和重置成本分别为（　　）。

A. 20 万元和 15 万元　　B. 16 万元和 11 万元
C. 16 万元和 15 万元　　D. 20 万元和 16 万元

【解析】 历史成本是购置时的成本为 20 万元，重置成本为现在购买时的成本为 15 万元。故选项 A 正确。

3. **【2014 年真题】** 财务会计的基本职能是（　　）。

A. 核算和预测　　B. 预算和决算
C. 监督和决策　　D. 核算和监督

【解析】 财务会计具有核算和监督两项基本职能。

4. **【2016 年真题】** 关于会计核算中历史成本计量原则的说法，正确的是（　　）。

A. 负债按照现在偿付该项债务所需支付的现金的金额计量
B. 资产按照市场参与者在交易日发生的有序交易中，出售资产所能收到的价格计量

C. 资产按照购置时所付出的代价的公允价值计量

D. 负债按照现在偿付该项债务所需支付的现金等价物的金额计量

【解析】 负债按照因承担现时义务而实际收到的款项或者资产的金额，或者承担现时义务的合同金额，或者按照日常活动中偿还负债预期需要支付的现金或者现金等价物的金额计量，故选项A、D错误。

在历史成本计量下，资产按照购置时支付的现金或者现金等价物的金额，或者按照购置资产时所付出的代价的公允价值计量，故选项C正确。

资产按照市场参与者在交易日发生的有序交易中，出售资产所能收到的价格计量是公允价值计量原则，故选项B错误。

5. **【2015年真题】**根据现行《企业会计准则》，关于会计核算基础的说法，正确的是（　　）。

A. 企业应当以权责发生制为基础进行会计确认、计量和报告

B. 企业已经实现的收入，计入款项实际收到日的当期利润表

C. 企业应当承担的费用，计入款项实际支出日的当期利润表

D. 企业应当以收付实现制和持续经营为前提进行会计核算

【解析】 根据《企业会计准则》规定，我国企业应当以权责发生制为基础进行会计确认、计量和报告，故选项A正确。

权责发生制要求凡是当期已经实现的收入和已发生的或应当负担的费用，无论款项是否收付，都应当作为当期的收入和费用，计入当期利润表，故选项B、C错误。

企业应当以会计分期假设和持续经营为前提进行会计核算，故选项D错误。

6. **【2014年真题】**根据会计核算原则，在现值计量下，负债应按照预计期限内需要偿还的未来（　　）计量。

A. 净现金流入量的折现金额　　　　B. 净现金流出量的公允价值

C. 净现金流入量的可变现净值　　　D. 净现金流出量的折现金额

【解析】 在现值计量下，负债按照预计期限内需要偿还的未来净现金流出量的折现金额计量。

7. **【2011年真题】**我国现行《企业会计准则》规定，企业应当以权责发生制为基础进行会计确认，实行权责发生制的前提是（　　）。

A. 会计分期假设和收付实现　　　　B. 会计分期假设和持续经营假设

C. 持续经营和公允价值核算　　　　D. 历史成本和公允价值核算

【解析】 根据《企业会计准则》的有关规定，权责发生制是以会计分期假设和持续经营假设为前提的会计基础。

8. **【2011年真题】**对会计核算的范围从空间上加以界定是通过（　　）实现的。

A. 持续经营假设　　　　B. 会计主体假设

C. 会计分期假设　　　　D. 货币计量假设

【解析】 会计主体假设从空间上界定了会计工作的具体核算范围。

9. **【2017年真题】**某企业2017年5月30日销售货物10万元（当月无其他销售），当年5月31日收到银行转账货款2万元，6月3日收到银行转账货款8万元。按照权责发生制，该企业5月份应计销售收入为（　　）万元。

A. 12　　B. 10　　C. 2　　D. 0

【解析】 权责发生制基础要求，凡是当期已经实现的收入和已经发生或应当负担的费用，无论款项（货币）是否收付，都应当作为当期的收入和费用，计入利润表。所以针对企业5月份的销售收入应该是5月30日销售货物的10万元。

10. 【2016年真题】某施工企业5月份购买原材料380万元，其中5月消耗120万元，其余260万元6月生产使用；施工用的模板是3月租赁的，租期8个月，并支付租金160万元，按月均摊，6月企业办公费支出为10万元，不计算其他费用。则权责发生制下，该企业6月的生产成本为（　　）万元。

A. 260　　B. 270　　C. 280　　D. 290

【解析】 根据权责发生制原则，6月份发生的成本费用为原材料260万元，模板租赁费20万元，6月份的企业办公费用支出10万元应归于期间费用而不是生产成本费用，因此该企业6月份的生产成本=260+20=280（万元）。

11. 【2013年真题】某工程建设单位2012年10月审核了竣工结算书，按合同建设单位应于2012年11月支付结算款项，实际上施工企业于2013年1月收到该笔款项，根据现行《企业会计准则》，施工企业应将该款项计入（　　）的收入。

A. 2012年10月　　B. 2012年12月

C. 2012年11月　　D. 2013年1月

【解析】 我国企业会计核算的基础是权责发生制，即凡是当期已经实现的收入和已经发生或应当负担的费用，无论款项是否收付，都应计入当期。因此，2012年11月确认的该笔款项，应计入2012年11月的收入。

12. 【2013年真题】根据现行《企业会计准则》，下列交易事项中，应计入当期利润表的是（　　）。

A. 收到上期出售产品的货款

B. 上期购买的货物，但是本期才支付的货款

C. 上期已经进行的销售宣传，但是本期才支付的宣传费

D. 当期已经出售的产品，但是货款还没有收到

【解析】 在会计核算的基本前提中，我国企业会计核算执行的是权责发生制，即凡是当期已经实现的收入和已经发生或应当负担的费用，无论款项是否收付，都应当作为当期的收入，计入利润表。

收到上期出售产品的货款应当确认为上期的收入，故选项A错误。

上期购买的货物，本期支付货款也应确认为上期的费用，故选项B错误。

上期已经进行的销售宣传，本期支付的宣传费应当确认为上期的费用，故选项C错误。

当期已经出售的产品，没有收到货款也应当确认为当期的收入，计入当期利润表，故选项D正确。

13. 【2012年真题】根据我国《企业会计准则》，某施工企业2012年3月收到建设单位支付的2011年完工工程的结算款200万元，则该笔款项在会计核算上正确的处理方式是计入（　　）。

A. 2012年的收入　　B. 2012年的负债

C. 2011年的负债　　D. 2011年的收入

【解析】 本题中施工劳务完成的时间是 2011 年（施工企业与业主完成了已完工程的结算），2013 年 3 月收到 200 万元的款项是货币资金收支的时间。根据权责发生制，企业应当按照劳务完成的时间确认收入入账的时间。

14. 【2022 年真题】下列会计要素中属于动态会计等式组成要素的有（　　）。

A. 收入　　B. 利润

C. 费用　　D. 所有权益

E. 资产

【解析】 动态会计等式为"收入-费用=利润"，动态会计要素为收入、费用、利润。

15. 【2019 年真题】根据相关规范，下列资产中，属于流动资产的有（　　）。

A. 长期应收款　　B. 长期股权投资

C. 预付款项　　D. 债权投资

E. 交易性金融资产

【解析】 长期应收款、长期股权投资、债权投资属于非流动资产，故选项 A、B、D 错误。

16. 【2018 年真题】某企业年初花费 30 万元购买企业拥有且预期会给企业带来经济利益的一套设备，在会计核算中应归属的会计要素是（　　）。

A. 负债　　B. 资产　　C. 费用　　D. 收入

【解析】 根据《企业会计准则-基本准则》的规定，会计要素中，资产是企业过去交易或事项所形成的、由企业拥有或控制的、预期会给企业带来经济利益的资源。题中描述的情形满足资产的定义。

17. 【2014 年真题】反映企业某一时点财务状况的会计要素有（　　）。

A. 资产　　B. 负债

C. 所有者权益　　D. 利润

E. 费用

【解析】 根据《企业会计准则》的规定，反映企业某一时点财务状况的会计要素有资产、负债、所有者权益，也称静态会计要素；反映企业某一阶段经营成果的会计要素是收入、费用、利润，也称动态会计要素。

18. 【2013 年真题】根据现行《企业会计准则》，应列入流动负债的有（　　）。

A. 应交税金　　B. 应收账款

C. 应付工资　　D. 长期借款

E. 短期投资

【解析】 根据现行《企业会计准则》的有关规定，流动负债是指在一年内或超过一年的一个营业周期内偿还的债务。根据定义可知应交税金、应付工资列入流动负债。

应收账款、短期投资应列入流动资产，长期借款应列入长期负债。

19. 【2012 年真题】根据我国现行《企业会计准则》，应列入流动负债的会计要素有（　　）。

A. 应付债券　　B. 应收账款

C. 短期借款　　D. 应付工资

E. 存货

【解析】 根据现行《企业会计准则》的有关规定，流动负债是指在一年内或超过一年的一个营业周期内偿还的债务，短期借款、应付工资应列入流动负债。

应付债券应列入长期负债，应收账款、存货应列入流动资产。

20. **【2011 年真题】** 某企业固定资产评估增值 2000 万元，该增值部分应计入企业的（　　）。

A. 资本公积　　B. 实收资本　　C. 盈余公积　　D. 未分配利润

【解析】 根据现行《企业会计准则》的有关规定，所有者权益包括实收资本、资本公积、盈余公积、未分配利润。其中资本公积是指由投资者投入但不构成实收资本，或从其他非收益来源取得，由全体所有者共同享有的资金。如资本溢价、资产评估增值等。题中所述的 2000 万为资产评估增值，应计入资本公积。

21. **【2010 年真题】** 反映企业一定经营期间经营成果的会计等式是（　　）。

A. 资产=收入+所有者权益　　B. 收入−费用=利润（或亏损）

C. 资产=负债+所有者权益　　D. 收入−负债=利润（或亏损）

【解析】 根据现行《企业会计准则》的有关规定，反映企业某一时点财务状况的会计要素有资产、负债、所有者权益，也称静态会计要素；反映企业某一阶段经营成果的会计要素是收入、费用、利润，也称动态会计要素。

反映企业某一时点财务状况的会计等式是资产=负债+所有者权益；反映企业某一阶段经营成果的会计等式是收入−费用=利润。

反映企业某一时点财务状况的会计报表是资产负债表；反映企业某一阶段经营成果的报表是利润表。

22. **【2010 年真题】** 企业的流动资产包括存货、库存现金、应收账款和（　　）等。

A. 短期借款　　B. 预收账款　　C. 应付账款　　D. 预付账款

【解析】 根据现行《企业会计准则》的有关规定，流动资产是指在一年内或超过一年的一个营业周期内变现、耗用的资产。包括：现金、存货、银行存款、应收账款及应收票据、预付账款、交易性金融资产等。

短期借款、应付账款、预收账款属于流动负债。

二、参考答案

题号	1	2	3	4	5	6	7	8	9
答案	D	A	D	C	A	D	B	B	B
题号	10	11	12	13	14	15	16	17	18
答案	C	C	D	D	ABC	CE	B	ABC	AC
题号	19	20	21	22					
答案	CD	A	B	D					

三、2023 考点预测

考点一：财务会计的内涵及基本职能

企业财务会计的特点。

考点二：会计假设及计量属性

重置成本、可变现净值、公允价值的定义。

考点三：权责发生制

权责发生制的含义及例题。

考点四：会计要素和会计等式

1）资产的特征、分类。

2）所有者权益的内容。

第二节 成本与费用

考点一：费用和成本的关系

考点二：工程成本的确认和计算方法

考点三：工程成本的核算

一、历年真题及解析

1.【2021年真题】下列施工企业的费用中，在会计核算时应计入生产费用的是（ ）。

A. 企业质量管理部门办公费　B. 项目部管理人员工资

C. 经营部门人员工资　D. 企业融资的财务费用

【解析】 选项A、C属于企业期间费用中的企业管理费用，选项D属于企业期间费用中的财务费用。

2.【2021年真题】下列施工企业的各项支出中，在财务会计核算时应作为资本性支出的有（ ）。

A. 新建办公楼支出　B. 购置大型设备支出

C. 员工年终奖金支出　D. 公益性捐赠支出

E. 对外长期投资支出

【解析】

支出分类		
分类	含义	内容
资本性支出	其效益及于几个会计年度的支出，应予以资本化，不能作为当期的费用	企业购置和建造固定资产、无形资产及其他资产的支出、长期投资支出等
收益性支出	其效益仅及于本会计年度的支出，在一个会计期间内确认为费用	外购材料、工资及其他支出，管理费用、营业费用、财务费用，生产经营过程中缴纳的税金、有关费用等
营业外支出	与其生产经营无直接关系的各项支出	固定资产盘亏、处置固定资产净损失、债务重组损失、计提资产减值准备、罚款、捐赠支出、非常损失等
利润分配支出	利润分配环节发生的支出	股利分配支出等

选项 C 属于收益性支出，选项 D 属于营业外支出。

3.【2014 年真题】根据现行《企业会计准则》，下列支出中应列为当期费用的是（　　）。

A. 缴纳罚款　　　　B. 购买生产原料支出

C. 计提固定资产减值准备　　　　D. 股利分配支出

【解析】企业资产的总流出为支出，也即企业一切的开支和耗费，支出分为资本性支出、收益性支出、营业外支出、利润分配支出。

根据《企业会计准则》的规定，费用是指企业在日常活动中发生的、会导致所有者权益减少的、与向所有者分配利润无关的经济利益的总流出。其作用和效益仅及于本会计年度（或一个营业周期）的支出，即收益性支出，故选项 B 正确。

缴纳罚款的支出不属于企业日常经营活动中的流出，为偶发性流出，应列为营业外支出，故选项 A 错误。

计提固定资产的减值准备不属于企业日常经营活动中的流出，但是应从企业实现的利润总额中扣除的支出，应列为营业外支出，故选项 C 错误。

股利分配支出是在利润分配时发生的支出，属于利润分配支出，故选项 D 错误。

4.【2022 年真题】某企业接受委托生产一台定制设备，约定售价 50 万元，生产完成后由客户自提。企业生产该设备的生产费用为 30 万元，应分摊的管理费用为 5 万元，财务费用 2 万元，代垫设备运输费用 4 万元，从财务会计角度，企业生产销售该设备的费用为（　　）万元。

A. 32　　　　B. 35

C. 37　　　　D. 41

【解析】费用 = 生产费用 + 期间费用 = 30+5+2 = 37（万元），代客户垫付的运输费不属于企业的费用。

5.【2012 年真题】根据我国现行《企业会计准则》，不能列入工程成本支出的是（　　）。

A. 处置固定资产的净损失

B. 生产所耗用的人工费

C. 生产所耗用的材料费

D. 企业下属施工单位为组织和管理施工生产活动所发生的费用

【解析】处置固定资产的净损失不是企业日常经营活动中的流出，与企业生产经营活动没有直接的关系，属于营业外支出。

选项 B、C、D 属于成本费用。

6.【2011 年真题】某企业因排放的污水超出当地市政污水排放标准而缴纳罚款 200 万元，财务上该笔罚款应计入企业的（　　）。

A. 营业外支出　　　　B. 销售费用

C. 管理费用　　　　D. 营业费用

【解析】营业外支出包括：①固定资产盘亏；②处置固定资产净损失；③处置无形资产净损失；④债务重组损失；⑤罚款支出；⑥捐赠支出；⑦非常损失。

7.【2004 年真题】下列关于成本和费用的表述中正确的是（　　）。

A. 费用是针对一定的期间而言的

B. 费用是针对一定的成本核算对象而言的

C. 费用是指不能计入成本而应当直接计入当期损益的耗费

D. 成本是针对一定的期间而言的

【解析】 费用是针对一定的期间而言的，即某项效益仅及于本会计年度（或一个营业周期）的支出，这种支出应在一个会计期间内确认为费用。

成本是针对一定的成本核算对象而言的，将费用按照成本核算对象进行分配和归集就是成本核算对象的成本费用，即成本是对象化了的费用。

8.【2022 年真题】企业为履行合同发生的成本，同时满足下列条件的，应当作为合同履约成本确认为一项资产（　　）。

A. 该合同成本小于收入

B. 该成本与一份当前或预期取得的合同直接相关

C. 该成本增加了企业未来合同履约义务的资源

D. 该成本能够收回

E. 该成本性质应为工程直接成本

【解析】 企业为履行合同发生的成本，同时满足下列条件的，应当作为合同履约成本确认为一项资产：

① 该成本与一份当前或预期取得的合同直接相关，包括直接人工、直接材料、制造费用（或类似费用）、明确由客户承担的成本以及仅因该合同而发生的其他成本。

② 该成本增加了企业未来用于完成履约义务的资源。

③ 该成本预期能够收回。

9.【2022 年真题】工程成本核算时，要求为取得本期收入而发生的成本和费用应与本期实现的收入在同一时期内确认入账，不得提前或延后，该要求体现了成本核算的（　　）原则。

A. 谨慎　　　　B. 一贯性

C. 及时性　　　　D. 配比

【解析】 配比原则是指营业收入与其相对应的成本、费用应当相互配合，为取得本期收入而发生的成本和费用，应与本期实现的收入在同一时期内确认入账，不得脱节，也不得提前或延后，以便正确计算和考核项目经营成果。

工程成本核算的原则

原则	含义	体现
分期核算	成本核算的分期应与会计核算的分期相一致	确认当期收入的同时计入当期损益（确认为成本费用）
相关性	成本信息对于企业利害相关人应当是有用的	会计信息应当符合国家宏观经济管理的要求，满足有关方面了解企业财务状况和经营成果的需要，满足企业加强内部经营管理的需要
一贯性	成本核算所采用的方法应前后一致	耗用材料的计价方法，折旧的计提方法，施工间接费的分配方法等要一致
实际成本核算	必须根据计算期内实际产量（已完工程量）以及实际消耗和实际价格计算实际成本	采用定额成本或者计划成本方法的，应当合理计算成本差异，月终编制会计报表时，调整为实际成本

（续）

工程成本核算的原则		
原则	含义	体现
配比	指营业收入与其相对应的成本，费用应当相互配合	为取得本期收入而发生的成本和费用，应与本期实现的收入在同一时期内确认入账，不得脱节，也不得提前或延后
谨慎	指在市场经济条件下，在成本、会计核算中应当对可能发生的损失和费用做出合理预计，以增强抵御风险的能力	提取坏账准备、采用加速折旧法等

10. **【2020 年真题】** 根据《企业会计准则》，企业对应收账款提取坏账准备，体现了会计核算的（　　）原则。

A. 配比　　B. 谨慎

C. 权责发生制　　D. 重要性

【解析】 根据《企业会计准则》，在市场经济条件下，在成本、会计核算中应当对可能发生的损失和费用，做出合理预计，以增强抵御风险的能力。提取坏账准备、采用加速折旧法等，都体现了谨慎原则。

11. **【2022 年真题】** 某施工机械预算价格为 50 万元，假定全部为固定资产原值，折旧年限为 10 年，年平均工作 225 个台班，残值率为 5%，按年限平均法计算，该机械台班折旧费（　　）元/台班。

A. 211　　B. 222

C. 2110　　D. 2220

【解析】 机械台班折旧费 = [50×10000×(1−5%)]/(10×225) = 211（元/台班）。

12. **【2021 年真题】** 某施工企业的自卸汽车原价为 30 万元，确定的折旧年限为 5 年，净残值率为 3%，预计总行驶里程为 8 万 km。2020 年行驶里程 2 万 km，按照行驶里程法，则 2020 年应计提折旧额为（　　）万元。

A. 72750　　B. 58200　　C. 60000　　D. 75000

【解析】 300000×(1−3%)×2/8 = 72750（元）。

13. **【2020 年真题】** 下列固定资产相关费用中，构成固定资产原值（原价）的有（　　）。

A. 固定资产购买价款

B. 购置固定资产发生的装卸费

C. 固定资产大修理费用

D. 固定资产的预计净残值

E. 固定资产达到预定可使用状态前的安装费

【解析】 固定资产应当按照成本进行初始计量。外购固定资产的成本，包括购买价款、相关税费、使固定资产达到预定可使用状态前所发生的属于该项资产的运输费、装卸费、安装费和专业人员服务费等。故选项 A、B、E 正确。

固定资产大修理费用是使用费，预计净残值是固定资产寿命周期末的净残值，不构成固定资产原值，故选项 C、D 错误。

14. 【2018年真题】企业购置一套达到固定资产标准的设备，则下列支出中应计入该项固定资产原值的有（　　）。

A. 企业采购人员基础工资　　B. 设备联合试运转费

C. 设备购买价格　　D. 设备运杂费

E. 设备安装费

【解析】 固定资产的原值应当按照成本进行初始计量，外购固定资产的成本包括购买固定资产的价款、运杂费、相关税费以及使固定资产达到预定可使用状态前可归属于该资产的专业工作人员的服务费、设备安装费等。

企业采购人员基础工资（企业管理费），设备联合试运转费另外单独列支，不计入固定资产原值。

15. 【2018年真题】某施工企业的第一业务部3月份发生的间接费总额为30万元，该部门当月在建的两个施工项目的规模、直接费用及间接费用定额见下表，若间接费采用间接费用定额加权分配，则甲项目3月应分摊的间接费用为（　　）万元。

项目编号	甲	乙
项目规模/万平方米	2	3
直接费用/万元	800	700
间接费用定额（基数：直接费用）	5%	6%

A. 12.00　　B. 14.63　　C. 15.36　　D. 16.00

【解析】 间接费用采用定额加权分配，根据公式：

$$应分配的间接费用=\frac{(本期实际发生的直接费\times间接费用定额)\times本期实际发生间接费用总额}{\sum(各项工程本期实际发生的直接费\times各项工程间接费用定额)}$$

$$=\frac{(800\times5\%)\times30}{(800\times5\%+700\times6\%)}=14.63\text{（万元）。}$$

16. 【2017年真题】施工项目间接费用计入工程合同成本的方式是（　　）。

A. 直接计入主要受益对象的合同成本

B. 按受益合同直接费的百分比分配计入合同成本

C. 按受益合同数量平均分配计入合同成本

D. 按受益合同金额百分比分配计入合同成本

【解析】 间接费用一般按各成本核算对象直接费的百分比（水电安装工程、设备安装工程按人工费的百分比）进行分配；或者按各成本核算对象间接费定额加权分配。

17. 【2016年真题】固定资产双倍余额递减法折旧的特点有（　　）。

A. 每年计算折旧的固定资产价值不变　　B. 折旧率逐渐降低

C. 计算折旧时不考虑固定资产预计净残值　　D. 折旧年限比平均年限法折旧年限短

E. 前期折旧额高，后期折旧额低

【解析】 双倍余额递减法是指不考虑固定资产预计净残值的情况下，根据每年年初固定资产净值和双倍的直线法折旧计算固定资产折旧额的折旧方法。固定资产账面余额随着折旧的计提逐年减少，而折旧率不变，即折旧额=账面价值（余额、净值）×双倍折旧率。是一种加速折旧方法，前期计提较多的折旧，后期计提较少。

18.【2014年真题】如果计划在固定资产投入使用的前期提取较多的折旧，后期提取较少的折旧，适合采用的折旧方法有（　　）。

A. 工作台班法　　B. 行驶里程法
C. 双倍余额递减法　　D. 平均年限法
E. 年数总和法

【解析】 前期提取较多的折旧，后期提取较少的折旧指的是加速折旧法，有双倍余额递减法和年数总和法。

19.【2013年真题】某施工企业在2012年度同时进行甲、乙、丙、丁四个单项合同的施工生产。本年度甲、乙、丙、丁各单项工程实际发生的直接费用分别为：2000万元、1000万元、4000万元和3000万元。本年度发生的与四个单项工程施工均相关的间接费用共计300万元。则丙单项工程本年度应分担的间接费用为（　　）万元。

A. 60　　B. 30　　C. 120　　D. 90

【解析】 间接费用按照各成本核算对象直接费的百分比进行分配，即：

$$丙工程本年度应分担的间接费=当期实际间接费\times\frac{丙工程直接费用}{单项工程直接费用之和}$$

$$=300\times\frac{4000}{2000+1000+4000+3000}=120（万元）。$$

20.【2010年真题】某施工企业以1000万元买入一块土地的使用权，准备建设自用办公大楼，该块土地使用权应作为企业的（　　）核算。

A. 其他资产　　B. 流动资产　　C. 投资性资产　　D. 无形资产

【解析】 无形资产是指企业拥有或者控制的没有实物形态的可辨认非货币性资产，即不具备实物形态，而以某种特殊权利、技术、知识等形态存在于企业并长期发挥作用的资产，包括：专利权、非专利技术、租赁权、特许经营权、土地使用权等。

21.【2009年真题】下列企业资产中，属于无形资产的有（　　）。

A. 非专利技术　　B. 低值易耗品
C. 出让的土地使用权　　D. 专利权
E. 著作权

【解析】 无形资产是指企业拥有或者控制的没有实物形态的可辨认非货币性资产，即不具备实物形态，而以某种特殊权利、技术、知识等形态存在于企业并长期发挥作用的资产，包括：专利权、非专利技术、租赁权、特许经营权、土地使用权等。

22.【2020年真题】施工企业支付给银行的短期借款利息应计入企业的（　　）。

A. 管理费用　　B. 生产费用　　C. 财务费用　　D. 销售费用

【解析】 财务费用是指企业为施工生产筹集资金或提供预付款担保、履约担保、职工工资支付担保等所发生的费用，包括应当作为期间费用的利息支出（减利息收入）、汇兑损失（减汇兑收益）、相关的手续费以及企业发生的现金折扣或收到的现金折扣等内容。故选项C正确。

23.【2019年真题】企业会计核算中，施工企业行政管理部门使用的固定资产的维修费用属于（　　）。

A. 财务费用　　B. 工程设备费用

C. 施工机具使用费　　D. 管理费用

【解析】“施工企业行政管理部门使用的固定资产的维修费”属于固定资产使用费，固定资产使用费属于施工企业管理费用。

施工企业管理费用是施工企业行政管理部门为管理和组织经营活动而发生的各项费用，包括管理人员工资、办公费、差旅交通费、固定资产使用费、工具用具使用费等。

而“工程设备费用”“施工机具施工费”属于工程的直接成本费用。

“财务费用”是施工企业为施工筹集资金或者提供担保等所发生的费用。

24. 【2019 年真题】从工程成本核算的角度属于工程直接费用中机械使用费的有（　　）。

A. 建设工程中自有施工机械的使用费

B. 工程施工租用外单位施工机械的租赁费

C. 施工企业总部车辆使用费

D. 施工机械安装、拆卸和进出场费

E. 施工过程中自有施工机械的财产保险费

【解析】机械使用费包括施工过程中使用自有施工机械所发生的机械使用费和租用外单位施工机械的租赁费，以及施工机械安装、拆卸和进出场费等。

选项 C、E 不属于直接费用，属于企业管理费。

25. 【2018 年真题】施工企业向银行结售汇时发生的汇兑损失应计入企业的（　　）。

A. 生产费用　　B. 财务费用　　C. 管理费用　　D. 间接费用

【解析】汇兑损失是企业财务费用中的一部分。财务费用包括：①利息支出；②汇兑损失；③相关手续费；④其他财务费用。

26. 【2017 年真题】施工企业向建设单位提供预付款担保产生的费用，属于（　　）。

A. 财务费　　B. 财产保险费　　C. 风险费　　D. 办公费

【解析】施工企业向建设单位提供预付款担保产生的费用是财务费，是企业管理费的一部分。

27. 【2016 年真题】施工企业发生的期间费用中，应计入财务费用的是（　　）。

A. 企业财务管理软件采购费用　　B. 财务管理人员的工资

C. 企业发行债券支付的手续费　　D. 参与投标发生的投标费用

【解析】财务费用包括：①利息支出；②汇兑损失；③相关手续费，相关手续费指企业、银行手续费 、调剂外汇手续费等，但不包括发行股票所支付的手续费等；④其他财务费用，其他财务费用包括融资租入固定资产发生的融资租赁费用等。

28. 【2015 年真题】建设单位针对某项目建设投资向银行借款，贷款期限 5 年，项目建设期 2 年，建成后即投入运行，借款合同约定在借款期限 5 年内每年年末等额偿还本息，则该建设单位在第 3 至 5 年所偿还的建设投资借款利息应计入各年的（　　）。

A. 经营成本　　B. 管理费用　　C. 建设期利息　　D. 财务费用

【解析】建设期的借款利息“资本化”，全部计入固定资产投资；运营期的借款利息“费用化”，计入企业各年的财务费用。

29. 【2015 年真题】工程成本核算包括的环节有：①核算与分配各项生产费用；②确定成本核算对象，设置成本核算科目，开设成本明细账；③计算年度合同费用；④计算期末工程成本；⑤编制单位工程竣工成本决算。则正确的核算程序是（　　）。

A. ②①④③⑤　　B. ①②③④⑤
C. ①②④③⑤　　D. ②③①④⑤

【解析】 工程成本核算的程序：确定成本核算对象，设置成本明细账→核算和分配各项生产费用→计算期末工程成本→计算年度合同费用→计算竣工单位工程的实际成本和预算成本，编制单位工程竣工成本决算。

30. **【2014年真题】**关于施工企业确定工程成本核算对象的说法，正确的是（　　）。

A. 单项建造合同作为施工工程成本核算的对象
B. 工程成本核算对象宜在开工前确定，也可以开工后再确定
C. 不能按分立合同来确定工程成本核算对象
D. 不能按合并合同来确定工程成本核算对象

【解析】 关于施工企业成本核算对象：

① 一般情况下，企业应以每一单位工程为对象归集生产费用，故选项A正确。

② 根据《企业产品成本核算制度（试行）》第十二条的规定，单项合同包括建造多项资产的，企业应当按照企业会计准则规定的合同分立原则，确定建造合同的成本核算对象，故选项C错误。

③ 根据《企业产品成本核算制度（试行）》第十二条的规定，为建造一项或数项资产而签订一组合同的，按合同合并的原则，确定建造合同的成本核算对象，故选项D错误。

④ 施工企业的成本核算对象应在工程开工以前确定，已经确定不得随意变更，更不能相互混淆，故选项B错误。

31. **【2013年真题】**某装饰企业施工的M项目于2012年10月工程完工时只发生材料费30万元，项目管理人员工资8万元，企业行政管理部门发生水电费2万元。根据现行《企业会计准则》，应计入工程成本的费用为（　　）万元。

A. 30　　B. 38　　C. 32　　D. 40

【解析】 工程成本是建筑安装企业在工程施工过程中发生的，按一定成本核算对象归集的生产费用总和，包括直接费用和间接费用。

① 直接费用：直接耗用于施工过程，构成工程实体或有助于工程形成的各项支出，如人工费、材料费、机械使用费和其他直接费。

② 间接费用：施工企业所属各直接从事施工生产的单位（如施工队、项目部等）为组织和管理施工生产活动所发生的各项费用。

题中材料费30万元属于直接费用，项目管理人员工资8万元是管理费属于间接费用，直接费和间接费计入工程成本费用，总计38万元。

企业行政管理部门发生水电费2万元不属于成本费用，属于期间费用中的管理费用。

32. **【2013年真题】**根据现行《企业会计准则》，应计入管理费用的有（　　）。

A. 印花税　　B. 管理人员劳动保护费
C. 应付债券利息　　D. 固定资产使用费
E. 法律顾问费

【解析】 根据现行《企业会计准则》的有关规定，管理费用是指企业行政管理部门（不是企业下属的直接从事施工生产的单位组织）为管理和组织运营活动而发生的各项费用，包括：管理人员工资、办公费、差旅交通费、固定资产使用费、工具用具使用费、财产

保险费、税金、其他管理费等，故选项A、B、D、E正确。

应付债券利息属于财务费用，故选项C错误。

33.【2012年真题】根据我国现行《企业会计准则》企业支付的广告费属于企业的（ ）。

A. 资本性支出　　B. 利润分配支出

C. 期间费用　　D. 营业外支出

【解析】 根据我国现行《企业会计准则》的有关规定，企业支付的广告费属于期间费用中的企业管理费。

34.【2011年真题】为完成工程所发生的、不宜直接归属于工程成本核算对象而应分配计入有关工程成本核算对象的支出，称为（ ）。

A. 期间费用　　B. 营业外支出　　C. 管理费用　　D. 间接费用

【解析】 根据现行《企业会计准则》，间接费用是指为完成工程所发生的、不宜直接归属于工程成本核算对象而应分配计入有关工程成本核算对象的各项费用支出。

需要注意的是间接成本费用和期间费用的区别，期间费用是本期发生的、不能直接或间接归属于工程成本核算对象而应直接计入当期损益的费用。

35.【2022年真题】下列费用中，属于施工企业管理费的有（ ）。

A. 施工人员工资性津贴　　B. 职工集体福利费

C. 施工现场场地清理费　　D. 劳动保护费

E. 工程点交费

【解析】 施工人员工资性津贴属于人工费，施工现场场地清理费、工程点交费属于其他直接费，故选项A、C、E错误。

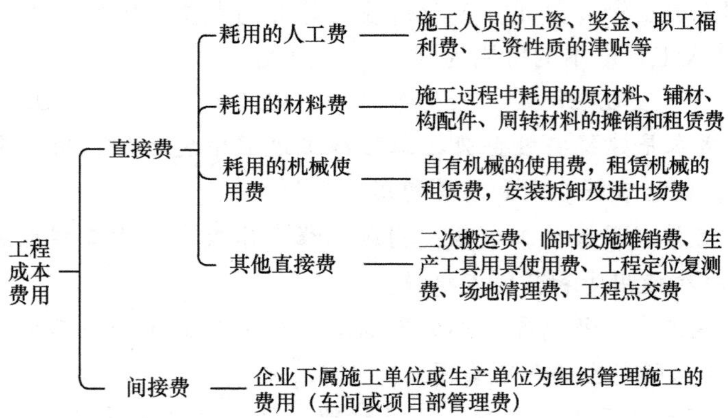

二、参考答案

题号	1	2	3	4	5	6	7	8	9
答案	B	ABE	B	C	A	A	A	BCD	D
题号	10	11	12	13	14	15	16	17	18
答案	B	A	A	ABE	CDE	B	B	CE	CE
题号	19	20	21	22	23	24	25	26	27
答案	C	D	ACDE	C	D	ABD	B	A	C
题号	28	29	30	31	32	33	34	35	
答案	D	A	A	B	ABDE	C	D	BD	

三、2023 考点预测

考点一：费用和成本的关系

企业支出的类别。

考点二：工程成本的确认和计算方法

1）间接费用的分摊。

2）固定资产折旧的计算及加速折旧的方法特征。

考点三：工程成本的核算

1）其他直接费用及间接费用的组成。

2）期间费用的组成。

3）财务费用的组成。

第三节　收　　入

考点一：收入的分类及确认

考点二：建造合同收入的核算

一、历年真题及解析

1.【2022 年真题】下列属于建筑企业提供劳务收入的是（　　）。

A. 提供机械作业　　B. 设计业务

C. 让渡资产使用　　D. 销售预制构件

E. 产品安装

【解析】 建筑企业提供劳务一般均为非主营业务，主要包括机械作业、运输服务、设计业务、产品安装、餐饮住宿等。

收入的分类（按收入性质分）		
分类	含义	内容
建造（施工）合同收入	签订建造（施工）合同而取得的收入	建筑企业为设计和建造房屋、道路等建筑物按合同要求取得的施工合同收入
销售商品收入	销售产品或商品而取得的收入	产品销售：自行加工的碎石、商品混凝土、各种门窗制品等；材料销售：原材料、低值易耗品、周转材料、包装物等
提供劳务收入	提供劳务作业而取得的收入	机械作业、运输服务、设计业务、产品安装、餐饮住宿等
让渡资产使用权收入	让渡资产所有权而取得的收入	金融企业发放贷款取得的收入，企业让渡无形资产使用权取得的收入等

2.【2021 年真题】销售商品或提供劳务取得的收入，对相关会计要素产生的影响可能

是（　　）。

A. 资产增加　　B. 负债减少

C. 所有者权益增加　　D. 所有者权益减少

E. 资产减少，负债增加

【解析】 收入无论是导致收入的增加还是负债的减少，必然导致所有者权益增加，故选项 D、E 错误。

3. 【2020 年真题】下列施工企业取得的收入中，属于让渡资产使用权收入的是（　　）。

A. 完成施工任务取得的收入　　B. 出租自有设备取得的收入

C. 提供机械作业取得的收入　　D. 销售建筑材料取得的收入

【解析】 让渡资产使用权收入是指企业通过让渡资产使用权而取得的收入，如企业租赁业务收入、金融业发放贷款取得的收入，企业让渡无形资产使用权取得的收入等。

选项 A 为建造合同收入，选项 C 为提供劳务收入，选项 D 为销售产品收入。故选项 B 正确。

4. 【2020 年真题】根据《企业会计准则》，合同执行过程中，合同变更形成的收入确认为合同收入时，应同时满足的条件有（　　）。

A. 客户能够认可因变更而增加的收入

B. 合同变更增加了企业履行的义务

C. 合同变更部分双方的义务已经开始履行

D. 客户已支付变更部分相应款项

E. 该收入能够可靠地计量

【解析】 根据《企业会计准则》，合同变更款应当在同时满足下列条件时才能构成合同收入：①客户能够认可因变更而增加的收入；②该收入能够可靠地计量。如果不同时具备上述两个条件，则不能确认变更收入。故选项 A、E 正确。

5. 【2022 年真题】某销售合同履行过程中发生了合同变更，该变更增加了可明确区分的商品及合同价款，且新增合同价款反映了新增商品的单独售价，对此变更，在会计上的处理方式是（　　）。

A. 将原合同未履约部分与合同变更部分合并为新合同进行会计处理

B. 将该合同变更部分作为原合同的组成部分进行会计处理

C. 将该合同变更部分作为一份单独的合同进行会计处理

D. 将原合同已履约部分与合同变更部分合并为新合同进行会计处理

【解析】 合同变更增加了可明确区分的商品及合同价款，且新增合同价款反映了新增商品单独售价的，应当将该合同变更部分作为一份单独的合同进行会计处理。

6. 【2018 年真题】2017 年某施工企业施工合同收入为 2000 万元，兼营销售商品混凝土收入为 500 万元，出租起重机械收入为 80 万元，代收商品混凝土运输企业运杂费为 100 万元，则 2017 年该企业的营业收入为（　　）万元。

A. 2680　　B. 2580　　C. 2500　　D. 2000

【解析】 施工企业的营业收入包括主营业务收入（建造合同收入）和其他业务收入（销售商品、提供劳务和让渡资产使用权的收入），不包括为第三方或客户代收的款项。故 2017 年的营业收入 = 2000+500+80 = 2580（万元）。

7.【**2018 年真题**】企业取得收入在会计核算中的表现形式可能有（　　）。

A. 银行存款增加　　B. 预付账款增加

C. 库存现金减少　　D. 应收账款增加

E. 预收账款减少

【**解析**】 收入的特点：①收入从企业的日常活动中产生；②收入可能表现为资产增加或负债减少；③收入可能导致所有者权益增加，收入是与所有者投入无关的经济利益总流入；④收入只包括本企业经济利益流入，不包括第三方或客户代收的款项。

据题，选项 A、D 属于资产增加，选项 E 属于负债减少。

8.【**2014 年真题**】施工企业收取的下列款项中，不能计入企业收入的是（　　）。

A. 代扣职工个人的所得税　　B. 收到的工程价款

C. 转让施工技术取得的收入　　D. 售卖材料价款收入

【**解析**】 施工企业的营业收入包括主营业务收入（建造合同收入）和其他业务收入（销售商品、提供劳务和让渡资产使用权的收入），不包括为第三方或客户代收的款项。

收到的工程价款为主营业务收入；转让施工技术取得的收入、售卖材料价款收入属于其他业务收入。

9.【**2013 年真题**】施工企业销售自行加工的商品混凝土的收入属于（　　）。

A. 产品销售　　B. 施工合同　　C. 材料销售　　D. 提供劳务

【**解析**】 施工企业销售商品收入主要包括产品销售收入和材料销售收入，商品混凝土是经加工的产品，因此为产品销售收入。

10.【**2011 年真题**】下列款项中，应作为企业广义上的收入的有（　　）。

A. 企业销售货物的价款　　B. 货物运杂费

C. 企业对外投资的收益　　D. 增值税

E. 政府对企业的补贴

【**解析**】 广义上的收入包括营业收入、营业外收入、投资收益和补贴收入。企业销售货物的价款属于营业收入，企业对外投资的收益属于投资收益，政府对企业的补贴属于补贴收入。

货物运杂费属于费用，增值税为第三方代收的款项，都不属于收入。

11.【**2010 年真题**】施工企业其他业务收入包括（　　）。

A. 产品销售收入　　B. 建造合同收入

C. 材料销售收入　　D. 固定资产盘盈收入

E. 固定资产出租收入

【**解析**】 施工企业的其他业务收入包括：销售商品收入、提供劳务收入、让渡资产使用权收入。

题中选项 A、C 属于销售商品收入，选项 E 属于让渡资产使用权收入。

建造合同收入为施工企业主营业务收入，固定资产盘盈收入属于营业外收入，故选项 B、D 都错误。

12.【**2022 年真题**】某施工合同项目预计总成本为 3000 万元，至第 1 年末，承包人自行施工部分累计实际发生的合同成本为 1200 万元，合同约定由承包人采购的已进场待安装工程设备 200 万元，已进场待使用的工程材料 100 万元。已预付分包工程款 150 万元（分包工作量尚未完成），则第1年末承包人的合同完工进度为（　　）。

A. 45%　　B. 48%

C. 55%　　D. 40%

【解析】 合同完工进度=1200/3000×100%=40%，累计实际发生的合同成本不包括施工中尚未安装或使用的材料成本等与合同未来活动相关的合同成本，也不包括在分包工程的工作量完成之前预付给分包单位的款项。

13. 【2021年真题】某施工企业签订了总造价为2000万元的固定总价合同工期为2年。经测算第1年完工进度为60%，实际收到工程结算款1000万元；第2年工程全部完工。则按完工百分比法确认该企业第2年的收入为（　　）万元。

A. 800　　B. 1000　　C. 1200　　D. 2000

【解析】 第2年的收入=2000−2000×60%=800（万元）。

14. 【2020年真题】某施工企业与业主订立了一项总造价为5000万元的施工合同，合同工期为3年。第1年实际发生合同成本1600万元，年末预计为完成合同尚需发生成本3000万元，则第1年合同完工进度为（　　）。

A. 92.0%　　B. 53.3%　　C. 34.8%　　D. 32.0%

【解析】 合同完工进度=累计实际发生的合同成本÷合同预计总成本×100%，第1年合同完工进度=1600÷(1600+3000)×100%=34.8%。故选项C正确。

15. 【2017年真题】从施工企业的角度，建造（施工）合同收入包括（　　）。

A. 变卖项目废弃材料的收入　　B. 建造合同规定的初始收入

C. 企业出租施工机械的收入　　D. 合同执行过程中变更形成的收入

E. 项目提前完工而获得的额外奖励款项

【解析】 根据现行《企业会计准则第15号——建造合同》第八条的规定，建造合同收入包括初始收入，变更索赔奖励收入，故选项B、D、E正确。

选项A属于材料销售收入，选项C属于提供劳务收入。

二、参考答案

题号	1	2	3	4	5	6	7	8	9
答案	ABE	ABC	B	AE	C	B	ADE	A	A
题号	10	11	12	13	14	15			
答案	ACE	ACE	D	A	C	BDE			

三、2023考点预测

考点一：收入的分类及确认

1）广义收入的组成。

2）收入的分类。

考点二：建造合同收入的核算

建造（施工）合同收入的核算时可变对价、重大融资成分、非现金对价的处理。

第四节 利润和所得税费用

考点一：利润的计算
考点二：企业所得税费用的确认

一、历年真题及解析

1. **【2020 年真题】**下列事项中，会导致企业营业利润减少的是（　　）。

A. 固定资产盘亏　　B. 所得税费用增加
C. 管理费用增加　　D. 发生债务重组损失

【解析】 由“营业利润=营业收入−营业成本（或营业费用）−税金及附加−销售费用−管理费用−财务费用−资产减值损失+公允价值变动收益（损失为负）+投资收益（损失为负）”可知，当管理费用增加时，企业营业利润减少，故选项 C 正确。

固定资产盘亏、发生债务重组损失属于营业外支出，会影响利润总额，但不影响营业利润，故选项 A、D 错误。

所得税费增加会导致净利润减少，不会影响营业利润，故选项 B 错误。

2. **【2018 年真题】**某施工企业 2017 年的经营业绩为营业收入 3000 万元，营业成本 1800 万元，税金及附加 180 万元，期间费用 320 万元，投资收益 8 万元，营业外收入 20 万元。则该企业 2017 年的利润总额为（　　）万元。

A. 908　　B. 720　　C. 728　　D. 700

【解析】 根据公式：

营业利润=营业收入−营业成本−税金及附加−销售费用−管理费用−财务费用−资产减值损失+公允价值变动收益(损失为负)+投资收益(损失为负)。

利润总额=营业利润+营业外收入−营业外支出。

据题，营业利润=3000−1800−180−320+8=708（万元）；利润总额=708+20=728（万元）。

3. **【2017 年真题】**企业的净利润是（　　）的余额。

A. 当期营业利润扣除所得税费用　　B. 当期收入扣除增值税及附加
C. 当期利润总额扣除增值税及附加　　D. 当期利润总额扣除所得税费用

【解析】 净利润=利润总额−所得税费用。

4. **【2013 年真题】**某施工企业 2012 年度工程结算收入为 1000 万元，营业成本和税金及附加为 300 万元，管理费用 200 万元，财务费用为 100 万元，其他业务收入为 200 万元，投资收益 150 万元，营业外收入为 100 万元，营业外支出为 80 万元，所得税为 100 万元，则企业当年营业利润为（　　）万元 。

A. 500　　B. 520　　C. 750　　D. 670

【解析】 营业利润=营业收入−营业成本−税金及附加−销售费用−管理费用−财务费用−资产减值损失+公允价值变动收益(损失为负)+投资收益(损失为负)。

其中营业收入包括：主营业务收入和其他业务收入。

营业利润=(1000+200)−300−200−100+150=750（万元）。

5. 【2012年真题】某施工企业年度工程结算收入为3000万元，营业成本2300万元，管理费用为200万元，财务费用为100万元，其他业务收入为200万元，投资收益为150万元，营业外收入为100万元，营业外支出为80万元，所得税为100万元，则企业营业利润为（　　）万元。

A. 500　　B. 520　　C. 670　　D. 750

【解析】 营业利润=营业收入-营业成本-销售费用-管理费用-财务费用-资产减值损失+公允价值变动收益（损失为负）+投资收益（损失为负）=（3000+200）-2300-200-100+150=750（万元）。

6. 【2011年真题】公司进行利润分配时，应在提取任意公积金前分配的有（　　）。

A. 向投资者分配利润　　B. 向股东分配股利

C. 弥补公司以前年度亏损　　D. 提取法定公积金

E. 提取留作以后年度分配的利润

【解析】 按照《公司法》的有关规定，公司税后利润的分配顺序为：

① 弥补公司以前年度亏损。

② 提取法定公积金。

③ 经股东会或者股东大会决议提取任意公积金。

④ 向投资者分配的利润或股利。

⑤ 未分配利润。

7. 【2009年真题】下列关于企业利润的描述中，正确的有（　　）。

A. 净利润=利润总额-所得税费用

B. 利润总额=营业利润+营业外收入-营业外支出

C. 利润总额体现企业的最终经营成果

D. 营业利润是企业利润的主要来源

E. 营业利润包括企业对外投资收益

【解析】 利润反映的是一定会计期间的经营成果，不是最终的，所以选项C错误。

8. 【2006年真题】某施工企业当期实现的主营业务收入为10000万元，主营业务成本为8000万元，主营业务税金及附加960万，其他业务利润为2000万元，管理费用和财务费用总计为1200万元，则该企业当期营业利润为（　　）万元。

A. 1840　　B. 2800　　C. 3040　　D. 4000

【解析】 营业利润=营业收入-营业成本-税金及附加-销售费用-管理费用-财务费用-资产减值损失+公允价值变动收益（损失为负）+投资收益（损失为负）=10000-8000-960-1200+2000=1840（万元）。

9. 【2004年真题】在下列关于施工企业利润总额的公式中，正确的是（　　）。

A. 利润总额=主营业务利润+其他业务利润-管理费用-财务费用

B. 利润总额=主营业务利润+其他业务利润

C. 利润总额=主营业务利润+其他业务利润+投资净收益

D. 利润总额=营业利润+营业外收入-营业外支出

【解析】 利润总额=营业利润+营业外收入-营业外支出。

10. 【2005年真题】企业实现的净利润应按照有关规定进行分配，其分配顺序如下所述正确的是（　　）。

①弥补以前年度亏损；②提取法定公积金；③提取任意公积金；④未分配利润；⑤向投资者分配利润。

A. ①→②→③→⑤→④　　B. ④→②→③→①→⑤

C. ②→③→①→④→⑤　　D. ①→③→②→④→⑤

【解析】 按照《公司法》的有关规定，公司税后利润的分配顺序为：

① 弥补公司以前年度亏损。

② 提取法定公积金。

③ 经股东会或者股东大会决议提取任意公积金。

④ 向投资者分配的利润或股利。

⑤ 未分配利润。

11. **【2022 年真题】** 核算企业一定时期应纳税所得额时，下列收入中，属于不征税收入的是（　　）。

A. 提供专利使用所得的收入　　B. 转让财产收入

C. 接受捐赠取得的收入　　D. 接受财政拨款取得的收入

【解析】

应纳税所得额	
计算公式	应纳税所得额＝收入总额－各项扣除－不征税收入－免税收入－允许弥补以前年度亏损
收入总额	（广义的收入）销售货物收入、提供劳务收入、转让财产收入、股息红利等权益性收入、租金收入、特许权使用费收入、接受捐赠收入、其他收入 其中的其他收入：资产溢价收入、逾期未退包装物押金收入、确实无法偿付的应付款项、已作坏账损失处理后又收回的应收款项、债务重组收入、补贴收入、违约金收入、汇兑收益
不征税收入	① 财政拨款； ② 纳入财政管理的行政事业性收费、政府基金； ③ 其他

12. **【2021 年真题】** 企业计算某一时期应纳税所得额时，下列固定资产中，不得计算折旧扣除的是（　　）。

A. 以经营租赁方式租出的固定资产

B. 以融资租赁方式租入的固定资产

C. 已建成未投入使用的房屋、建筑物

D. 已足额提取折旧但仍继续使用的固定资产

【解析】 企业按照规定计算的固定资产折旧，准予扣除，但下列固定资产折旧不得扣除：房屋建筑物以外未投入使用的固定资产；以经营租赁方式租入的固定资产；以融资租赁方式租出的固定资产（租入方可以折旧）；已足额提取折旧仍在使用的固定资产；与经营活动无关的固定资产；单独估价作为固定资产入账的土地。

13. **【2019 年真题】** 计算企业应纳税所得额时，下列资产中，不得计算折旧扣除的是（　　）。

A. 经营租赁方式租入的机械设备

B. 已转入企业固定资产但尚未使用的房屋

C. 融资租赁方式租入的机械设备

D. 企业管理部门使用尚未提足折旧的办公设备

【解析】 根据《企业所得税法实施条例》的有关规定，在计算应纳税所得额时，下列固定资产不得计算折旧扣除：

① 房屋建筑物以外未投入使用的固定资产，但尚未使用的房屋准予扣除，故选项 B 错误。

② 以经营租赁方式租入的固定资产，故选项 A 正确。

③ 以融资租赁方式租出的固定资产，但以融资租赁方式租入的固定资产准予扣除，故选项 C 错误。

④ 已足额提取折旧仍继续使用的固定资产。

⑤ 与经营活动无关的固定资产。

⑥ 单独估价作为固定资产入账的土地。

⑦ 其他不得计算折旧扣除的固定资产。

企业管理部门使用尚未提足折旧的办公设备的折旧不在上述范围内，准予扣除，故选项 D 错误。

14. **【2016 年真题】**在计算所得税时，企业已作为坏账损失处理后又收回的应收款项应列入企业的（　　）。

A. 销售收入　　　　B. 应收款账

C. 接受捐款收入　　　　D. 其他收入

【解析】 根据《企业所得税法》及《企业所得税法实施条例》的有关规定，企业收入总额包括：①销售货物收入；②提供劳务收入；③转让财产收入；④股息、红利等权益性投资收益；⑤利息收入；⑥租金收入；⑦特许权使用费收入；⑧接受捐赠收入；⑨其他收入。

其中其他收入包括企业资产溢余收入、逾期未退包装物押金收入、确实无法偿付的应付款项、已作坏账损失处理后又收回的应收款项、债务重组收入、补贴收入、违约金收入、汇兑收益等。

15. **【2015 年真题】**某施工企业 2014 年度利润总额为 8000 万元。企业当年发生公益性捐赠支出 1000 万元。则在计算 2014 年应缴纳所得额时，该笔公益性捐赠支出准予扣除的最大金额是（　　）万元。

A. 1000　　　　B. 250　　　　C. 960　　　　D. 125

【解析】 根据《企业所得税法》第九条的规定，公益性捐赠支出，在利润总额 1%以内部分可以扣除，超过不得扣除。8000×12%＝960（万元）。

16. **【2014 年真题】**计算企业应纳税所得额时，不能从收入中扣除的支出是（　　）。

A. 销售成本　　　　B. 坏账损失

C. 税收滞纳金　　　　D. 存货盘亏损失

【解析】 根据《企业所得税法》第十条的规定，以下支出不得在收入总额中扣除：①向投资者支付的股息、红利等权益性投资收益款项；②企业所得税税款；③税收滞纳金；④罚金、罚款和没收财务的损失；⑤《企业所得税法》第九条规定以外的捐赠支出；⑥赞助支出；⑦未经核定的准备金支出；⑧与取得收入无关的其他支出。

17. **【2014 年真题】**某企业利用借款购买的一台生产设备，每期按规定提取折旧费 15 万元，每期借款利息 3 万元，该企业税金及附加率为 5.5%，所得税税率为 25%，则企业购买该项设备带来的每期税收约为（　　）万元。

A. 5.49　　B. 4.58　　C. 4.50　　D. 3.75

【解析】 根据《企业所得税法》的有关规定，准予在计算应纳税所得额时扣除的支出有：

① 企业发生的与取得收入有关的、合理的支出。包括成本、费用、税金、损失和其他支出。

② 企业发生的公益性捐赠支出，在年度利润总额 12%以内的部分，准予在计算应纳所得额时扣除。

③ 固定资产折旧。

④ 无形资产摊销。

⑤ 长期待摊费用。

⑥ 企业对外投资期间，投资资产的成本不得扣除。

⑦ 企业对外投资期间，投资资产的成本不得扣除。

⑧ 企业转让资产，资产的净值可以扣除。

⑨ 汇总计算时，境外营业机构的亏损不得抵减境内盈利。

⑩ 五年内的亏损可以税前抵扣。

据题，准予扣除的有折旧费 15 万元及每期借款利息（费用）3 万元，则（15+3）×25% = 4.5（万元）。

二、参考答案

题号	1	2	3	4	5	6	7	8	9
答案	C	C	D	C	D	CD	ABDE	A	D
题号	10	11	12	13	14	15	16	17	
答案	A	D	D	A	D	C	C	C	

三、2023 考点预测

考点一：利润的计算

营业利润、利润总额、净利润的计算。

考点二：企业所得税费用的确认

1）计算应纳税所得额可以扣除的支出，不得扣除的支出。

2）应纳税额的计算。

第五节　企业财务报表

考点一：企业财务报表的构成及基本要求

考点二：资产负债表的内容及作用

考点三：利润表的内容及作用

考点四：现金流量表的内容和作用

考点五：财务报表附注的内容和作用

一、历年真题及解析

1.【2020年真题】关于企业财务报表列报要求的说法，正确的有（　　）。

A. 相关的收入和费用项目应事先相互抵消，以净额列报

B. 企业应依据实际发生的交易和事项依规定进行确认和计量

C. 项目的列报在各个会计期间保持一致，不得随意变更

D. 当期所有列报项目至少提供与上一个可比会计期间的比较数据

E. 年度报表涵盖期间少于一年的应说明原因

【解析】根据《企业会计准则》，企业财务报表列报要求有：①企业应该依据实际发生的交易和事项，遵循《企业会计准则》的所有规定进行确认和计量，并在此基础上编制财务报表；②企业应以持续经营为会计确认、计量和编制会计报表的基础；③除现金流量表按照收付实现制编制外，企业应当按照权责发生制编制其他财务报表；④财务报表项目的列报应当在各个会计期间保持一致，不得随意变更；⑤重要项目单独列报；⑥财务报表项目应当以总额列报；⑦企业在列报当期财务报表时应当至少提供所有列报项目与上一个可比会计期间的比较数据，以及与理解当期财务报表相关的说明；⑧财务报表一般分表首和正表两部分；⑨企业至少应当编制年度财务报表。年度财务报表涵盖的期间短于一年的，应当披露年度财务报表的涵盖期间，以及短于一年的原因。故选项B、C、D、E正确。

2.【2015年真题】根据现行《企业会计准则》，关于企业财务报表列报基本要求的说法，正确的有（　　）。

A. 企业应当以持续经营为基础编制财务报表

B. 重要项目应单独列报

C. 报表列示项目不应相互抵消

D. 当期报表列报项目与上期报表项目应当具有可比性

E. 企业至少应当按月编制财务报表

【解析】根据《企业会计准则第30号——财务报表列报》的有关规定，编制财务报表的基本要求有：

① 企业应该依据实际发生的交易和事项，遵循《企业会计准则》的所有规定进行确认和计量，并在此基础上编制财务报表。

② 企业应以持续经营为会计确认、计量和编制会计报表的基础。

③ 除现金流量表按照收付实现制编制外，企业应当按照权责发生制编制其他财务报表。

④ 财务报表项目的列报应当在各个会计期间保持一致，不得随意变更。

⑤ 重要项目单独列报。重要性应当根据企业所处环境，从项目的性质和金额大小两方面予以判断。

⑥ 财务报表项目应当以总额列报，资产和负债、收入和费用、直接计入当期利润的利得和损失项目的金额不能相互抵消，即不得以净额列报，除非会计准则另有规定。

⑦ 企业在列报当期财务报表时，应当至少提供所有列报项目与上一个可比会计期间的比较数据，以及与理解当期财务报表相关的说明。

⑧ 财务报表一般分表首和正表两部分，企业应当在财务报表的表首部分概括说明：编

报企业的名称；资产负债表日或财务报表涵盖的会计期间；人民币金额单位。财务报表是合并财务报表的，应当予以标明。

⑨ 企业至少应当按年编制财务报表。我国规定的会计年度自公历 1 月 1 日起至 12 月 31 日止。财务报表涵盖的期间短于一年的，应当披露财务报表的涵盖期间，以及短于一年的原因。

3. **【2014 年真题】**根据现行《企业会计准则》，企业在财务报表显著位置至少应披露的项目有（　　）。

A. 编报企业名称　　B. 资产负债表日或会计报表涵盖的会计期间

C. 人民币金额单位　　D. 企业财务负责人姓名

E. 是否合并会计报表

【解析】 根据《企业会计准则第 30 号——财务报表列报》第九条的规定，①编报企业的名称；②资产负债表日或财务报表涵盖的会计期间；③人民币金额单位；④财务报表是合并财务报表的，应当予以标明。

4. **【2012 年真题】**根据我国现行《企业会计准则》，企业财务报表至少应当包括（　　）。

A. 资产负债表　　B. 利润表

C. 现金流量表　　D. 所有者权益变动表

E. 成本分析表

【解析】 根据我国现行《企业会计准则》第二条的规定，财务报表是对企业财务状况、经营成果和现金流量的结构性表述。财务报表至少应当包括下列组成部分：①资产负债表；②利润表；③现金流量表；④所有者权益（或股东权益，下同）变动表；⑤附注。

5. **【2010 年真题】**根据《企业会计准则第 30 号——财务报表列报》，在编制财务报表时，主要项目应单独列报，项目的重要性应当根据企业所处环境，从（　　）加以判断。

A. 报表是否对外公告角度　　B. 企业是否上市角度

C. 项目在财务报告中的排列位置　　D. 项目的性质和金额两个方面

【解析】 根据《企业会计准则第 30 号——财务报表列报》第六条的规定，重要性应当根据企业所处环境，从项目的性质和金额大小两方面予以判断。

6. **【2020 年真题】**某企业有一笔无法收回的应收账款，在会计核算上作为坏账被注销，而债务不变，则反映在资产负债表的结果是（　　）。

A. 所有者权益减少　　B. 所有者权益增加

C. 长期待摊费用减少　　D. 流动资产增加

【解析】 资产-负债=所有者权益，所有者权益受企业资产影响，如果企业资产出现损失，例如应收账款没有收回，作为坏账被注销，而债务不变，则股东权益将减少。故选项 A 正确。

7. **【2019 年真题】**企业的资产评估增值属于会计要素中的（　　）。

A. 利润　　B. 收入

C. 负债　　D. 所有者权益

【解析】 企业资产评估增值属于会计要素中所有者权益中的资本公积。

8. **【2019 年真题】**编制资产负债表时，企业在资产负债表之前违反了长期借款协议，导致贷款人可随时要求清偿的负债，应当归类为（　　）。

A. 流动负债　　B. 长期借款

C. 长期待摊费用　　D. 预计负债

【解析】 流动负债和非流动负债的主要区别就在于是否有应予以清偿的期限，流动负债的应予清偿期限在一年以内，题中“贷款人可随时要求清偿的负债”应归类为流动负债，若贷款人同意在资产负债表日或之前提供资产负债表日后一年以上的宽限期，且不要求随时归还的，归类为非流动负债。

长期借款应归类为非流动负债，故选项B错误。

长期待摊费用应归类为非流动资产，故选项C错误。

预计负债应归类为非流动负债，故选项D错误。

9. **【2018年真题】**资产负债表中的资产项目是按照资产的（　　）顺序排列。

A. 金额从小到大　　B. 流动性从大到小

C. 购置时间从先到后　　D. 成新率从高到低

【解析】 资产类按其“流动性”（即把资产转换成现金所需要的时间）大小顺序排列，分为流动资产和非流动资产列示。

10. **【2017年真题】**下列企业资产中，属于资产负债表中的非流动资产的是（　　）。

A. 交易性金融资产　　B. 存货

C. 预付款项　　D. 可供出售金融资产

【解析】 预计在一个正常营业周期内变现、出售或耗用的资产为流动资产，故选项A、B、C都为流动资产。可供出售的金融资产，虽然可供出售，但并不是今年就要交易，是长期投资的一部分，所以D属于非流动资产。

11. **【2017年真题】**企业资产负债表中的资产项目有（　　）。

A. 资本公积　　B. 预收款项

C. 应收票据　　D. 预付账款

E. 实收资本

【解析】 应收票据、预付账款属于资产中的流动资产项目，资本公积、实收资本属于资产负债表中的所有者权益项目，预收款项属于流动负债项目。

12. **【2016年真题】**编制资产负债表时应该归类为流动资产的有（　　）。

A. 预计在一个正常营业周期中变现、出售或耗用的资产

B. 预计在资产负债表日起一年内变现的资产

C. 自资产负债表日起一年内，交换其他资产的能力不受限制的现金等价物

D. 主要为投资目的而持有的资产

E. 自资产负债表日起一年内，清偿负债的能力不受限制的现金

【解析】 资产满足下列条件之一的，应当归类为流动资产：

① 预计在一个正常营业周期中变现、出售或耗用。主要包括存货、应收账款等。

② 主要为交易目的而持有。

③ 预计在资产负债表日起一年内（含一年，下同）变现。

④ 自资产负债表日起一年内，交换其他资产或清偿负债的能力不受限制的现金或现金等价物。

13. **【2013年真题】** 根据现行《企业会计准则》，对于资产负债表日起一年内到期的负债，企业预计不能自主地将清偿义务展期，但在资产负债表日后，财务报告批准报出日前签订了重新安排清偿计划协议，则该项负债应归类为（　　）。

A. 非流动负债　　B. 流动负债

C. 应付票据　　D. 长期应付款

【解析】 根据现行的《企业会计准则》的规定，对于资产负债表日起一年内到期的负债，企业预计不能自主地将清偿义务展期，应当归类为流动负债，即使资产负债表日后，财务报告批准报出日前签订了重新安排清偿计划协议，则该项负债仍应归类为流动负债。

14. **【2011年真题】** 关于资产负债表作用的说法，正确的有（　　）。

A. 能够反映构成净利润的各种要素

B. 能够反映企业在一定会计期间现金和现金等价物流入和流出的情况

C. 能够反映企业在某一特定日期所拥有的各种资源总量及其分布情况

D. 能够反映企业的偿债能力

E. 能够反映企业在某一特定日期企业所有者权益的构成情况

【解析】 利润表能够反映构成净利润的各种要素，现金流量表能够反映一定会计期间现金和现金等价物流入和流出的情况，故选项A、B错误。

15. **【2009年真题】** 资产负债表是反映企业的某一特定日期（　　）的报表。

A. 财务状况　　B. 现金流量

C. 经营成果　　D. 利润分配

【解析】 资产负债表是反映企业在某一特定日期财务状况的报表。

16. **【2022年真题】** 账户式资产负债表右侧列表示的内容是（　　）。

A. 资产和负债　　B. 资产和所有者权益

C. 货币资金和所有者权益　　D. 负债和所有者权益

【解析】 在我国，资产负债表采用账户式结构，报表分为左右结构，左侧列示资产，右侧列示负债和所有者权益。

17. **【2021年真题】** 关于利润表作用的说法，正确的有（　　）。

A. 通过利润表可以分析判断企业损益变化的趋势

B. 通过利润表可以分析企业现金流量的发生及结余情况

C. 通过利润表可以了解企业一定期间的收入实现和费用耗费情况

D. 通过利润表可以分析企业资产负债的变动情况

E. 通过利润表可以考核企业的经营成果以及利润计划的执行

【解析】

性质	反映企业在一定会计期间的经营成果的财务报表
结构	我国采用的是多步式利润表
内容	①营业收入；②营业利润；③利润总额；④净利润；⑤其他综合收益的税后净额；⑥综合收益总额；⑦每股收益

（续）

作用	①能反映企业在一定期间的收入和费用情况以及获得利润或发生亏损的数额，表明企业投入与产出之间的关系 ②通过利润表提供的不同时期的比较数字，可以分析判断企业损益发展变化的趋势，预测企业未来的盈利能力 ③通过利润表可以考核企业的经营成果以及利润计划的执行情况，分析企业利润增减变化原因

18. **【2015 年真题】**利润表中反映的内容不包括（　　）。

A. 营业利润的各项要素　　B. 利润（或亏损）总额的各项要素

C. 净利润分配的各项要素　　D. 主营业务利润的各项要素

【解析】　利润表主要反映以下内容：

① 营业收入，由主营业务收入和其他业务收入组成。

② 营业利润，营业收入减去营业成本、税金及附加、销售费用、管理费用、财务费用、资产减值损失，加上公允价值变动收益、投资收益。

③ 利润总额，营业利润加上营业外收入，减去营业外支出。

④ 净利润，利润总额减去所得税费用。

⑤ 其他综合收益。

⑥ 综合收益总额，净利润加上其他综合收益净额。

⑦ 每股收益，包括基本每股收益和稀释每股收益两项指标。

19. **【2014 年真题】**利润表是反映（　　）的财务报表。

A. 一定会计期间资产盈利能力　　B. 一定会计期间经营成果

C. 某一会计时点财务状况　　D. 一定会计期间财务状况

【解析】　利润表是反映一定会计期间经营成果的财务报表；资产负债表是反映某一会计时点财务状况的报表。

20. **【2005 年真题】**目前，我国采用的利润表的结构主要形式为（　　）。

A. 多步式利润表　　B. 单步式利润表

C. 报告式利润表　　D. 账户式利润表

【解析】　我国采用的是多步式利润表。

21. **【2021 年真题】**下列财务报表中，属于按照收付实现制原则编制的是（　　）。

A. 资产负债表　　B. 利润表

C. 现金流量表　　D. 所有者权益变动表

【解析】　在财务报表中，现金流量表的编制原则是收付实现制，其他财务报表按照权责发生制原则编制。

22. **【2020 年真题】**下列财务计划现金流量表的项目中，属于筹资活动现金流量的有（　　）。

A. 建设投资借款　　B. 补贴收入

C. 维持运营投资　　D. 流动资金借款

E. 支付股利

【解析】　选项 B 属于经营活动现金流量；选项 C 属于投资活动现金流量。故选项 A、

D、E 正确。

23. 【2022 年真题】企业编制现金流量表时，短期投资视为现金等价物必须同时具备的条件是期限短、流动性强，易于转换为已知金额的现金以及（　　）。

A. 价值变动风险小　　B. 投资数额小

C. 预期收益高　　D. 转换方式多

【解析】

现金	①库存现金；②可以随时用于支付的存款；③其他货币资金；④现金等价物
现金等价物	①从购买日起三个月到期或清偿的国库券；②货币市场基金；③可转换定期存单；④商业本票；⑤银行承兑汇票等都可列为现金等价物
现金等价物的条件	①期限短；②流动性强；③易于转换为已知金额的现金；④价值变动风险小

24. 【2019 年真题】在编制企业财务报告中的现金流量表时，可视为现金及现金等价物的有（　　）。

A. 可随时用于支付的其他货币资金　　B. 可转换定期存单

C. 银行承兑汇票　　D. 企业短期购入的可流通的股票

E. 三个月到期的国库券

【解析】 现金及现金等价物包括：库存现金、可以随时用于支付的存款、其他货币资金以及购买日起三个月到期或清偿的国库券、货币市场基金、可转换定期存单、商业本票及银行承兑汇票。

可流动的股票因为其价值变动风险大，不视为现金等价物，故选项 D 错误。

25. 【2019 年真题】某建筑企业的现金流量表中，承包工程生产的现金流量属于（　　）产生的现金流量。

A. 投资活动　　B. 资产处置活动

C. 经营活动　　D. 融资活动

【解析】 “承包工程生产”属于建筑企业的日常生产经营活动，因此产生的现金流量属于经营活动产生的现金流量。

26. 【2018 年真题】企业现金流量表中，属于经营活动产生的现金流量有（　　）。

A. 收回投资收到的现金　　B. 吸收投资收到的现金

C. 收到税费返还　　D. 购买商品支付的现金

E. 偿还债务支付的现金

【解析】 经营活动产生的现金流量包括：销售商品、提供劳务收到的现金；收到的税费返还；收到的其他与经营活动有关的现金；购买商品、接受劳务支付的现金；支付给职工以及为职工支付的现金；支付的各项税费；支付的其他与经营活动有关的现金。

27. 【2013 年真题】下列经济活动产生的现金中，不属于筹资活动产生的现金流量是（　　）。

A. 处置子公司收到的现金净额　　B. 取得借款收到的现金

C. 分配股利支付的现金　　D. 偿还债务支付的现金

【解析】 处置子公司收到的现金净额属于投资活动产生的现金流量。

28.【2017年真题】关于财务报表附注的说法，错误的是（　　）。

A. 附注应当披露财务报表的编制基础

B. 附注是对财务报表中列示的重要项目的进一步文字说明或明细资料

C. 附注应当对财务报表中的每一项目做出进一步说明

D. 附注是对财务报表的补充

【解析】 根据《企业会计准则》的有关规定，附注应当披露财务报表的编制基础，一般披露顺序如下：

① 企业基本情况。

② 财务报表编制基础。

③ 遵循企业会计准则的声明。

④ 重要会计政策的说明和重要会计估计的说明。

⑤ 会计政策和会计估计变更以及差错更正的说明。

⑥ 报表重要项目的说明。

⑦ 或有和承诺事项、资产负债表日后非调整事项、关联方关系及其交易等需要说明的事项。

⑧ 有助于会计报表使用者评价企业管理资本的目标、政策和程序的信息。

财务报表所规定的内容具有一定的固定性和规定性，只能提供定量的会计信息，其所能反映的会计信息受到一定的限制，财务报表附注是对财务报表的补充。

附注只对财务报表中的重要项目做出说明，而不用对每个项目都做出说明，故选项C错误。

二、参考答案

题号	1	2	3	4	5	6	7	8	9
答案	BCDE	ABCD	ABCE	ABCD	D	A	D	A	B
题号	10	11	12	13	14	15	16	17	18
答案	D	CD	BCE	B	CDE	A	D	ACE	C
题号	19	20	21	22	23	24	25	26	27
答案	B	A	C	ADE	A	ABCE	C	CD	A
题号	28								
答案	C								

三、2023考点预测

考点一：企业财务报表的构成及基本要求

企业财务报表列报的基本要求。

考点二：资产负债表的内容及作用

资产负债表的组成。

考点三：利润表的内容及作用

利润表反映的内容。

考点四：现金流量表的内容和作用

经营活动、投资活动、筹资活动产生的现金流量的区分。

考点五：财务报表附注的内容和作用

无考点。

第六节 财务分析

考点一：财务分析的常用方法

考点二：基本财务比率的分析及计算

考点三：杜邦财务分析体系

一、历年真题及解析

1. **【2021 年真题】**为了说明企业财务状况的变动趋势并预测企业未来的发展前景，财务报表分析宜采用的方法是（　　）。

A. 水平分析法　　B. 因素分析法

C. 比率分析法　　D. 权重分析法

【解析】 通过对比两期或者连续数期财务报告中的相同指标，确定其增减变化的方向、数额和幅度，来说明企业财务状况、经营成果和现金流量变动趋势的分析方法叫趋势分析法，也叫水平分析法。

2. **【2020 年真题】**企业应收账款周转率与上一年度相比有明显提高，说明该企业的经营状况是（　　）。

A. 应收账款收回速度变快　　B. 企业管理效率降低

C. 更容易发生坏账损失　　D. 收回赊销账款能力减弱

【解析】 一般认为应收票据及应收账款周转率越高、周转天数越短越好，它表明企业应收票据及应收账款收回速度快，这样一方面可以节约资金，同时也说明企业信用状况好，不易发生坏账损失。故选项 A 正确。

3. **【2020 年真题】**某企业本月产品产量和材料消耗情况如下表。用因素分析法（三个因素的重要性按表中顺序）计算，本月单位产品材料消耗量变化对材料费用总额的影响是（　　）。

项目	单位	计划值	实际值
产品产量	件	1000	1200
单位产品材料消耗量	kg/件	8	7
材料单位	元/kg	50	55

A. 增加 6 万元　　B. 节约 6 万元

C. 增加 5 万元　　D. 节约 5 万元

【解析】 计划指标：1000×8×50＝400000（元）　　①
第一次替换：1200×8×50＝480000（元）　　②
第二次替换：1200×7×50＝420000（元）　　③
②-①：480000-400000＝80000（元）　　产品产量的影响
③-②：420000-480000＝-60000（元）　　单位产品材料消耗量的影响
故选项B正确。

4. **【2016年真题】** 某施工企业8月份钢筋原材料的实际费用为2万元，而计划值为20万元，由于钢筋原材料费由工程数量、单位工程量钢筋耗用量和钢筋单价3个因素乘积构成，若分析这3个因素对钢筋原材料的影响方向及程度，适宜采用的财务分析方法是（　　）。

A. 概率分析法　　B. 因素分析法
C. 结构分析法　　D. 趋势分析法

【解析】 因素分析法是依据分析指标与其驱动因素之间的关系，从数量上确定各因素对分析指标的影响方向及程度的分析方法。这种方法的分析思路是，当有若干因素对分析指标产生影响时，在假设其他各因素都不变的情况下，顺序确定每个因素单独变化对分析指标产生的影响。

5. **【2021年真题】** 某企业上年初所有者权益总额为5000万元，年末所有者权益相对年初减少200万元。本年末所有者权益总额为5500万元，则该企业本年度的资本积累率为（　　）。

A. 10.00%　　B. 10.42%
C. 14.58%　　D. 14.00%

【解析】

基本财务比率		
财务评价指标	财务比率	备注
短期偿债能力	① 流动比率＝流动资产/流动负债 ② 速动比率＝速动资产/流动负债 速动资产＝流动资产-存货＝货币资金+交易性金融资产+应收票据+应收账款+其他应收款	① 一般是2（参考值） ② 一般是1（参考值）
长期偿债能力	① 资产负债率＝总负债/总资产 ② 产权比率＝负债总额/股东权益 ③ 权益乘数＝资产总额/股东权益	① 50%，合适
营运能力	① 总资产周转率＝主营业务收入/资产总额（期初期末平均值） ② 流动资产周转率＝主营业务收入/流动资产（期初期末平均值） ③ 存货周转率（次数）＝主营业务收入/存货（期初期末平均值） ④ 应收账款周转率＝主营营业收入/应收账款（期初期末平均值）	

（续）

基本财务比率		
财务评价指标	财务比率	备注
盈利能力	① 营业净利率=净利润/营业收入 ② 净资产收益率=净利润/净资产 ③ 总资产净利率=净利润/资产总额	② 净资产即所有者权益，通常取期初和期末的平均数，反映企业盈利能力的核心指标 ③ 反映企业全部资产运用成果
企业发展能力	① 营业增长率=本期营业增加额/上期营业收入总额 ② 资本积累率=本年所有者权益增长额/年初所有者权益	

由上表可知，资本积累率=本年所有者权益增长额/年初所有者权益=(5500-4800)/(5000-200)×100%=14.58%。

6.【**2021年真题**】下列财务分析指标中，属于企业长期偿债能力指标的有（　　）。

A. 速动比率　　B. 总资产周转率

C. 产权比率　　D. 资产负债率

E. 权益乘数

【**解析**】

基本财务比率		
财务评价指标	财务比率	备注
短期偿债能力	① 流动比率=流动资产/流动负债 ② 速动比率=速动资产/流动负债 速动资产=流动资产-存货=货币资金+交易性金融资产+应收票据+应收账款+其他应收款	① 一般是2（参考值） ② 一般是1（参考值）
长期偿债能力	① 资产负债率=总负债/总资产 ② 产权比率=负债总额/股东权益 ③ 权益乘数=资产总额/股东权益	① 50%，合适

7.【**2022年真题**】某企业2021年末的流动资产构成为：货币资金800万元，存货500万元，交易性金融资产300万元，应收账款450万元，其他应收款200万元，流动负债为1050万元，该企业2021年末的速动比率是（　　）。

A. 1.67　　B. 1.05

C. 1.24　　D. 2.14

【**解析**】 速动资产=货币资金+交易性金融资产+应收票据+应收账款+其他应收款=800+300+450+200=1750（万元）。

速动比率=速动资产/流动负债=1750/1050=1.67。

8.【**2022年真题**】下列属于短期偿债能力指标的是（　　）。

A. 权益乘数　　B. 流动比率

C. 总资产净利润率　　D. 营业增长率

E. 速动比率

【解析】

财务评价指标	财务比率	备注
短期偿债能力	① 流动比率=流动资产/流动负债 ② 速动比率=速动资产/流动负债 速动资产=流动资产-存货=货币资金+交易性金融资产+应收票据+应收账款+其他应收款	① 一般是2（参考值） ② 一般是1（参考值）
长期偿债能力	① 资产负债率=总负债/总资产 ② 产权比率=负债总额/股东权益 ③ 权益乘数=资产总额/股东权益	① 50%，合适

权益乘数为长期偿债能力指标、总资产净利润率为盈利能力指标、营业增长率为发展能力指标，故选项A、C、D错误。

9.【2020年真题】某企业资产负债表目的流动资产总额为300万元（其中货币资金60万元，存货160万元，应收账款等80万元），流动负债总额为80万元，则该企业的速动比率为（　　）。

A. 3.75　　B. 1.75　　C. 1.25　　D. 0.75

【解析】速动比率=速冻资产/流动负债=(流动资产-存货)/流动负债=(300-160)/80=1.75。

10.【2020年真题】下列财务指标中，属于企业营运能力指标的有（　　）。

A. 应收账款周转率　　B. 总资产周转率

C. 流动资产周转率　　D. 权益乘数

E. 存货周转天数

【解析】营运能力比率是用于衡量公司资产管理效率的指标。常用的指标有总资产周转率、流动资产周转率、存货周转率、应收票据及应收账款周转率等。故选项A、B、C正确。

需要注意的是存货周转率有存货周转天数和存货周转次数两种形式，故选项E正确。

权益乘数属于偿债能力指标，故选项D错误。

11.【2019年真题】在流动资产总额一定的情况下，关于速动比率的说法，正确的是（　　）。

A. 预付账款占流动资产比例越低，速动比率越高

B. 存货占流动资产比例越低，速动比率越高

C. 应收账款占流动资产比例越高，速动比率越低

D. 交易性金融资产占流动资产比例越高，速动比率越低

【解析】速动比率=速动资产/流动负债=(货币资金+交易性金融资产+应收票据即应收账款+其他应收款)/流动负债=(流动资产-存货)/流动负债。

由上可知：

预付账款不属于速动资产，因此预付占款的占比高低不影响速动比率，选项A错误。

存货占流动资产的比例越低，速动比越高，选项B正确。

应收款项占流动资产比例越高，速动比越高，选项C错误。

交易性金融资产占流动资产比例越高，速动比率越高，选项 D 错误。

12.【**2018 年真题**】能够表明每 1 元股东权益相对于负债的金额的财务分析指标是（　　）。

A. 资产负债率　　B. 权益乘数　　C. 流动比率　　D. 产权比率

【**解析**】长期偿债能力比率中产权比率表明每 1 元股东权益相对于负债的金额。

13.【**2018 年真题**】某企业年初资产总额为 500 万元，年末资产总额为 540 万元，当年总收入为 900 万元，其中主营业务收入为 832 万元，则该企业一年中总资产周转率为（　　）次。

A. 1.80　　B. 1.73　　C. 1.60　　D. 1.54

【**解析**】总资产周转率＝主营业务收入/资产总额，其中资产总额一般取期初资产总额和期末资产总额的平均值。

据题，总资产周转率＝832÷[（500+540）/2]＝1.60。

14.【**2018 年真题**】为了客观分析企业盈利能力，收集相关分析数据时应当排除的项目有（　　）。

A. 证券买卖等非正常经营项目　　B. 新开发刚投入生产的经营项目

C. 已经或将要停止的营业项目　　D. 目前处于亏损状态的经营项目

E. 会计准则变更带来的累积影响

【**解析**】盈利能力是指企业赚取利润的能力，只涉及正常的营业状况，在分析企业盈利能力时，应排除以下项目：①证券买卖等非正常经营项目；②已经或将要停止的营业项目；③重大事故或法律更改等特别项目；④会计准则或财务制度变更带来的累积影响因素等。

15.【**2017 年真题**】下列财务指标中，数值越大则表示企业销售能力越强的指标是（　　）。

A. 流动比率　　B. 净资产收益率

C. 总资产周转率　　D. 资产负债率

【**解析**】总资产周转率越高，反映企业销售能力越强，故选项 C 正确。

资产负债率、流动比率是偿债能力指标，净资产收益率是盈利能力指标，故选项 A、B、D 错误。

16.【**2017 年真题**】企业财务分析中，用于衡量资产管理效率的指标有（　　）。

A. 应收账款周转率　　B. 总资产净利率

C. 存货周转率　　D. 资本积累率

E. 资产负债率

【**解析**】营运能力比率是用于衡量公司资产管理效率的指标，包括：总资产周转率、流动资产周转率、存货周转率、应收账款周转率。

17.【**2016 年真题**】数值越高，则表明企业全部资产的利用效率越高、盈利能力越强的财务指标是（　　）。

A. 营业增长率　　B. 总资产净利率

C. 资产负债率　　D. 资本积累率

【**解析**】总资产净利率指标越高，说明企业资产的利用效率越高，也意味着企业资产的盈利能力越强，故选项 B 正确。

营业增长率、资本积累率是企业发展能力指标，是反映企业未来发展潜力的指标，故选项 A、D 错误。

资产负债率是企业偿债能力指标，反映的是企业到期偿还债务的能力，故选项 C 错误。

18. **【2015 年真题】** 某企业流动比率为 3.2，速动比率为 1.5，该行业平均的流动比率和速动比率分别为 3 和 2，关于该企业流动资产和偿债能力的说法，正确的是（　　）。

A. 该企业的偿债能力较强

B. 该企业流动资产存货比例过大

C. 该企业的应收票据、应收账款比例较大

D. 该企业流动资产中货币资金比例较大

【解析】 流动比率假设全部流动资产都可用于偿还流动负债，表明每 1 元流动负债有多少流动资产作为偿债保障，是对短期偿债能力的粗略估计。适合用于同行业比较以及本企业不同历史时期的比较。

速动比率是假设速动资产是可偿债资产，表明每 1 元流动负债有多少速动资产作为偿债保障。该指标越低，企业的偿债能力越差。据题速动比率 1.5 小于该行业平均水平，故偿债能力偏弱，选项 A 错误。

比较该企业和行业平均的流动比率和速动比率，其流动比率偏大、速动比率偏小，流动比率=流动资产/流动负债，速动比率=速动资产/流动负债，由此可见流动资产偏多，速动资产偏少，而存货=流动资产-速动资产，可得存货偏多；选项 B 正确，选项 C、D 错误。

19. **【2015 年真题】** 企业财务比率分析中，反映盈利能力的指标有（　　）。

A. 总资产周转率

B. 总资产净利率

C. 净资产收益率

D. 存货周转率

E. 营业增长率

【解析】 盈利能力指标有营业净利率、净资产收益率、总资产净利率。总资产周转率、存货周转率是企业营运能力比率，营业增长率是企业发展能力指标比率。

20. **【2010 年真题】** 关于企业净资产收益率指标的说法，正确的有（　　）。

A. 该指标反映了企业偿付到期债务的能力

B. 指标值越高，说明企业盈利能力越好

C. 指标值越高，表明资产的利用效率越高

D. 该指标是企业本期利润总额和净资产的比率

E. 该指标反映企业全部资产运用的总成果

【解析】 净资产收益率是指企业本期净利润和净资产的比率，是反映企业盈利能力的核心指标。该指标越高，净利润越多，说明企业盈利能力越好。

净资产收益率可以反映企业资产利用的综合效果。指标越高，表明资产的利用效率越高，说明企业在增加收入和节约资金使用等方面取得了良好的效果。

21. **【2009 年真题】** 某企业资产总额年末数是 1163150，流动负债年末数是 168150，长期负债年末数为 205000，则该企业年末的资产负债率为（　　）。

A. 14.16%　　B. 17.62%　　C. 20.60%　　D. 32.08%

【解析】 资产负债率=总负债/总资产×100%=(168150+205000)/1163150×100%=32.08%。

22.【2006年真题】某施工企业当期主营业务成本为9000万元，期初存货为4000万元，期末存货为2000万元，则存货周转次数为（　　）。

A. 1.50　　B. 2.25　　C. 3.00　　D. 4.50

【解析】 存货周转次数=营业成本/存货(存货一般取期初存货和期末存货的平均值)=9000÷[(4000+2000)/2]=3.00。

23.【2005年真题】表示与上年相比，企业销售（营业）收入的增减变化情况，是评价企业成长状况和发展能力的重要指标是指（　　）。

A. 净资产收益率　　B. 资产负债率

C. 资本积累率　　D. 营业增长率

【解析】 营业增长率表示与上期相比，营业收入的增减变化情况，是评价企业成长状况和发展能力的重要指标。该指标是衡量企业经营状况和市场占有能力、预测企业经营业务拓展趋势的重要标志，也是企业扩张资本的重要前提。

24.【2005年真题】已知某企业的税前利润为500万元，所得税为50万元，平均资产总额为1000万元，求企业的总资产净利率（　　）。

A. 50%　　B. 45%　　C. 5%　　D. 49.7%

【解析】 总资产净利率=净利润/资产总额(资产总额可以取期初资产总额和期末资产总额的平均值，即平均资产总额)=(500−50)/1000×100%=45%。

25.【2004年真题】反映企业盈利能力的核心指标是（　　）。

A. 净资产收益率　　B. 总资产周转率

C. 销售增长率　　D. 资本积累率

【解析】 净资产收益率是指企业本期净利润和净资产的比率，是反映企业盈利能力的核心指标。该指标越高，净利润越多，说明企业盈利能力越好。

26.【2017年真题】某企业2016年实现净利润为1000万元，销售收入为10000万元，总资产周转率为0.8，权益乘数为1.5。不考虑其他因素。采用杜邦财务分析体系计算的净资产收益率是（　　）。

A. 100%　　B. 15%　　C. 12%　　D. 10%

【解析】 净资产收益率=总资产净利率×权益乘数=净利润÷销售收入×总资产周转率×权益乘数=1000÷10000×0.8×1.5×100%=12%。

27.【2022年真题】下列财务指标中，属于杜邦财务分析体系核心指标的是（　　）。

A. 资本积累率　　B. 净资产收益率

C. 销售净利率　　D. 总资产周转率

【解析】

定义及特征	利用各主要财务比率指标之间的内在联系对企业财务状况和经营成果进行综合系统评价的方法。该体系以净资产收益率为核心指标，以总资产净利率和权益乘数为两个方面，重点揭示企业获利能力及权益乘数对净资产收益率的影响，以及各相关指标之间的相互作用关系。杜邦财务分析是一个多层次的财务比率分解体系

（续）

体系	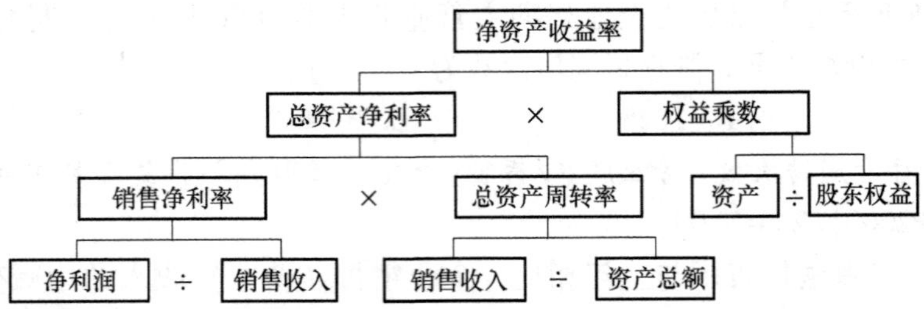

28. **【2013年真题】**关于杜邦财务分析体系的说法中，正确的有（　　）。

A. 通过杜邦分析体系能发现企业资本金的变动趋势

B. 杜邦分析利用财务比率的内在联系对企业财务状况和经营成果进行评价

C. 杜邦分析将若干财务指标形成一个完整的指标体系

D. 杜邦分析以净资产收益率为核心指标

E. 杜邦分析能研究各项资产的比重变化情况，揭示企业的借债能力

【解析】 杜邦财务分析体系是一个多层次的财务比率分解体系，故选项C正确。

该体系是利用各主要财务比率之间的内在联系，对企业财务状况和经营成果进行综合系统评价的方法，故选项B正确。

以净资产收益率为核心指标，以总资产净利率和权益乘数为两个方面，重点揭示企业获利能力及权益乘数对净资产收益率的影响，以及各相关指标之间的相互作用关系，故选项D正确。

二、参考答案

题号	1	2	3	4	5	6	7	8	9
答案	A	A	B	B	C	CDE	A	BE	B
题号	10	11	12	13	14	15	16	17	18
答案	ABCE	B	D	C	ACE	C	AC	B	B
题号	19	20	21	22	23	24	25	26	27
答案	BC	BC	D	C	D	B	A	C	B
题号	28								
答案	BCD								

三、2023考点预测

考点一：财务分析的常用方法

差额计算法的计算。

考点二：基本财务比率的分析及计算

1）短期偿债能力比率、长期偿债能力比率、盈利能力比率的分类及组成。

2）速动比率的计算。

3）发展能力比率的意义和作用。

考点三：杜邦财务分析体系

无考点。

第七节　筹资管理

考点一：筹资主体

考点二：短期筹资

考点三：长期筹资

考点四：资金成本及资金成本率计算

考点五：资本结构分析与优化

一、历年真题及解析

1. **【2021 年真题】**某施工企业在经营过程中，同时发行可转换债券和认股权证从资本市场直接筹集资金，该筹资方式属于（　　）。

A. 内源筹资　　B. 权益筹资

C. 混合筹资　　D. 债务筹资

【解析】 发行可转换债券和认股权证从资本市场直接筹集资金属于企业筹资中的混合筹资。

2. **【2022 年真题】**项目融资的特点有（　　）。

A. 项目融资主要根据项目发起人的预期利润、抵押资产状况安排融资

B. 贷款人可以在贷款的某个特定阶段对项目借款人实行追索

C. 可以帮助投资者将贷款安排为一种非公司负债性融资

D. 贷款人对投资者资信和项目资产外的其他资产的依赖程度高

E. 可以将贷款的信用支持分配到与项目相关的各个方面，提高债务承受能力

【解析】 项目融资以项目为主体，以项目的预期收益、资产来安排融资，故选项 A 错误。

项目融资有限追索，即贷款人可以在某个特定阶段或者规定范围内对项目借款人实行追索，故选项 B 正确。

项目融资是一种在投资人资产负债表之外的融资，可以通过对项目投融资结构的设计，将贷款安排为一种非公司负债性融资，故选项 C 正确。

采用项目融资的项目一般具有灵活的项目结构，可以将贷款的信用支持分配到与项目有关的各个方面，提高项目的债务承受能力，减少贷款人对投资者资信和其他资产的依赖程度。故选项 D 错误，选项 E 正确。

3. **【2019 年真题】**关于项目融资特点的说法，正确的有（　　）。

A. 采用的信用结构比较灵活

B. 可以合理分配投资风险

C. 是以发起项目的企业为主体的融资活动

D. 属于无限追索贷款

E. 是投资人资产负债表之内的融资

【解析】 项目融资的特点：①以项目为主体，故选项 C 错误；②有限追索贷款，故选项 D 错误；③是投资人资产负债表之外的融资，故选项 E 错误；④合理分配投资风险，故选项 B 正确；⑤灵活的信用结构，故选项 A 正确。

4. **【2019 年真题】**下列企业筹集资金的方式中，属于外源筹资渠道中间接融资方式的是（　　）。

A. 发行股票　　B. 变卖闲置资产

C. 利用未分配的利润　　D. 向商业银行申请贷款

【解析】 间接筹资是指筹资企业通过银行等机构向资金提供者间接筹资，比如向商业银行申请贷款，故选项 D 正确。

相对应的是直接筹资，即筹资企业不通过银行等中介机构而从资金提供者手里直接筹资，比如发行股票和企业债券等，故选项 A 错误。

利用未分配利润、变卖闲置资产属于企业内源筹资，故选项 B、C 错误。

5. **【2018 年真题】**企业作为筹资主体时，内源筹资资金的来源有（　　）。

A. 留存收益　　B. 债券筹资

C. 优先股筹资　　D. 普通股筹资

E. 应收账款

【解析】 内源筹资包括企业自有资金（留存收益、应收账款、闲置资产变卖）、应付息税以及未使用或者未分配专项基金（更新改造基金、生产发展基金、职工福利基金）。资金源于企业内部，不会发生筹资费用，成本优势明显，效率高。

选项 B、C、D 属于外援筹资。

6. **【2020 年真题】**某施工企业按 2/10、1/20、n/30 的条件购入材料 40 万元，关于该项业务付款的说法，正确的是（　　）。

A. 若银行借款年利率为 6%，该企业应放弃现金折扣

B. 若该企业在第 9 天付款，需支付 39.2 万元

C. 若该企业在第 21 天付款，需支付 39.6 万元

D. 若该企业在第 29 天付款，则放弃现金折扣的成本为 2%

【解析】 放弃现金折扣成本 $=2\%/(1-2\%)\times360/(30-10)=36.73\%$，10 天内付款折扣则是 $40\times2\%=0.8$（万元），免费信用额度为 $40-0.8=39.2$（万元），故选项 B 正确，选项 A、C、D 错误。

7. **【2020 年真题】**下列筹资方式中，属于商业信用形式的有（　　）。

A. 应付票据　　B. 应付账款

C. 预收账款　　D. 抵押货款

E. 融资租赁

【解析】 商业信用的具体形式有应付票据、应付账款、预收账款等。故选项 A、B、C 正确。

8. **【2022 年真题】**关于应收账款管理目标，说法正确的是（　　）。

A. 应收账款是商业信用的直接产物，其管理目标是求得利润

B. 只有当应收账款所增加的盈利超过所增加的成本时，才应当实施应收账款赊销

C. 延长信用期，会使销售额增加，产生有利影响，应收账款，收账费用和坏账损失减少

D. 拖欠时间越长，款项收回可能性越小，形成坏账可能性越大，企业应实施严密的监督，随时掌握回收情况

E. 实施对应收票据及应收账款回收情况的监督，可以通过编制账龄分析表进行

【解析】 应收账款是商业信用的直接产物，企业发生应收账款的主要原因是扩大销售，增强竞争力，那么其管理的目标就是求得利润，故选项 A 正确。

只有当应收账款所增加的盈利超过所增加的成本时，才应当实施应收账款赊销，故选项 B 正确。

延长信用期，会使销售额增加，产生有利影响，与此同时，应收账款、收账费用和坏账损失增加，会产生不利影响，故选项 C 错误。

企业应收账款拖欠时间越长，款项收回的可能性越小，形成坏账的可能性越大，对此，企业应实施严密的监督，随时掌握回收情况，故选项 D 正确。

实施对应收票据及应收账款回收情况的监督，可以通过编制账龄分析表进行，故选项 E 正确。

9. **【2019 年真题】**某建筑企业按 2/10、*n*/30 的条件购入货物 100 万元，若该企业在第 30 天付款，则放弃现金折扣的成本为（　　）。

A. 2.00%　　B. 2.04%　　C. 36.73%　　D. 73.47%

【解析】 放弃现金折扣成本＝[折扣百分比/(1−折扣百分比)]×[360/(信用期−折扣期)]＝[2%/(1−2%)]×[360/(30−10)]＝36.73%。

10. **【2017 年真题】**某施工企业按 3/10，*n*/30 的信用条件购入材料 100 万元。已知企业可以以 3%的年利率从银行取得流动资金借款。则关于这批材料款支付的合理做法是（　　）。

A. 企业向银行借款，在 10 天内付款

B. 企业向银行借款，在 11~30 天之间付款

C. 企业不借款，在 11~30 天之间付款

D. 企业不借款，在 30 天后付款

【解析】 根据公式：放弃现金折扣成本＝[折扣百分比/(1−折扣百分比)]×[360/(信用期−折扣期)]＝[3%/(1−3%)]×[360/(30−10)]＝55.7%远远超过 3%，所以向银行借款合理，在 10 天免费信用期内还清。

11. **【2021 年真题】**某企业获得的周转信贷额为 3000 万元，承诺费率为 0.5%，企业在借款年度内使用了 2000 万元，则企业该年度向银行支付的承诺费为（　　）万元。

A. 10　　B. 15　　C. 5　　D. 25

【解析】 承诺费＝未使用的信贷额度×承诺费率＝(3000−2000)×0.5%＝5（万元）。

12. **【2016 年真题】**某施工企业需要从银行借款 200 万元，期限 1 年，有甲、乙、丙、丁四家银行愿意提供贷款，年利率为 7%，但利息支付方式不同，甲要求采用贴现法；乙要求采用收款法；丙、丁均要求采用加息法，并且丙要求 12 个月内等额还本付息，丁要求 12 个月内等额本金偿还，利息随各期的本金一起支付，其他贷款条件都相同。则该企业借款应选择的银行是（　　）。

A. 甲　　B. 丙　　C. 乙　　D. 丁

【解析】 收款法：是在借款到期时向银行支付利息的方法。年有效利率：7%。

贴现法：先从本金中扣除利息部分，而到期时借款企业要偿还贷款全部本金。实际利率=年利息/实际可用借款额。年有效利率：200×7%/(200−200×7%)=7.53%。

加息法：是银行发放分期等额偿还贷款时采用的利息收取法。在分期等额偿还贷款的情况下，银行要将根据名义利率计算的利息加到贷款本金上，计算出贷款的本息和，要求企业在贷款期内分期偿还本息之和的金额。企业所担负的实际利率便高于名义利率的一倍。年有效利率：200×7%/(200/2)=14%。

13. **【2015年真题】**对筹资方而言，短期负债筹资的特点有（　　）。

A. 筹资速度快　　B. 筹资风险高

C. 筹资难度大　　D. 限制条件较多

E. 筹资成本较高

【解析】 短期负债的特点：

① 筹资速度快、容易取得：短期筹资不需要进行全面财务审查。

② 筹资弹性好：短期筹资限制条件较少。

③ 筹资成本较低：一般短期利率较低。

④ 筹资风险较高：短期内偿还对筹资方的资金营运能力提出了较高的要求，此外短期筹资的利率通常波动较大，因此也有一时高于长期负债的利率水平。

14. **【2014年真题】**企业短期筹资时，贷款的实际利率高于名义利率的利息支付方法有（　　）。

A. 收款法　　B. 贴现法

C. 固定利率法　　D. 浮动利率法

E. 加息法

【解析】 短期借款利息的支付方法有：

① 收款法：借款到期时向银行支付利息，大多采用这种方法收息，其名义利率等于实际利率。

② 贴现法：发放贷款时，先从本金中扣除利息部分；其贷款的实际利率大于名义利率。

③ 加息法：分期等额还贷时采用的利息收取方法，利息按照本金算，企业要分期偿还本息之和的金额，实际上只平均使用了贷款本金的半数，却全额支付了利息，其实际利率高于名义利率大约1倍。

15. **【2010年真题】**施工企业从建设单位取得工程预付款，属于企业筹资方式中的（　　）筹资。

A. 融资租赁　　B. 短期借款

C. 长期借款　　D. 商业信用

【解析】 商业信用的具体形式包括应付账款、应付票据、预收账款。施工企业从建设单位取得工程预付款对施工企业来说是预收款，故为一种商业信用的筹资方式。

16. **【2007年真题】**银行短期借款信用条件中的补偿性余额条款是指（　　）。

A. 借款人要对贷款限额未使用部分支付补偿费

B. 借款人在银行中保持按实际借用额的一定比例计算的最低存款余额

C. 银行如果不能及时向借款人贷款需要向借款人支付补偿金

D. 借款人如果不能按时还款需要向银行支付补偿金

【解析】 补偿性余额是指银行要求借款人在银行中保持按贷款限额或实际借款一定百分比的最低存款余额。

17. **【2006 年真题】**采用周转信贷协议向银行借款时，企业（　　）。

A. 可以周转使用信贷资金，贷款额度不受限制

B. 在有效期和最高限额内，可在任何时候借款

C. 可以周转使用信贷资金，不必偿还本金

D. 必须按规定的周期和固定的金额借款

【解析】 周转信贷协议是银行具有法律义务地承诺提供不超过某一最高限额的贷款协议。在协议的有效期内，只要企业的借款总额未超过最高限额，银行必须满足企业任何时候提出的借款要求。企业享用周转信贷协议，通常要就贷款限额的未使用部分付给银行一笔承诺费。

18. **【2005 年真题】**在商品交易中以延期付款或预收货款的方式进行购销活动所形成的借贷关系为（　　）。

A. 延期付款　　B. 商业信用　　C. 周转信贷　　D. 长期借款

【解析】 商业信用是指在商品交易中由于延期付款或预收货款所形成的企业间的借贷关系。

19. **【2005 年真题】**在商品交易中，最典型、最常见的商业信用形式为（　　）。

A. 预收账款　　B. 应付票据　　C. 应付账款　　D. 周转信贷

【解析】 商业信用的具体形式有应付账款、应付票据、预收账款等。应付账款是企业购买货物暂未付款而欠对方的账项，即卖方允许买方在购货后一定时期内支付货款的一种形式。应付账款是最典型、最常见的商业信用形式。

20. **【2021 年真题】**根据现行会计准则和税法，关于融资租赁的说法，正确的有（　　）。

A. 租赁期满时，租赁资产的所有权可以转移给承租人

B. 租赁期占资产可使用年限的大部分，通常等于或大于可使用年限的 75%

C. 融资租赁在税法上被认定为分期付款购买

D. 承租人有购买租赁资产的选择权，所订立的购买价格远低于行使选择权时租赁资产的公允价值

E. 承租人产生的租赁费可作为当期费用扣除

【解析】 根据现行会计准则，满足以下一项或数项标准的租赁属于融资租赁：

① 在租赁期届满时，租赁资产的所有权转移给承租人。

② 承租人有购买租赁资产的选择权，所订立的购买价格将远低于行使选择权时租赁资产的公允价值，因而在租赁开始日就可以合理确定承租人将会行使这种选择权。

③ 租赁期占租赁资产可使用年限的大部分（通常解释为等于或大于 75%）。

④ 租赁开始日最低租赁付款额的现值几乎相当于（通常解释为等于或大于 90%）租赁开始日租赁资产的公允价值。

⑤ 租赁资产性质特殊，如果不做重新改制，只有承租人才能使用。

按照我国现行税法的规定，融资租赁的租赁费不能作为费用扣除，只能作为取得成本构成租入固定资产的计税基础，也就是说，税法上所有融资租赁都被认定为分期购买。

21. **【2016 年真题】**融资租赁的租金应由（　　）构成。

A. 租赁资产的成本　　B. 出租人承办租赁业务的费用

C. 租赁资产的运行成本　　　　D. 租赁资产成本的利息

E. 出租人提供租赁服务的利润

【解析】 融资租赁的租金:

① 租赁资产的成本：资产的购买价、运杂费、运输途中的保险费等。

② 租赁资产的成本利息：即出租人向承租人所提供资金的利息。

③ 租赁手续费：包括出租人承办租赁业务的费用以及出租人向承租人提供租赁服务所赚取的利润。

22. 【2014年真题】关于融资租赁的说法中，正确的是（　　）。

A. 融资租赁的出租人应将租赁资产列入其资产负债表

B. 承租人支付的租赁费中的利息不能在企业所得税前扣除

C. 融资租赁的承租人应当采用与自有固定资产一样的折旧政策计提租赁资产折旧

D. 融资租赁的承租人可随时退租

【解析】 融资租赁的出租人不得将租赁资产列入其资产负债表，故选项A错误。

融资租赁的租赁费中的利息、手续费等均可以在所得税前扣除。但不能作为费用扣除，只能作为取得成本构成租入固定资产的计税基础，故选项B错误。

融资租赁的双方不得任意中止和取消合约，故选项D错误。

23. 【2020年真题】某企业从银行取得5年期的长期借款1000万元，该笔借款的担保费费率为0.5%，年利率为6%，每年结息一次，到期一次还本，企业所得税税率为25%，则该笔借款年资金成本率为（　　）。

A. 4.50%　　B. 4.52%　　C. 6.00%　　D. 6.03%

【解析】 资金成本率=资金占用费/筹资净额=[1000×6%×(1−25%)]/[1000×(1−0.5%)]=4.52%。故选项B正确。

24. 【2022年真题】下列发行债券发生的资金成本中属于资金占用费的是（　　）。

A. 债券利息　　　　B. 代理发行费

C. 印刷费　　　　D. 公证费

【解析】

定义	是指企业为筹措和使用资本而付出的代价，是资金使用者向资金所有者和中介机构支付的占用费和筹集费用
内容	资金成本包括资金占用费和筹资费用两个部分 资金占用费：是指企业占用资金支付的费用，如银行借款利息和债券利息等 筹资费用：是指在资金筹集过程中支付的各项费用，如发行债券支付的印刷费、代理发行费、律师费、公证费、广告费等，它通常是在筹措资金时一次性支付，在使用资金的过程中不再发生

B、C、D属于筹资费用。

25. 【2018年真题】企业某时点所有者权益资本为1000万元，企业长期债务资本为800万元，短期负债为500万元，则应列入资本结构管理范畴的金额为（　　）万元。

A. 2300　　B. 1800　　C. 1500　　D. 1000

【解析】 资本结构，指企业或项目筹资方案中各种长期资本来源的构成和比例关系。通常情况下，企业的资本由长期债务资本和权益资本构成，因此资本结构指的是长期债务资本和权益资本各占多大比例，不包括短期负债。据题，长期债务资本800万元，所有者权益资本1000万元，所以列入资本结构管理范畴的金额为1800万元。

26. **【2016年真题】**某施工企业从银行借款3000万元，手续费率为0.5%，年利率6%，期限为3年，每年年末计息并支付，到期一次还本，企业所得税率为25%，则该笔借款的资金成本率为（　　）。

A. 6.03%　　B. 4.52%　　C. 6.00%　　D. 4.50%

【解析】 资金成本的计算和借款本金的多少、借款期限、借款的偿还方式无关，只和利率、所得税税率、筹资费费率有关。

资金成本率=资金占用费/筹资净额=[年利息×(1-所得税率)]/[本金×(1-筹资费费率)]=[3000×6%×(1-25%)]/[3000×(1-0.5%)]=4.52%。

27. **【2014年真题】**某企业拟从银行取得一笔贷款2000万元，期限3年，每年年末付息，到期一次还本。有四家银行提出的贷款条件见下表，该企业所得税率为25%，仅从资金成本的角度考虑，该企业应从（　　）银行贷款。

费率（银行）	甲	乙	丙	丁
手续费率（%）	0.1	0.2	0.5	0.2
年利率（%）	7	8	6	7.5

A. 甲　　B. 乙　　C. 丙　　D. 丁

【解析】 甲银行资金成本率=[2000×7%×(1-25%)]/[2000×(1-0.1%)]=5.26%。

乙银行资金成本率=[2000×8%×(1-25%)]/[2000×(1-0.2%)]=6.01%。

丙银行资金成本率=[2000×6%×(1-25%)]/[2000×(1-0.5%)]=4.52%。

丁银行资金成本率=[2000×7.5%×(1-25%)]/[2000(1-0.2%)]=5.64%。可见丙的资金成本率最低。

28. **【2013年真题】**下列资金成本中，属于资金占用费的有（　　）。

A. 借款手续费　　B. 发行债券支付的印刷费

C. 筹资过程中支付的广告费　　D. 债券利息

E. 贷款利息

【解析】 资金占用费是指企业占用资金支付的费用，如银行借款利息和债券利息等。

29. **【2017年真题】**某企业2016年综合资金成本为12%，全部投资收益率为8%，2017年拟投新项目的最低投资收益预计10%。不考虑其他因素，关于该企业资金成本的说法正确的是（　　）。

A. 2016年全部投资收益率低于综合资金成本，说明经营业绩欠佳，要改善经营

B. 2016年全部投资收益率低于资金成本，说明企业一定亏损

C. 拟投资项目最低收益率低于资金成本，从资金成本角度考虑不宜投资

D. 拟投资项目应选择满足资金需求且资金成本最低的筹资方式

E. 2016年综合资金成本为12%，说明企业应支付的借款及债权的利率为12%

【解析】 资金成本的作用是：

① 选择资金来源、确定筹资方案的重要依据。力求选择资金成本最低的筹资方式，选项D正确。

② 评价投资项目、比较投资方案和进行投资决策的经济标准。资金成本率可视为项目的最低收益率，选项C正确。

③ 评价企业经营业绩的基准。全部投资的利润率应高于资金成本，否则表明业绩欠佳，选项A正确。

选项B，全部投资收益率低于资金成本只能说明筹集的资金部分亏损，企业自有资金还是有盈利的，不能说明企业一定亏损。选项B错误。

综合资金成本是各种个别资金成本进行加权平均而得的结果，也称加权平均资金成本。选项E错误。

30. **【2015年真题】** 某企业通过长期借款和长期债券两种方式筹资，其中长期借款3000万元，债券2000万元。期限均为3年，每年结息一次，到期一次还本。长期借款利率为6%，手续费率为2%；长期债券年利率为6.5%，手续费率为1.5%；企业所得税率为25%。关于该企业资金成本的说法，错误的是（　　）。

A. 长期债券的资金成本率为4.95%　　B. 长期借款的资金成本率为4.59%

C. 两种筹资成本均属于债务资金成本　　D. 企业筹资的综合资金成本为4.77%

【解析】 长期债券的资金成本率=[2000×6.5%×(1−25%)]/[2000×(1−1.5%)]=4.95%，故选项A正确。

长期借款的资金成本率=[3000×6%×(1−25%)]/[3000×(1−2%)]=4.59%，故选项B正确。

综合资金成本是各种个别资金成本进行加权平均而得的结果，也称加权平均资金成本。综合成本率=2000/(2000+3000)×4.95%+[3000/(2000+3000)]×4.59%=4.73%，故选项D错误。

长期借款资金成本、长期债券资金成本又称为债务资金成本；优先股资金成本、普通股资金成本和留存收益成本又称为权益资金成本或自由资金成本，故选项C正确。

31. **【2022年真题】** 某企业为扩大投资规模，拟筹资15000万元，现有四个筹资方案，其中筹资方案甲的相关数据如下表，筹资方案乙、丙、丁的综合资金成本分别为11.36%、10.71%和11.93%，则仅根据上述条件，为完成筹资，依据综合资金成本应选择的筹资方案为（　　）。

筹资方式	原资本结构		筹资方案甲	
	筹资额/万元	个别资金成本	筹资额/万元	个别资金成本
长期借款	3000	7%	1000	7.5%
长期债券	3000	7.5%	4000	8%
优先股	2000	11%	3000	12%
普通股	7000	14%	7000	13%
合计	15000		15000	

A. 甲　　B. 乙

C. 丙　　D. 丁

【解析】 方案甲的综合资金成本=1000/15000×7.5%+4000/15000×8%+3000/15000×12%+7000/15000×13%=11.1%，选综合资金成本最小的为丙10.71%。

二、参考答案

题号	1	2	3	4	5	6	7	8	9
答案	C	BCE	AB	D	AE	B	ABC	ABDE	C
题号	10	11	12	13	14	15	16	17	18
答案	A	C	C	AB	BE	D	B	B	B
题号	19	20	21	22	23	24	25	26	27
答案	C	ABCD	ABDE	C	B	A	B	B	C
题号	28	29	30	31					
答案	DE	ACD	D	C					

三、2023 考点预测

考点一：筹资主体

1）内源筹资的资金来源，外源筹资的分类。

2）项目融资的特点。

考点二：短期筹资

1）商业信用的具体形式。

2）放弃现金折扣成本的计算。

3）利息支付的方式。

考点三：长期筹资

无考点。

考点四：资金成本及资金成本率计算

资金成本率的计算。

考点五：资本结构分析与优化

影响资金成本结构的因素。

第八节　流动资产财务管理

考点一：现金和有价证券的财务管理

考点二：应收账款财务管理

考点三：存货财务管理

一、历年真题及解析

1. **【2021 年真题】**企业为提高现金使用效率，利用已经开出了支票而银行还未将该款项划出这一时间段内的资金，此现金管理的方法属于（　　）的方法。

A. 使用现金浮游量　　B. 使现金流量同步

C. 加速收款　　D. 推迟应付账款

【解析】 从企业开出支票，到收票人收到支票并存入银行，至银行划出企业账户，中间需要一段时间。现金在这段时间的占用称为现金浮游量。

2. 【2021 年真题】采用成本分析模式确定企业现金持有量时，考虑的成本有（　　）。

A. 沉没成本　　B. 外部成本

C. 机会成本　　D. 短缺成本

E. 管理成本

【解析】

最佳现金持有量的确定	成本分析模式是通过分析持有现金的成本，寻找持有成本最低的现金持有量。企业持有的现金，将会有三种成本： ① 机会成本。机会成本与现金持有量成正比关系 ② 管理成本。管理成本是一种固定成本，与现金持有量之间无明显的比例关系 ③ 短缺成本。现金的短缺成本随现金持有量的增加而下降，随现金持有量的减少而上升 计算确定最佳现金持有量：上述三项成本之和最小的现金持有量，就是最佳现金持有量

3. 【2020 年真题】用成本分析模式确定企业最佳现金持有量时，随着现金持有量增加而降低的现金持有成本是（　　）。

A. 管理成本　　B. 短缺成本　　C. 机会成本　　D. 交易成本

【解析】 企业持有的现金，将会有三种成本：机会成本、管理成本、短缺成本。其中现金的短缺成本，是因缺乏必要的现金，不能应付业务开支所需，而使企业蒙受损失或为此付出的代价，现金的短缺成本随现金持有量的增加而下降，随现金持有量的减少而上升，故选项 B 正确。

机会成本随现金持有量增加而增大，管理成本跟现金持有量无明显比例关系，故选项 A、C 错误。

4. 【2019 年真题】企业现金管理的目标是在资产的（　　）之间做出抉择，以获得最大的长期利益。

A. 流动性和风险　　B. 风险和盈利能力

C. 流动性和盈利能力　　D. 安全性和盈利能力

【解析】 企业现金管理面临两方面的问题：现金缺乏，企业将不能应付各种开支，即现金流动性问题；现金置存过量，则不能投入到生产周转中，导致无法盈利，即影响企业的盈利性。因此现金管理的目标就是在资产的流动性和盈利能力之间做出抉择，以获得最大的长期利益。

5. 【2018 年真题】企业持有一定量的现金用于保证月末职工的工资发放，其置存的目的是为了满足（　　）需要。

A. 交易性　　B. 投机性　　C. 预防性　　D. 风险管理

【解析】 企业置存现金主要是为了满足交易性、预防性和投机性需要。交易性需要是指满足日常业务的现金支付需要；预防性需要是指置存现金以防发生意外的支付；投机性需要是指置存现金用于不寻常的购买机会。据题发放工资是日常业务的现金支付需要，所以是满足交易性需要。

6. 【2017 年真题】关于企业现金持有成本的说法，正确的是（　　）。

A. 最佳现金持有量为机会成本、管理成本和短缺成本之和最小对应的现金流量

B. 管理成本与现金持有量之间一般有显著的比例关系

C. 可以通过加速现金流转速度降低管理成本

D. 现金的短缺成本随现金持有量的增加而上升

【解析】 成本分析模式是通过分析持有现金的成本，寻找持有成本最低的现金持有量。现金的持有成本包括：

① 机会成本，现金作为企业的一项资金占用，是有代价的。

② 管理成本，是一种固定成本，与现金持有量没有明显的比例关系，也与现金流转速度无关，故选项 B、C 错误。

③ 短缺成本，缺乏必要的现金，不能应付业务开支所需而使企业蒙受损失；随现金持有量的减少而上升，故选项 D 错误。

机会成本、管理成本、短缺成本之和最小时即为最佳现金持有量，故选项 A 正确。

7. **【2022 年真题】**某企业现有四个现金持有量方案，相关数据如下表，其中机会成本为现金持有量的 8%，则最佳现金持有量方案是（　　）。

方案	甲	乙	丙	丁
现金持有量/元	40000	50000	70000	80000
管理成本/元	3000	3000	3000	3000
短缺成本/元	4500	4000	2500	0

A. 丁　　B. 甲　　C. 乙　　D. 丙

【解析】 持有现金成本=机会成本+管理成本+短缺成本，最低的为最佳现金持有量。

甲=40000×8%+3000+4500=10700（元）；

乙=50000×8%+3000+4000=11000（元）；

丙=70000×8%+3000+2500=11000（元）；

丁=80000×8%+3000+0=9400（元）。

故方案丁持有现金成本最低。

8. **【2014 年真题】**下列现金收支管理措施中，能提高现金利用效率的是（　　）。

A. 充分使用现金浮游量

B. 推迟应收账款收款时间

C. 争取使现金流入的时间晚一些，现金流出的时间尽可能早一些

D. 提前应付款的支付期

【解析】 提高现金使用效率的管理方法：

① 力争现金流量同步，尽量使现金流入和现金流出发生的时间趋于一致，可以使持有的交易性现金余额降低到最低水平。

② 使用现金浮游量，企业开出支票到收票人收到支票存入银行中间需要一段时间，现金在这段时间的占用称为现金浮游量。

③ 加速收款。

④ 推迟应付款的支付。

9. **【2013 年真题】**关于用成本分析模式确定企业现金持有量的说法中，正确的是（　　）。

A. 企业持有现金的成本有机会成本、管理成本和短缺成本

B. 管理成本与现金持有量一般成正比例关系

C. 现金的短缺成本随现金持有量的增加而增加

D. 运用成本分析模式确定现金最佳持有量的目的是加速现金周转速度

【解析】 成本分析模式是通过分析持有现金的成本，寻找持有成本最低的现金持有量，故选项 D 错误。

现金的持有成本包括：

① 机会成本，现金作为企业的一项资金占用，是有代价的。

② 管理成本，是一种固定成本，与现金持有量没有明显的比例关系，故选项 B 错误。

③ 短缺成本，缺乏必要的现金，不能应付业务开支所需而使企业蒙受损失；随现金持有量的减少而上升，故选项 C 错误。

10. **【2013 年真题】** 下列资产在财务管理上可作为现金管理的有（　　）。

A. 应收账款　　B. 库存现金

C. 银行存款　　D. 银行本票

E. 无形资产

【解析】 现金包括：库存现金、各种形式的银行存款、银行本票、银行汇票等；有价证券是现金的替代品，是“现金”的一部分。

11. **【2011 年真题】** 某企业有甲、乙、丙、丁四个现金持有方案，各方案的现金持有量依次是 60000 元、70000 元、84000 元、120000 元。四个方案的机会成本均为现金持有量的 10%，管理成本均为 24000 元，短缺成本依次是 8100 元、3000 元、2500 元和 0 元。若采用成本分析模式进行现金持有量决策，该企业应采用（　　）方案。

A. 甲　　B. 乙　　C. 丙　　D. 丁

【解析】 现金持有总成本 = 机会成本 + 管理成本 + 短缺成本。

甲 $=60000\times10\%+24000+8100=38100$（元）

乙 $=70000\times10\%+24000+3000=34000$（元）

丙 $=84000\times10\%+24000+2500=34900$（元）

丁 $=120000\times10\%+24000+0=36000$（元）

三种成本之和最小对应的现金流量为最佳现金持有量，经计算，乙方案的现金持有成本为 34000 元最小，所以选 B 选项。

12. **【2012 年真题】** 企业应收账款管理中，可以通过“5C”系统对顾客的（　　）进行评估。

A. 资产状况　　B. 信用品质　　C. 负债能力　　D. 盈利能力

【解析】 企业在设定某一顾客的信用标准时，往往先要评估他赖账的可能性。这可以通过“5C”系统来进行。所谓“5C”系统，是评估顾客信用质量的五个方面。

13. **【2010 年真题】** 企业的应收账款增加将导致企业（　　）。

A. 时段净资产减少　　B. 流动资产减少

C. 总资产减少　　D. 坏账的风险增加

【解析】 应收账款和应收票据是企业流动资产的一个项目，因此应收账款的增加一定会导致企业流动资产的增加，故选项 A、B、C 错误。

信用政策放宽会增加销售量，但同时也会增加应收账款、收账费用和坏账损失，即会导致坏账的风险增加，故选项 D 正确。

14. **【2022 年真题】** 下列属于储存成本的是（　　）。

A. 存货破损和变质损失

B. 材料供应中断造成的停工损失

C. 丧失销售机会的损失

D. 产成品库存缺货造成的拖欠发货损失

【解析】 储存成本指为保持存货而发生的成本，包括存货占用资金所应计的利息、仓库费用、保险费用、存货破损和变质损失等。

15. **【2019 年真题】** 企业生产所需某种材料，年度采购总量为 8000t，材料单价为 400 元/t，一次订货的可变成本为 3000 元，每吨材料的年平均储备成本为 300 元。则该材料的经济采购批量为（　　）t。

A. 114　　B. 200　　C. 400　　D. 300

【解析】 利用经济采购批量的公式：

$$Q^* = \sqrt{2KD/K_2}$$

（式中 K 为每次订货的可变成本，D 为存货年需求量，K_2 为单位储存成本）

经济采购批量 $= \sqrt{2\times3000\times8000/300} = 400$（t）。

16. **【2018 年真题】** 采用 ABC 分析法实施存货管理时，A 类存货的特点是（　　）。

A. 品种多且应用广

B. 品种少但占用资金多

C. 品种多占用资金少

D. 数量少且占用资金少

【解析】 存货按照金额标准和品种数量标准分为：

A 类存货种类较少占用资金较多，需要实施严格控制。

B 类存货介于 A 与 C 之间，根据实际情况采取灵活措施。

C 类存货种类较多占用资金较少，可凭经验确定进货量。

17. **【2017 年真题】** 某施工企业所需的一种材料，年度采购总量为 2000t。材料单价为 1000 元/t，一次订购成本为 3000 元，材料的年平均储存成本为 100 元/t，则该材料的经济采购批量为（　　）t。

A. 1000.00　　B. 666.67　　C. 346.41　　D. 244.95

【解析】 根据经济采购批量（Q^*）的计算公式：

$$Q^* = \sqrt{2KD/K_2}$$

（式中 K 为每次订货的可变成本，D 为存货年需求量，K_2 为单位储存成本）

经济采购批量 $= \sqrt{2\times3000\times2000/100} = 346.41$（t）。

18. **【2016 年真题】** 关于企业存货管理的说法中，正确的是（　　）。

A. 存货管理的目标是最大限度地降低存货成本

B. 存货管理是要在存货成本与存货效益之间做出权衡，达到两者之间的最佳结合

C. 财务部门存货管理的职责是选择供应单位及筹集订货资金

D. 根据存货管理的 ABC 分析法，应对 C 类存货实施严格控制

【解析】 进行存货管理，就要尽力在各种存货成本与存货效益之间做出权衡，达到两

者的最佳结合，故选项A错误，选项B正确。

存货的决策涉及四项内容：决定进货项目，选择供应单位，决定进货时间和决定进货批量。销售部门、采购部门、生产部门决定进货项目和选择供应单位。财务部门决定进货时间和进货批量，故选项C错误。

存货按照金额标准和品种数量标准分为：

A类存货种类较少占用资金较多，需要实施严格控制。

B类存货介于A与C之间，根据实际情况采取灵活措施。

C类存货种类较多占用资金较少，可凭经验确定进货量。

故选项D错误。

19.【**2014年真题**】某现浇混凝土框架结构工程，施工现场的存货采用ABC分析法管理，应该实施严格控制的存货是（　　）。

A. 砂子　　B. 石子　　C. 钢筋　　D. 模板

【**解析**】 存货按照金额标准和品种数量标准分为：

A类存货种类较少占用资金较多，需要实施严格控制。

B类存货介于A与C之间，根据实际情况采取灵活措施。

C类存货种类较多占用资金较少，可凭经验确定进货量。

混凝土结构中钢筋种类少但占用资金较多，故应严格控制。

20.【**2011年真题**】采用ABC分析法进行存货管理，对A类存货应采用的管理方法是（　　）。

A. 按总额灵活掌握　　B. 分类别一般控制

C. 凭经验确定进货量　　D. 分品种重点管理

【**解析**】 存货按照金额标准和品种数量标准分为：

A类存货种类较少占用资金较多，需要实施严格控制。

B类存货介于A与C之间，根据实际情况采取灵活措施。

C类存货种类较多占用资金较少，可凭经验确定进货量。

21.【**2010年真题**】企业存货的总成本是存货的取得成本、储存成本和（　　）之和。

A. 购置成本　　B. 存货保险税费　　C. 订货成本　　D. 缺货成本

【**解析**】 企业储存存货的成本有取得成本、储存成本、缺货成本三种，总成本就是三者之和。

二、参考答案

题号	1	2	3	4	5	6	7	8	9
答案	A	CDE	B	C	A	A	A	A	A
题号	10	11	12	13	14	15	16	17	18
答案	BCD	B	B	D	A	C	B	C	B
题号	19	20	21						
答案	C	D	D						

三、2023 考点预测

考点一：现金和有价证券的财务管理

1）现金管理的目标。

2）现金持有成本的计算。

考点二：应收账款财务管理

无考点。

考点三：存货财务管理

经济订货量的计算。

第三章　建设工程估价

第一节　建设项目总投资

考点一：建设项目总投资费用项目组成
考点二：建筑安装工程费用项目组成
考点三：建筑安装工程费用计算
考点四：增值税的计算
考点五：设备购置费用的计算
考点六：工程建设其他费用项目组成
考点七：预备费、资金筹措费及流动资金

一、历年真题及解析

1. **【2017年真题】**下列组成建设工程项目总概算的费用中，属于工程费用的是（　　）。

A. 勘察设计费　　B. 建设期利息
C. 办公生活家具购置费　　D. 建设工程项目的设备购置费

【解析】 建设项目总投资中的工程费用，由设备及工器具购置费、建筑安装工程费构成，故选D。

勘察设计费为建设项目总投资中的工程建设其他费的组成部分，故选项A错误。

建设期利息属于资金筹措费，不属于工程费，故选项B错误。

办公生活家具购置费属于工程建设其他费中的与企业未来生产经营有关的工程建设其他费用，故选项C错误。

2. **【2016年真题】**下列建设项目投资中，属于动态投资的是（　　）。

A. 建设期利息　　B. 设备及工器具购置费
C. 铺底流动资金　　D. 基本预备费

【解析】 动态投资部分是指在建设期内因为建设期利息和国家新批准的税费、汇率、利率变动以及建设期价格变动引起的建设投资增加额，包括价差预备费和建设期利息，故选项A正确。

设备及工器具购置费、基本预备费属于固定资产投资的静态投资部分，因此选项B、D错误。

铺底流动资金不属于固定资产投资，与固定资产投资并列，都是建设项目总投资的构成部分，故选项C错误。

3. **【2015 年真题】**某项目建筑安装工程费、设备及工器具购置费合计为 7000 万元，建设期 2 年，分期投入 4000 万元和 3000 万元。建设期内预计年平均价格总水平上浮率 5%，建设期贷款利息为 735 万元，工程建设其他费用为 400 万元，基本预备费率为 10%，流动资金为 800 万元。则该项目的静态投资为（　　）万元。

A. 8948. 5　　B. 8140

C. 8940　　D. 9748. 5

【解析】 固定资产投资中静态投资部分是指设备及工器具购置费、建筑安装工程费、工程建设其他费用、基本预备费。

基本预备费 =（工程费用 + 工程建设其他费用）× 基本预备费率 =（7000+400）×10% = 740（万元）。

因此，静态投资 = 7000+400+740 = 8140（万元），故选项 B 正确。

4. **【2022 年真题】**某建设项目设备及工器具购置费为 1000 万元，建筑安装工程费为 2500 万元，工程建设其他费为 700 万元，基本预备费 210 万元，价差预备费 310 万元，建设期利息 320 万元，静态投资为（　　）万元。

A. 4410　　B. 4200

C. 4720　　D. 5040

【解析】

定义	指完成工程项目建设并达到使用要求或生产条件，在建设期内预计或实际投入的总费用
组成	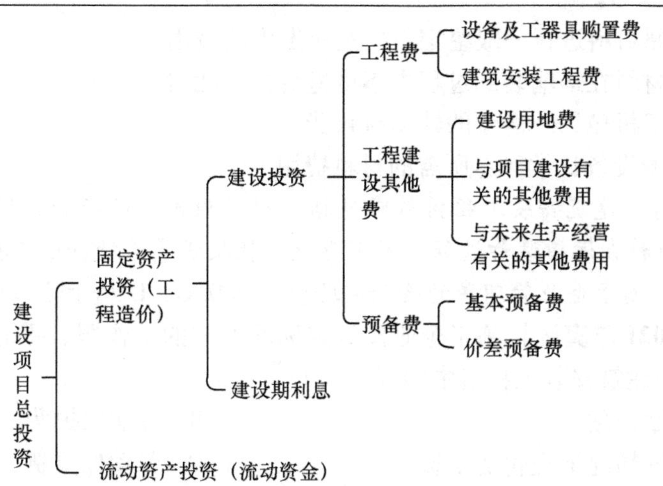
固定资产投资	① 静态投资：工程费、工程建设其他费和基本预备费 ② 动态投资：价差预备费、建设期利息

静态投资 = 设备及工器具购置费 + 建筑安装工程费 + 工程建设其他费 + 基本预备费 = 1000+2500+700+210 = 4410（万元）。

5. **【2004 年真题】**在下列各项中，属于工程项目建设投资的有（　　）。

A. 建设期利息　　B. 设备及工器具购置费

C. 预备费　　D. 流动资产投资

E. 工程建设其他费

【解析】 建设项目总投资中的建设投资包含工程费、工程建设其他费、预备费。故选项C、E正确。

建设期利息属于固定资产投资而不是建设投资，故选项A错误。

设备及工器具购置费属于工程费，故选项B正确。

铺底流动资金（流动资产投资）和固定资产投资并列，都属于建设项目总投资的组成部分，故选项D不属于建设投资。

6. 【2021年真题】根据《建设工程工程量清单计价规范》，关于暂列金额的说法，正确的是（　　）。

A. 暂列金额应由投标人根据招标工程量清单列出的内容和要求估算

B. 暂列金额应包括在签约合同价中，属承包人所有

C. 暂列金额不能用于施工中发生的工程变更的费用支付

D. 暂列金额可用于施工过程中索赔、现场签证确认的费用

【解析】 暂列金额主要用于：①合同签订时尚未确定或者不可预见的所需材料、设备、服务的采购；②施工中可能发生的工程变更、合同约定调整因素出现的工程价款调整，发生的索赔、现场签证等费用，故选项D正确，选项C错误。

暂列金额由招标人确定，按工程量清单列出金额填写，包含在签约合同价中，由发包人掌握使用，按照合同的规定支付后，如有剩余，归发包人所有，故选项A、B错误。

7. 【2021年真题】下列施工中发生的与材料有关的费用，属于建筑安装工程费中材料费的是（　　）。

A. 对原材料进行一般鉴定，检查所发生的费用

B. 原材料在运输装卸过程中不可避免的损耗费

C. 施工机械场外运输的辅助材料费

D. 机械设备日常保养所需的材料费用

【解析】 建筑安装工程材料费包括：材料原价、运杂费、场外运输损耗费、采购及保管费，原材料在运输装卸过程中不可避免的耗损费属于场外运输损耗费，故选项B正确。

选项A属于企业管理费的检验试验费，选项C、D属于施工机械使用费。

8. 【2021年真题】施工企业按规定标准发放的工作服、手套、防暑降温饮料等发生的费用，属于建筑安装工程费中的（　　）。

A. 津贴补贴　　B. 劳动保护费

C. 特殊情况下支付的工资　　D. 劳动保险费

【解析】 施工企业按规定标准发放的工作服、手套、防暑降温饮料等发生的费用，属于建筑安装工程费中企业管理费的劳动保护费。

9. 【2020年真题】施工现场设立的安全警示标志、现场围挡等所需的费用属于（　　）费用。

A. 分部分项工程　　B. 零星项目

C. 其他项目　　D. 措施项目

【解析】 施工现场设立的安全警示标志、现场围挡等所需的费用属于措施项目费中的安全文明施工费。故选项D正确。

10. 【2022年真题】因执行国家或社会义务，按计时工资标准支付给从事建筑安装工程

施工生产工人的工资，属于建筑安装工程人工费中的（ ）。

A. 奖金　　B. 特殊情况下支付的工资

C. 津贴补贴　　D. 加班加点工资

【解析】 根据国家法律、法规和政策规定，因病、工伤、产假、计划生育假、婚丧假、事假、探亲假、定期休假、停工学习、执行国家或社会义务等原因按计时工资标准或计时工资标准的一定比例支付的工资为特殊情况下支付的工资。

11. **【2020 年真题】** 从事建筑安装工程施工生产的工人，工伤期间的工资属于人工费中的（ ）。

A. 计时工资　　B. 津贴补贴

C. 加班加点工资　　D. 特殊情况支付的工资

【解析】 特殊情况下支付的工资：是指根据国家法律、法规和政策规定，因病、工伤、产假、计划生育假、婚丧假、事假、探亲假、定期休假、停工学习、执行国家或社会义务等原因按计时工资标准或计时工资标准的一定比例支付的工资。故选项 D 正确。

12. **【2020 年真题】** 根据《建设工程工程量清单计价规范》，施工企业为建筑安装施工人员支付的失业保险费属于建筑安装工程费中的（ ）。

A. 人工费　　B. 措施费

C. 规费　　D. 企业管理费

【解析】 根据《建设工程工程量清单计价规范》，施工企业为建筑安装施工人员支付的失业保险费属于建筑安装工程费中的规费。

规费是指按国家法律、法规规定，由省级政府和省级有关权力部门规定必须缴纳或计取的费用。包括养老保险费、失业保险费、医疗保险费、生育保险费、工伤保险费、住房公积金。故选项 C 正确。

13. **【2020 年真题】** 将塔式起重机自停放地点运至施工现场的运输、拆卸、安装的费用属于（ ）。

A. 施工机械使用费　　B. 二次搬运费

C. 固定资产使用费　　D. 大型机械进出场及安拆费

【解析】 选项 D 正确。大型机械设备进出场及安拆费是指机械整体或分体自停放场地运至施工现场或由一个施工地点运至另一个施工地点，所发生的机械进出场运输及转移费用及机械在施工现场进行安装、拆卸所需的人工费、材料费、机械费、试运转费和安装所需的辅助设施的费用。

14. **【2020 年真题】** 下列费用项目中，属于施工企业管理费的是（ ）。

A. 生产工人津贴　　B. 短期借款利息支出

C. 已完工程保护费　　D. 劳动保护费

【解析】 企业管理费是指建筑安装企业组织施工生产和经营管理所需的费用。内容包括：管理人员工资、办公费、差旅交通费、固定资产使用费、工具用具使用费、劳动保险和职工福利费、劳动保护费、检验试验费、工会经费、职工教育经费、财产保险费、财务费、税金、城市维护建设税、教育费附加、地方教育附加、其他，故选项 D 正确。

生产工人津贴属于人工费，已完工程保护费属于措施费，故选项 A、C 错误。

这里需要注意的是，短期借款利息支出属于企业期间费用中的财务费用，而不属于企业管理费，故选项B错误。

15.【2020年真题】建筑工人实名制管理费应计入（　　）。

A. 规费　　B. 措施项目费

C. 其他项目费　　D. 分部分项工程费

【解析】安全文明施工费包括环境保护费、文明施工费、安全施工费、临时设施费，建筑工人实名制管理费。安全文明施工费属于措施项目费，故选项B正确。

16.【2019年真题】关于建筑安装工程人工费中日工资单价的说法，正确的有（　　）。

A. 日工资单价是施工企业技术较熟练的生产工人在每工作日应得的工资总额

B. 工程造价管理机构应参考项目实物工程量人工单价综合分析确定日工资单价

C. 最低日工资单价不得低于工程所在地人力资源和社会保障部门发布的最低工资标准

D. 企业投标报价时应自主确定日工资单价

E. 工程计价定额中应根据项目技术要求和工种差别划分多种日工资单价

【解析】日工资单价是施工企业平均技术熟练程度的生产工人在每工作日按规定从事施工作业应得的工资总额，故选项A错误。

17.【2019年真题】为保障施工机械正常运转所需的随机配备工具附具的摊销和维护费用，属于施工机具使用费中的（　　）。

A. 折旧费　　B. 经常修理费

C. 施工仪器使用费　　D. 安拆费

【解析】施工机具使用费中的经常修理费是施工机械除大修理以外的各种保养和临时故障排除所需的费用，包括为保障施工机械正常运转所需的随机配备工具附具的摊销和维护费用以及机械运转过程中的其他保养、维护费用。

18.【2018年真题】在施工过程中，承包人按发包人和设计方要求，对构件做破坏性试验的费用应在（　　）中列支。

A. 承包人的措施项目费　　B. 承包人的企业管理费

C. 发包人的工程建设其他费　　D. 发包人的企业管理费

【解析】题中所描述的费用应当在建设项目总投资中的工程建设其他费中列支，属于工程建设其他费中的研究试验费，因此选项C正确。

此题注意工程建设其他费用中的研究试验费（发包人单独列支）和建筑安装工程费中的施工企业管理费中的检验试验费的区别。检验试验费：是施工企业对进场的材料和工程设备的检验检测费用，包括自设实验室进行试验所耗用的材料等费用，不包括新结构、新材料的试验费，对构件做破坏性试验及其他特殊要求检验试验的费用和发包人委托检测机构进行检测的费用，对此类检测发生的费用由发包人在工程建设其他费用中列支。

19.【2018年真题】按照造价形成划分的建筑安装工程费用中，暂列金额主要用于（　　）。

A. 施工中可能发生的工程变更的费用

B. 总承包人为配合发包人进行专业工程发包产生的服务费用

C. 施工合同签订时尚未确定的工程设备采购的费用

D. 工程施工中合同约定调整因素出现时工程价款调整的费用

E. 在高海拔特殊地区施工增加的费用

【解析】 暂列金额：是指发包人在工程量清单中暂定并包括在工程合同价款中的一笔款项。用于施工合同签订时尚未确定或者不可预见的所需材料、工程设备、服务的采购，施工中可能发生的工程变更、合同约定调整因素出现时的工程价款调整以及发生的索赔、现场签证确认等的费用。故选项 A、C、D 正确。注意选项 C，对施工合同签订时尚未确定的工程设备采购的费用在暂列金额中列支，而在合同签订时确定采购但不能确定价格的工程设备或材料的采购费用，在暂估价中列支。

选项 B“总承包人为配合发包人进行专业工程发包产生的服务费用”应在总承包服务费中列支。

选项 E“在高海拔特殊地区施工增加的费用”则在措施项目费中的特殊地区施工增加费中列支。

20. 【2022 年真题】根据我国现行建筑安装工程费用项目组成的相关规定，企业按规定标准为职工缴纳的基本医疗保险费应计入建筑安装工程费用中的（　　）。

A. 人工费　　B. 措施项目费

C. 企业管理费　　D. 规费

【解析】

规费	
定义	指按国家法律、法规规定，由省级政府和省级有关权力部门规定必须缴纳或计取的费用
组成	1. 社会保险费 ①养老保险费；②失业保险费；③医疗保险费；④生育保险费；⑤工伤保险费 2. 住房公积金：是指企业按规定标准为职工缴纳的住房公积金

21. 【2017 年真题】施工企业购买施工现场用安全帽的费用应从（　　）列支。

A. 人工费用　　B. 材料费用

C. 资产使用费　　D. 管理费用

【解析】 施工企业购买施工现场用安全帽的费用属于劳动保护费，劳动保护费按照费用的构成因素划分属于企业管理费用。

22. 【2017 年真题】下列费用中，属于建筑安装工程人工费的有（　　）。

A. 生产工人的技能培训费用

B. 生产工人的流动施工津贴

C. 生产工人的增收节支奖金

D. 项目管理人员的计时工资

E. 生产工人在法定节假日的加班工资

【解析】 建筑安装工程人工费内容包括：计时工资或计件工资、奖金、津贴补贴、加班加点工资、特殊情况下支付的工资。

选项 A：“生产工人的技能培训费用”属于企业管理费中的职工教育培训经费。

选项 B：“生产工人的流动施工津贴”属于建筑安装工程人工费中的津贴补贴费。

选项 C：“生产工人的增收节支奖金”属于建筑安装工程人工费中的奖金。

选项 D：“项目管理人员的计时工资”属于企业管理费中的管理人员工资。

选项 E：“生产工人在法定节假日的加班工资”属于建筑安装工程人工费中的加班加点工资，故选择 B、C、E。

23. **【2016 年真题】**根据《建筑安装工程费用项目组成》（建标〔2013〕44 号），建筑安装工程生产工人的高温作业临时津贴应计入（　　）。

A. 劳动保护费　　B. 人工费

C. 规费　　D. 企业管理费

【解析】 根据《建筑安装工程费用项目组成》（建标〔2013〕44 号），建筑安装工程生产工人的高温作业临时津贴应计入人工费中的津贴补贴费。

津贴补贴：是指为了补偿职工特殊或额外的劳动消耗和因其他特殊原因支付给个人的津贴，以及为了保证职工工资水平不受物价影响支付给个人的物价补贴如流动施工津贴、特殊地区施工津贴、高温（寒）作业临时津贴、高空津贴等。

24. **【2016 年真题】**施工过程中，施工测量放线和复测工作发生的费用应计入（　　）。

A. 分部分项工程费　　B. 其他项目费

C. 企业管理费　　D. 措施项目费

【解析】 根据《建筑安装工程费用项目组成》（建标〔2013〕44 号），施工过程中，施工测量放线和复测工作发生的费用应计入措施项目费中的工程定位复测费。

工程定位复测费：是指工程施工过程中进行全部施工测量放线和复测的费用。

25. **【2015 年真题】**建筑安装工程费用项目组成中，暂列金额主要用于（　　）。

A. 施工合同签订时尚未确定的材料设备采购费用

B. 施工图纸以外的零星项目所需的费用

C. 隐藏工程二次检验的费用

D. 施工中可能发生的工程变更价款调整的费用

E. 项目施工现场签证确认的费用

【解析】 暂列金额是指发包人在工程量清单中暂定并包括在工程合同价款中的一笔款项，用于施工合同签订时尚未确定或者不可预见的所需材料、工程设备、服务的采购，施工中可能发生的工程变更、合同约定调整因素出现时的工程价款调整以及发生的索赔、现场签证确认等的费用。故选项 A、D、E 正确。

选项 B“施工图纸以外的零星项目所需的费用”应当在其他项目费中计日工列支。

选项 C“隐藏工程二次检验的费用”，根据施工时现场情况由建设单位或者施工单位承担，但不在建筑安装工程费中列支。

26. **【2015 年真题】**根据《建筑安装工程费用项目组成》（建标〔2013〕44 号），工程施工中所使用的仪器仪表维修费应计入（　　）。

A. 施工机具使用费　　B. 工具用具使用费

C. 固定资产使用费　　D. 企业管理费

【解析】 根据《建筑安装工程费用项目组成》（建标〔2013〕44 号），施工机具使用费是指施工作业所发生的施工机械、仪器仪表使用费或其租赁费，包括施工机械使用费和施工仪器仪表使用费。其中仪器仪表使用费为施工过程中所需使用的仪器仪表的摊销费及维修费。故选 A。

27. 【2015 年真题】施工现场设立的安全警示标志、现场围挡等所需的费用应计入（ ）费用。

A. 分部分项工程　　B. 规费项目

C. 措施项目　　D. 其他项目

【解析】 根据《建筑安装工程费用项目组成》（建标〔2013〕44 号），措施项目费是指为完成建设工程施工发生于该工程施工前和施工过程中的技术、生活、安全、环境保护等方面的费用。其中的安全文明施工费包括：

① 环境保护费，是指施工现场为达到环保部门要求所需要的各项费用。

② 文明施工费，是指施工现场文明施工所需要的各项费用。

③ 安全施工费，是指施工现场安全施工所需要的各项费用。

④ 临时设施费，是指施工企业为进行建设工程施工所必须搭设的生活和生产用的临时建筑物、构筑物和其他临时设施费用，包括临时设施的搭设、维修、拆除、清理费或摊销费等。

⑤ 建筑工人实名制管理费，是指实施建筑工人实名制管理所需费用。

现场设立的安全警示标志和现场围挡属于安全文明施工费范畴，属于措施项目费。

28. 【2014 年真题】下列费用中，属于建筑安装工程费中措施项目费的是（ ）。

A. 施工机具使用费　　B. 暂列金额

C. 工程定位复测费　　D. 社会保险费

【解析】 根据《建筑安装工程费用项目组成》（建标〔2013〕44 号），措施项目费是指为完成建设工程施工发生于该工程施工前和施工过程中的技术、生活、安全、环境保护等方面的费用。内容包括：安全文明施工费、夜间施工增加费、二次搬运费、冬雨季施工增加费、已完工程及设备保护费、工程定位复测费、特殊地区施工增加费、大型机械设备进出场及安拆费、脚手架工程费，故选项 C 正确。

选项 A“施工机具使用费”属于分部分项工程费；选项 B“暂列金额”属于其他项目费；选项 D“社会保险费”属于规费。

29. 【2014 年真题】根据《建筑安装工程费用项目组成》（建标〔2013〕44 号），下列费用中，属于规费的有（ ）。

A. 养老保险费　　B. 安全施工费

C. 环境保护费　　D. 住房公积金

E. 劳动保护费

【解析】 根据《建筑安装工程费用项目组成》（建标〔2013〕44 号），规费是指按国家法律、法规规定，由省级政府和省级有关权力部门规定必须缴纳或计取的费用，内容包括“五险一金”：养老保险费、失业保险费、医疗保险费、生育保险费、工伤保险费、住房公积金。

30. 【2014 年真题】施工企业按照规定标准对采购的建筑材料进行一般性鉴定、检查发生的费用应计入（ ）。

A. 材料费　　B. 企业管理费

C. 人工费　　D. 措施项目费

【解析】 根据《建筑安装工程费用项目组成》（建标〔2013〕44 号），检验试验费是指施工企业按照有关标准规定，对建筑以及材料、构件和建筑安装物进行一般鉴定、检查所发生的费用，属于企业管理费。

31. **【2013年真题】** 根据《建设工程工程量清单计价规范》（GB 50500—2013），应计入社会保险费的有（　　）。

A. 财产保险费　　B. 失业保险费

C. 医疗保险费　　D. 劳动保护费

E. 工伤保险费

【解析】 根据《建设工程工程量清单计价规范》（GB 50500—2013），规费是指按国家法律、法规规定，由省级政府和省级有关权力部门规定必须缴纳或计取的费用。其内容包括：①养老保险费；②失业保险费；③医疗保险费；④生育保险费；⑤工伤保险费；⑥住房公积金。其中①~⑤为社会保险费。

32. **【2021年真题】** 根据《建设工程工程量清单计价规范》，下列费用中，必须按照国家或省级行业建设主管部门规定的标准计算，不得作为竞争性费用的是（　　）。

A. 安全文明施工费和企业管理费　　B. 规费和企业管理费

C. 措施项目费和规费　　D. 规费和税金

【解析】 安全文明施工费、规费、税金必须按照国家或省级行业建设主管部门规定的标准计算，不得作为竞争性费用。

33. **【2019年真题】** 某施工机械预算价格为65万元，预计残值率为3%，折旧年限为5年（年限平均法折旧），每年工作250台班，折旧年限内预计每年大修理1次，每次费用为3万元。机械台班人工费为130元，台班燃料动力费为15元，台班车船税费为10元，不计台班安拆费及场外运费和经常修理费，则该机械台班单价为（　　）元。

A. 649.40　　B. 754.40　　C. 795.00　　D. 779.40

【解析】 此施工机械的台班折旧费：650000×(1−3%)/(5×250)=504.4（元）。

台班大修理费：30000/250=120（元）。

台班人工费：130元。

台班燃料动力费：15元。

台班车船税费：10元。

则台班单价：504.4+120+130+15+10=779.40（元）。

34. **【2018年真题】** 施工企业采购的某建筑材料出厂价为3500元/t，运费为400元/t，运输损耗率为2%，采购保管费率为5%，则计入建筑安装工程材料费的该建筑材料单价为（　　）元/t。

A. 4176.9　　B. 4173.0　　C. 3748.5　　D. 3745.0

【解析】 材料单价=(材料原价+运杂费)×[1+运输损耗率]×[1+采购保管费率]=(3500+400)×(1+2%)×(1+5%)=4176.9（元/t）。

35. **【2017年真题】** 根据《建筑安装工程费用项目组成》（建标〔2013〕44号），以定额人工费为基础计算的规费有（　　）。

A. 工程排污费　　B. 养老保险

C. 医疗保险　　D. 工伤保险

E. 住房公积金

【解析】 根据《建筑安装工程费用项目组成》（建标〔2013〕44号），社会保险费和住房公积金应当以定额人工费为计算基础，故选B、C、D、E。

36. 【2016年真题】国家计量规范规定不宜计量的措施项目费的通用计算方法是（　　）。

A. ∑（措施项目工程量×综合单价）　　B. ∑（计算基数×相应费率）

C. ∑（直接工程费×相应费率）　　D. ∑（措施项目项数×综合单价）

【解析】 根据《建筑安装工程费用项目组成》（建标〔2013〕44号），国家计量规范规定不宜计量的措施项目计算公式：∑（计算基数×费率）。

37. 【2015年真题】某施工企业投标报价时确定企业管理费率以人工费为基础计算。据统计资料，该施工企业生产工人年平均管理费为1.2万元，年有效施工天数为240天，人工单价为300元/天，人工费占分部分项工程费的比例为75%，则该企业的企业管理费费率应为（　　）。

A. 12.15%　　B. 12.50%　　C. 16.67%　　D. 22.22%

【解析】 根据《建筑安装工程费用项目组成》（建标〔2013〕44号），企业管理费以人工费为计算基础时，

$$企业管理费费率=\frac{生产工人年平均管理费}{年有效施工天数\times人工单价}\times100\%=12000/(240\times300)\times100\%=16.67\%。$$

38. 【2021年真题】采用简易计税方法计算建筑业增值税应纳税额时，增值税征收率为（　　）。

A. 6%　　B. 9%　　C. 3%　　D. 13%

【解析】

建筑业增值税计算	
简易计税方法	应纳税额=税前造价×征收率（3%） 税前造价中，各项费用项目均以包含增值税可抵扣进项税额的价格计算
一般计税方法	销项税额=不含税销售额×税率=税前工程造价×税率（9%） 税前造价=人+材+机+企业管理费+利润+规费 税前造价中，各项费用项目均以不包含增值税可抵扣进项税额的价格计算

39. 【2018年真题】计算一般纳税人增值税应纳税额时，不得从销项税中抵扣的进项税税额有（　　）。

A. 从海关取得的海关进口增值税专用款书上注明的增值税额

B. 非正常损失的购进材料的发票上标明的增值税额

C. 非正常损失的在产品耗用的购进材料的进项税额

D. 用于集体福利购进货物的专用发票上标明的进项税额

E. 从销售方取得的增值税专用发票上注明的增值税额

【解析】 不可抵扣进项税额的项目：

① 用于简易计税方法计税项目、免征增值税项目、集体福利或者个人消费的购进货物、劳务、无形资产和不动产。

② 非正常损失的购进货物，以及相关的劳务和交通运输服务。

③ 非正常损失的在产品、产成品所耗用的购进货物（不包括固定资产）、劳务和交通运输服务。

④ 国务院规定的其他项目。

40. 【2017 年真题】根据《关于全面推开营业税改增值税试点的通知》，建筑业一般纳税人适用的增值税税率为（　　）。

A. 3.14%　　B. 9%　　C. 13%　　D. 17%

【解析】 一般纳税人的一般计税方法：增值税销项税额=税前造价×9%。

41. 【2020 年真题】关于国产设备原价的说法，正确的有（　　）。

A. 国产标准设备的原价一般指出厂价

B. 由设备成套公司供应的国产标准设备，原价为订货合同价

C. 国产标准设备在计算原价时，一般按带有备件的出厂价计算

D. 非标准国产设备原价中应包含运杂费

E. 非标准国产设备原价计算方法应简便，并使估算价接近实际出厂价

【解析】 国产标准设备原价一般指的是设备制造厂的交货价，即出厂价。如设备由设备成套公司供应，则以订货合同价为设备原价。有的设备有两种出厂价，即带有备件的出厂价和不带有备件的出厂价，在计算设备原价时，一般按带有备件的出厂价计算。故选项 A、B、C 正确。

非标准设备原价有多种不同的计算方法，如成本计算估价法、系列设备插入估价法、分部组合估价法、定额估价法等。但无论哪种方法都应该使非标准设备计价的准确度接近实际出厂价，并且计算方法要简便，故选项 E 正确。

运杂费不包含在设备原价中，故选项 D 错误。

42. 【2018 年真题】某企业拟进口一套机电设备。离岸价折合人民币为 1830 万元，国际运费和国外运输保险费为 22.53 万元，银行手续费为 15 万元，关税税率为 22%，增值税税率为 16%，则该进口设备的增值税为（　　）万元。

A. 362.14　　B. 361.61　　C. 356.86　　D. 296.40

【解析】 增值税=(离岸价+国际运费+国外运输保险费+进口关税+消费税)×增值税率=(1830+22.53)×(1+22%)×16%=361.61（万元）。

43. 【2016 年真题】某工程采用的进口设备拟由设备成套公司供应，则成套公司的服务费在估价时应计入（　　）。

A. 建设管理费　　B. 设备原价

C. 进口设备抵岸价　　D. 设备运杂费

【解析】 如果工程设备是由设备成套公司供应的，成套公司的服务费应计入设备运杂费中。

44. 【2016 年真题】估算建设项目设备购置费时，可直接作为设备原价的有（　　）。

A. 国产非标准设备成本价　　B. 国产标准设备出厂价

C. 国产标准设备订货合同价　　D. 进口设备抵岸价

E. 进口设备出厂价

【解析】 国产非标准设备的原价一般采用成本计算估价法、分部组合估价法、系列设

备插入估价法、定额估价法等方法进行估算，而不是采用成本价，故选项 A 错误。

国产标准设备的原价一般采用设备生产厂的交货价，即出厂价。如果设备由成套公司供应，则采用订货合同价，故选项 B、C 正确。

进口设备原价采用抵岸价，故选项 D 正确，选项 E 错误。

45. **【2015 年真题】**某项目拟从国外进口一套设备，重 1000 吨，运港船上交货价 300 万美元，国际运费标准每吨 360 美元，海上运输保险费率 0.266%，美元银行外汇牌价 6.1 元人民币。则该套设备国外运输保险费为（　　）万元。

A. 4.868　　B. 4.881　　C. 5.452　　D. 5.467

【解析】 货价=离岸价格×人民币外汇牌价=300×6.1=1830（万元）。

国外运费=离岸价×运费率=单位运价×运量=360×6.1×1000=219.6（万元）。

国外运输保险费=[（离岸价+国外运费）/（1-国外运输保险费率）]×国外运输保险费率=[（1830+219.6）/（1-0.266%）]×0.266%=5.467（万元）

46. **【2015 年真题】**关于国产设备运杂费估算的说法，正确的是（　　）。

A. 国产设备运杂费包括由设备制造厂交货地点运至工地仓库所发生的运费

B. 国产设备运至工地后发生的装卸费不应包括在运杂费中

C. 运杂费在计取时不区分沿海和内陆，统一按运输距离估算

D. 工程承包公司采购设备的相关费用不应计入运杂费

【解析】 设备运杂费：国产设备由制造厂交货点起运至工地仓库（或施工组织设计指定堆放点）止所发生的运费和装卸费；进口设备是由我国到岸港口、边境车站起至工地仓库所发生的运费和装卸费。故选项 A 正确，选项 B 错误。

一般来说，沿海和交通便利的地区，设备运杂费率相对较低，内地和交通不便的地区要相对高一些，边远地区更高，不能按照统一的运输距离估算，故选项 C 错误。

国内运杂费包含运费和装卸费、包装费、供销部门手续费、建设单位（工程承包单位）的采购及仓库保管费，故选项 D 错误。

47. **【2012 年真题】**采用装运港船上交货价的进口设备，估算其购置费时，货价按照（　　）计算。

A. 出厂价　　B. 到岸价　　C. 抵岸价　　D. 离岸价

【解析】 注意区分进口设备货价和原价，货价为设备离岸价（FOB 价），原价为设备抵岸价。

48. **【2011 年真题】**某建设工程项目购置的进口设备采用装运港船上交货价，属于买方责任的有（　　）。

A. 负责租船、支付运费，并将船期、船名通知卖方

B. 按照合同约定在规定的期限内将货物装上船只

C. 办理在目的港的进口和收货手续

D. 接受卖方提供的装运单据并按合同约定支付货款

E. 承担货物装船前的一切费用和风险

【解析】 当进口设备采用装运港船上交货价时，买方的责任是：负责租船订舱，支付运费并将船期、船名通知卖方；负责办理保险及支付保险费用；办理在目的港的进口和收货手续；接受卖方提供的装运单据并按合同约定支付货款，故选项 A、C、D 正确。

选项B、E属于卖方应承担的责任。

49.【2011年真题】某建设工程项目需从国外进口设备，应计入该设备运杂费的是（　　）。

A. 设备安装前在工地仓库的保管费　　B. 国外运费

C. 国外运输保险费　　D. 按规定交纳的增值税

【解析】国内运杂费包含运费和装卸费、包装费、供销部门手续费、建设单位（工程承包单位）的采购及仓库保管费，故选A选项；选项B、C属于进口设备原价（抵岸价）的组成部分。

50.【2010年真题】估算设备工器具购置费时，国产标准设备运杂费的构成包括（　　）。

A. 交货地点至工地仓库的运费和装卸费　　B. 设备出厂价格中未包含的包装材料费

C. 供销部门手续费　　D. 采购与仓库保管费

E. 设备进场费

【解析】国内运杂费包含运费和装卸费、包装费、供销部门手续费、建设单位（工程承包单位）的采购及仓库保管费。

51.【2007年真题】按人民币计算，某进口设备的离岸价为1000万元，到岸价为1050万元，关税为105万元，银行财务费率为0.5%，则该设备的银行财务费为（　　）万元。

A. 5.00　　B. 5.25　　C. 5.33　　D. 5.78

【解析】银行财务费=离岸价×银行财务费率=1000×0.5%=5（万元）。

52.【2007年真题】按人民币计算，某进口设备离岸价为2000万元，到岸价为2100万元，银行财务费为10万元，外贸手续费为30万元，进口关税为147万元。增值税税率为17%，不考虑消费税和海关监管手续费，则该设备的抵岸价为（　　）万元。

A. 2551.99　　B. 2644.00　　C. 2651.99　　D. 2668.99

【解析】抵岸价=离岸价+国外运输费+国外运输保险费+关税+增值税+银行财务费+外贸手续费=到岸价+关税+增值税+银行财务费+外贸手续费=2100+147+(2100+147)×17%+10+30= 2668.99（万元）。

53.【2006年真题】按人民币计算，某进口设备的离岸价1000万元，到岸价1050万元，银行财务费5万元，外贸手续费费率为1.5%，则设备的外贸手续费为（　　）万元。

A. 15.00　　B. 15.75　　C. 16.65　　D. 17.33

【解析】外贸手续费=进口设备到岸价×外贸手续费率=1050×1.5%=15.75（万元）。

54.【2021年真题】发包人为验证某结构构件的安全性，要求承包人对结构件进行破坏性试验发生的费用属于（　　）。

A. 研究试验费　　B. 固定资产使用费

C. 施工机具校验费　　D. 检验试验费

【解析】发包人为验证某结构构件的安全性，要求承包人对结构件进行破坏性试验发生的费用属于研究试验费，而不属于检验试验费。

55.【2021年真题】关于联合试运转费的说法，正确的是（　　）。

A. 不发生试运转或试运转收入大于费用支出的工程，不列联合试运转费

B. 当联合试运转收入小于试运转支出时，联合试运转费=联合试运转费用支出-联合试运转收入

C. 联合试运转费包括在试运转中暴露出来的因施工原因发生的处理费用

D. 联合试运转费包括单台设备的调试费用

E. 联合试运转支出包括施工单位参加试运转的人工费、专家指导费

【解析】

联合试运转费	① 联合试运转发生的“净支出”（费用支出-收入） ② 包括联合试运转发生的人、材、机消耗及费用，其中人指参加试车的专家、施工单位人员费用，不包括建设单位本身的人员 ③ 不包括单车调试试车费用（列入施工单位建安工程费中）、施工单位的缺陷修复费用

56.【2020 年真题】建设单位设计方案进行评审而发生的费用应计入工程建设其他费用中的（　　）。

A. 专项评价费　　B. 勘察设计费

C. 工程监理费　　D. 建设管理费

【解析】 设计评审费属于建设管理费，故选项 D 正确。建设管理费是指为组织完成工程项目建设在建设期内发生的各类管理性质费用，包括建设单位管理费、代建管理费、工程监理费、监造费、招标投标费、设计评审费、特殊项目定额研究及测定费、其他咨询费、印花税等。

57.【2019 年真题】某建设项目的工程费用为 1500 万元，工程建设其他费用为 200 万元，场地准备和临时设施费按工程费用的 5%计算，预计项目完工后拆除工程产生的清理费用为 20 万元，拆除工程可收回材料作价 5 万元，则该项目的场地准备和临时设施费为（　　）万元。

A. 70　　B. 90　　C. 75　　D. 100

【解析】 场地准备和临时设施费可以按照工程费用的比例计算，同时发生拆除清理费的，拆除清理中有可回收的材料的拆除工程，应当采取以料抵工的方式冲抵拆除清理费。

场地准备和临时设施费=工程费×费率+(拆除清理费-可回收材料作价)= 1500×5%+20-5=90（万元）。

58.【2018 年真题】关于工程建设其他费用中场地准备费和临时设施费的说法，正确的是（　　）。

A. 场地准备费是由承包人组织进行场地平整等准备工作而发生的费用

B. 临时设施费是由承包人为满足工程建设需要搭建临时建筑物的费用

C. 新建项目的场地准备费和临时设施费应根据实际工程量估算或按工程费用比例计算

D. 场地准备费和临时设施费应考虑大型土石方工程费用

【解析】 场地准备费是指为使工程项目的建设场地达到开工条件，由建设单位组织进行的场地平整等准备工作而发生的费用，而不是承包人组织进行场地平整等准备工作而发生的费用，故选项 A 错误。

临时设施费是指建设单位为满足施工建设需要而提供的未列入工程费用的临时水、电、路、通信、气等工程和临时仓库等建（构）筑物的建设、维修、拆除、摊销费用或租赁费用，以及铁路、码头租赁等费用。此项费用不包括列入建筑安装工程费用中的施工单位临时设施费用，故选项 B 错误。

新建项目的场地准备费和临时设施费应根据实际工程量估算或按工程费用比例计算，故选项 C 正确。

建设场地的大型土石方工程应进入工程费用中的建安工程费用中，故选项 D 错误。

59. **【2022 年真题】** 下列费用中，属于工程建设其他费用中联合试运转费的有（　　）。

A. 生产单位提前进厂参加设备调试的人员工资

B. 生产职工培训费

C. 施工单位参加试运转人员的人工费

D. 试运转所需低值易耗品费用

E. 交付生产前发生的必要的工业炉烘炉费

【解析】

联合试运转费	① 联合试运转发生的“净支出”（费用支出-收入） ② 包括联合试运转发生的人（参加试车的专家、施工单位人员费用，不包括建设单位本身的人员）、材、机消耗及费用 ③ 不包括单车调试试车费用（列入施工单位建安工程费中）、施工单位的缺陷修复费用（自行承担）
生产准备费	① 为保证竣工交付使用进行的必要生产准备费用 ② 包括生产职工培训费、提前进厂员工相关费用 ③ 新建项目按设计定员为基数进行计算：生产准备费 = 设计定员×生产准备费指标（元/人）；改扩建项目按新增设计定员为基数计算

生产单位提前进厂参加设备调试的人员工资、生产职工培训费属于生产准备费，故选项 A、B 错误。

60. **【2017 年真题】** 关于建设项目场地准备及临时设施费的说法，正确的有（　　）。

A. 扩建项目的场地准备及临时设施费一般只计拆除清理费

B. 场地准备及临时设施费包括建设场地的大型土石方工程费

C. 新建项目的场地准备及临时设施费可根据实际工程量估算

D. 场地准备及临时设施费包括建设单位临时设施费和施工单位临时设施费

E. 场地准备及临时设施费属于建筑工程安装费用

【解析】 新建项目的场地准备和临时设施费应根据实际工程量估算，或按工程费用的比例计算，改扩建项目一般只计拆除清理费，故选项 A、C 正确。

建设场地的大型土石方工程应进入工程费用中的总图运输费用中，故选项 B 错误。

场地准备及临时设施费是指建设单位场地准备费和建设单位临时设施费，施工单位临时设施费应计入建筑安装工程费的措施项目费中，故选项 D 错误。

场地准备及临时设施费属于与项目建设有关的其他费用，故选项 E 错误。

61. **【2016 年真题】** 编制某企业改扩建项目的投资估算时，生产准备费的计算基数应为（　　）。

A. 新增建筑安装工程费用　　B. 原有设计定员

C. 新增设计定员　　D. 全部设计定员

【解析】 生产准备费是指新建企业或新增生产能力的项目，为保证竣工交付使用进行必要的生产准备所发生的费用。新建项目按设计定员为基数计算，改扩建项目按新增设计定员为基数计算。

62.【2015 年真题】下列建设工程投资费用中，属于工程建设其他费用中的场地准备及临时设施费的有（　　）。

A. 施工单位场地平整费　　B. 建设单位临时设施费
C. 环境影响评价费　　D. 遗留设施拆除清理费
E. 施工单位临时设施费

【解析】 工程建设其他费用中的场地准备及临时设施费包括建设单位为使场地达到开工条件而组织的遗留建（构）筑物及设施的拆除清理、场地平整等费用，为满足施工建设需要而提供的未列入工程费用的临时水、电、气等工程和临时建（构）筑物的费用。故选B、D 正确。

选项 A、E：施工单位场地平整费及临时设施费从建筑安装工程费中列支。

选项 C：环境影响评价费属于工程建设其他费用中的专项评价费。

63.【2014 年真题】下列工程建设其他费用中，属于建设单位管理费的有（　　）。

A. 工程招标费　　B. 可行性研究费
C. 工程监理费　　D. 竣工验收费
E. 零星固定资产购置费

【解析】 建设单位管理费是指建设单位发生的管理性质的开支，包括：工作人员工资、工资性补贴、施工现场津贴、职工福利费、住房公积金、基本养老保险费、基本医疗保险费、失业保险费、工伤保险费、办公费、差旅交通费、劳动保护费、工具用具使用费、固定资产使用费、必要的办公及生活用品购置费、必要的通信设备及交通工具购置费、零星固定资产购置费、招募生产工人费、技术图书资料费、业务招待费、合同契约公证费、法律顾问费、咨询费、完工清理费、竣工验收费、印花税和其他管理性质开支，故选项D、E 正确。

选项 B：可行性研究费不属于建设单位管理费范畴，属于工程建设其他费。

选项 A、C：工程招标费、监理费属于建设管理费。

64.【2013 年真题】下列工程建设投资中，属于与未来生产经营有关的其他费用的有（　　）。

A. 联合试运转费　　B. 建设单位管理费
C. 办公家具购置费　　D. 生产家具购置费
E. 生产职工培训费

【解析】 与未来生产经营有关的其他费用包括联合试运转费、生产准备费、办公和生活家具购置费。而生产职工培训费属于生产准备费范畴，故选项 A、C、E 正确。

建设单位管理费属于与项目建设有关的其他费，故选项 B 错误。

生产家具购置费属于工程费中的设备及工器具购置费，故选项 D 错误。

65.【2012 年真题】下列费用中，应计入建设工程项目投资中“生产准备费”的有（　　）。

A. 生产职工培训费　　B. 购买原材料、能源的费用
C. 办公家具购置费　　D. 联合试运转费

E. 提前进厂人员的工资、福利等费用

【解析】 生产准备费是项目竣工时为了保证能够顺利地交付使用而进行的生产准备所发生的费用，包括生产职工培训费、提前进厂人员的工资、福利等费用，故选项A、E正确。

66. 【2010年真题】建设项目投资组成中，建设管理费包括（　　）。

A. 工程勘察费　B. 工程监理费　C. 工程设计费　D. 施工管理费

E. 建设单位管理费

【解析】 建设管理费包括建设单位管理费、工程监理费、招标投标费、设计评审费、代建管理费等，故选项B、E正确。

工程勘察费、设计费和建设管理费并列，都属于工程建设其他费，故选项A、C错误。

施工管理费属于建筑安装工程费，故选项D错误。

67. 【2006年真题】建设工程项目总投资组成中，工程建设其他费包括（　　）。

A. 失业保险费　B. 工程监理费　C. 研究试验费　D. 生活家具购置费

E. 生产家具购置费

【解析】 选项A：失业保险费特指建设单位职工的社会保险费，属于工程建设其他费中的建设单位管理费。

选项B：工程监理费属于工程建设其他费中的建设管理费。

选项C：研究试验费属于与项目建设有关的工程建设其他费。

选项D：生活家具购置费属于与企业未来生产经营有关的工程建设其他费。

选项E：生产家具购置费属于工程费中的设备及工器具购置费。

68. 【2005年真题】办公和生活家具购置费按照设计定员人数乘以（　　）计算。

A. 单项指标　B. 差旅交通费　C. 综合指标　D. 职工福利费

【解析】 办公和生活家具购置费是指为保证新建、改建、扩建项目初期正常生产、使用和管理所必须购置的办公和生活家具、用具的费用。这项费用按照设计定员人数乘以综合指标计算。

69. 【2020年真题】某新建项目，建设期为3年，共向银行借款1300万元，其中第一年借款700万元，第二年借款600万元，借款在各年内均衡使用，年利率为6%，建设期每年计息，但不还本付息，则第三年应计的借款利息为（　　）万元。

A. 0　B. 82.94　C. 85.35　D. 104.52

【解析】 第一年利息：700/2×6%＝21（万元）。

第二年利息：(700+21+600/2)×6%＝61.26（万元）。

第三年利息：(700+21+600+61.26)×6%＝82.94（万元）。

70. 【2022年真题】某项目建设期为2年，共向银行借款20000万元，借款年有效利率为6%。第1和第2年借款比例分别为45%和55%。借款在各年内均衡，建设期内只计息不付息。则编制设计概算时该项目建设期利息总和为（　　）万元。

A. 1156.2　B. 600.0

C. 886.2　D. 1772.4

【解析】 第一年利息：20000×45%×1/2×6%＝270（万元）；

第二年利息：(20000×55%×1/2+20000×45%+270)×6%＝886.2（万元）；

建设期利息：270+886.2=1156.2（万元）。

71. 【2017年真题】在建设工程项目总投资组成中的基本预备费主要是为（ ）。

A. 建设期内材料价格上涨增加的费用

B. 因施工质量不合格返工增加的费用

C. 因设计变更增加的工程量的费用

D. 因业主方拖欠工程款增加的承包商贷款利息

【解析】 基本预备费指工程实施中可能发生难以预料的支出，需要预先预留的费用，又称不可预见费，主要是指设计变更及施工过程中可能增加的工程量的费用。

72. 【2016年真题】某建设工程项目建筑安装工程费为2000万元，设备及工器具购置费为800万元，工程建设其他费用为300万元，基本预备费率为8%，该项目的基本预备费为（ ）万元。

A. 248　　B. 160　　C. 184　　D. 224

【解析】 基本预备费=(工程费用+工程建设其他费用)×基本预备费率=(2000+800+300)×8%=248（万元）。

73. 【2013年真题】某建设项目实施到第二年时，由于规范变化导致某分项目工程量增加，因此增加的费用应从建设投资中的（ ）支出。

A. 基本预备费　　B. 涨价预备费

C. 建设期利息　　D. 工程建设其他费用

【解析】 基本预备费指工程实施中可能发生难以预料的支出，需要预留的费用，又称不可预见费，主要是指设计变更及施工过程中可能增加的工程量的费用。

二、参考答案

题号	1	2	3	4	5	6	7	8	9
答案	D	A	B	A	BCE	D	B	B	D
题号	10	11	12	13	14	15	16	17	18
答案	B	D	C	D	D	B	BCDE	B	C
题号	19	20	21	22	23	24	25	26	27
答案	ACD	D	D	BCE	B	D	ADE	A	C
题号	28	29	30	31	32	33	34	35	36
答案	C	AD	B	BCE	D	D	A	BCDE	B
题号	37	38	39	40	41	42	43	44	45
答案	C	C	BCD	B	ABCE	B	D	BCD	D
题号	46	47	48	49	50	51	52	53	54
答案	A	D	ACD	A	ABCD	A	D	B	A

（续）

题号	55	56	57	58	59	60	61	62	63
答案	ABE	D	B	C	CDE	AC	C	BD	DE
题号	64	65	66	67	68	69	70	71	72
答案	ACE	AE	BE	ABCD	C	B	A	C	A
题号	73								
答案	A								

三、2023 考点预测

考点一：建设项目总投资费用项目组成

生产性和非生产性建设项目总投资费用的构成。

考点二：建筑安装工程费用项目组成

1）人工费、企业管理费、暂列金额、措施项目费、安全文明施工费的组成。

2）暂列金额的作用。

考点三：建筑安装工程费用计算

1）材料单价的计算。

2）其他项目费的计算。

考点四：增值税的计算

增值税的计税方法。

考点五：设备购置费用的计算

设备购置费、进口设备抵岸价的计算。

考点六：工程建设其他费用项目组成

建设管理费的构成，专项评价费、研究试验费、场地准备费和临时设施费以及联合试运转费的定义及组成。

考点七：预备费、资金筹措费及流动资金

1）基本预备费的计算，价差预备费的定义。

2）资金筹措费的计算。

第二节　建设工程定额

考点一：建设工程定额的分类

考点二：人工定额的编制

考点三：材料消耗定额的编制

考点四：施工机械台班使用定额的编制

考点五：施工定额和企业定额的编制

考点六：预算定额及其基价的编制

一、历年真题及解析

1. **【2020 年真题】** 下列定额中，属于施工企业内部使用的、以工序为对象编制的定额是（　　）。

A. 预算定额　　B. 概算定额　　C. 费用定额　　D. 施工定额

【解析】 施工定额是以同一性质的施工过程——工序作为研究对象，表示生产产品数量与时间消耗综合关系的定额。故选项 D 正确。

2. **【2017 年真题】** 可作为建筑企业施工项目投标报价依据的定额是（　　）。

A. 预算定额　　B. 施工定额　　C. 概算定额　　D. 概算指标

【解析】 施工定额是基础性的计量定额，也是施工企业进行施工组织、成本管理，经济核算和投标报价的重要依据。

此题的干扰项为“预算定额”，很容易选错，“预算定额”为编制施工图预算的依据。

3. **【2016 年真题】** 施工企业可以直接用来编制施工作业计划、签发施工任务单的定额是（　　）。

A. 预算定额　　B. 概算定额　　C. 施工定额　　D. 工器具定额

【解析】 施工定额直接应用于施工项目的管理，用来编制施工作业计划、签发施工任务单、签发限额领料单以及结算计件工资或计量奖励工资等。

4. **【2015 年真题】** 建设工程定额中以扩大的分部分项工程作为编制对象的定额是（　　）。

A. 施工定额　　B. 预算定额　　C. 概算定额　　D. 概算指标

【解析】 概算定额是以扩大的分部分项工程为编制对象编制的，一般是在预算定额的基础上综合扩大而成的。

5. **【2014 年真题】** 预算定额作为一项综合性定额，是由组成（　　）的消耗量综合而成的。

A. 分部工程的各分项工程　　B. 单位工程的各分部工程

C. 分项工程的各工序　　D. 分项工程的各检验批

【解析】 预算定额是以施工定额为基础综合扩大编制的，因为施工定额的编制对象为工序，所以预算定额是按组成分项工程内容的各工序综合而成的。

6. **【2013 年真题】** 关于企业定额作用的说法中，正确的是（　　）。

A. 企业定额不是编制施工组织设计的依据

B. 企业定额能反映在不同项目上的最高管理水平

C. 依据企业定额可以计算出施工企业完成投标工程的实际成本

D. 企业定额不能直接反映本企业的施工技术水平

【解析】 企业定额是企业编制的，反映企业自身真实技术及管理水平的定额，主要作用如下：

① 施工企业计算和确定工程施工成本的依据，是施工企业进行成本管理、经济核算的基础。

② 企业定额是施工企业进行工程投标、编制工程投标价格的基础和主要依据。

③ 企业定额是施工企业编制施工组织设计的依据。

因此选项 A、D 错误。

企业定额反映的是企业的技术及管理水平，而不是在不同项目上的最高管理水平，故选项 B 错误。

企业定额是企业性质的定额，因此可以据此计算出施工企业完成投标工程的实际成本，故选项 C 正确。

7.【2012 年真题】以建筑物或构筑物各个分部分项工程为对象编制的定额是（　　）。

A. 施工定额　　B. 材料消耗定额

C. 预算定额　　D. 概算定额

【解析】 预算定额是以建（构）筑物各个分部分项工程为对象编制的定额。

8.【2011 年真题】关于概算定额的说法，正确的有（　　）。

A. 概算定额是人工、材料、机械台班消耗量的数量标准

B. 概算定额和预算定额的项目划分相同

C. 概算定额是在概算指标的基础上综合而成的

D. 概算定额是在初步设计时间确定投资额的依据

E. 概算定额水平的确定应与预算定额的水平基本一致

【解析】 概算定额也称扩大结构定额，以扩大的分部分项工程为对象编制而成，是针对扩大的结构或者分部分项工程的人工、材料、机械台班消耗量的定额，故选项 A 正确。

预算定额是以分部分项工程为对象编制，故选项 B 错误。

概算指标是在概算定额的基础上综合而成，是概算定额的扩大和合并而成，故选项 C 错误。

概算定额主要用于初步设计阶段的设计概算的编制，是确认投资额的依据，故选项 D 正确。

概算定额和预算定额都是社会性质的定额，反映的也都是该地区社会平均生产水平，故选项 E 正确。

9.【2005 年真题】全国统一定额是由（　　）综合全国工程建设中技术和施工组织管理的情况编制。

A. 国家建设行政主管部门　　B. 行业建设行政主管部门

C. 地区建设行政主管部门　　D. 施工企业

【解析】 略。

10.【2005 年真题】建筑安装工程费用定额是按（　　）划分的。

A. 按照投资的费用性质　　B. 按照专业性质

C. 按照主编单位和管理权限　　D. 按同一性质的施工过程

【解析】 略。

11.【2004 年真题】按照反映的生产要素消耗内容，可将建设工程定额分为（　　）。

A. 建筑工程定额　　B. 安装工程定额

C. 人工定额　　D. 材料消耗定额

E. 机械台班定额

【解析】 略。

12.【2021 年真题】编制人工定额时，工人必需消耗的工作时间包括（　　）。

A. 多余和偶然工作时间　　B. 休息时间
C. 辅助工作时间　　D. 施工本身造成的停工时间
E. 准备与结束工作时间

【解析】

<table>
<tr><th colspan="4">工人工作时间的分类</th></tr>
<tr><td rowspan="5">必需消耗时间（基辅断备休）</td><td rowspan="3">有效工作时间（基辅备）</td><td>基本工作时间（基）</td><td>计入定额时间</td></tr>
<tr><td>准备与结束工作时间（劳动工具、对象的准备时间，结束后的整理时间）（备）</td><td>计入定额时间</td></tr>
<tr><td>辅助工作时间（辅）</td><td>计入定额时间</td></tr>
<tr><td>休息时间（休）</td><td>工人恢复体力所必需的、生理需要的时间</td><td>计入定额时间</td></tr>
<tr><td>不可避免中断时间（断）</td><td>因工艺特点引起的工作必需中断时间</td><td>计入定额时间</td></tr>
<tr><td rowspan="5">损失时间</td><td rowspan="2">多余和偶然工作时间</td><td>多余工作时间（浪费，不产生工作成果）</td><td>不计入定额时间</td></tr>
<tr><td>偶然工作时间（产生额外劳动成果，抹灰填补墙洞）</td><td>合理适当考虑计入</td></tr>
<tr><td rowspan="2">停工时间</td><td>施工本身造成（施工组织、准备、管理原因）</td><td>不计入定额时间</td></tr>
<tr><td>非施工本身造成（停水、停电造成）</td><td>合理适当考虑计入</td></tr>
<tr><td>违背劳动纪律损失时间</td><td>迟到、早退等</td><td>不计入定额时间</td></tr>
</table>

13. **【2022 年真题】** 施工企业编制人工定额时，应区分工人工作必须消耗的时间和损失时间，下列工人工作时间中，属于必须消耗时间的是（　　）。

A. 工人偶然违背劳动纪律造成的损失时间
B. 材料供应不及时造成的停工时间
C. 劳动组织不合理引起的停工时间
D. 工人手工操作的辅助工作时间

【解析】 工人手工操作的辅助工作时间属于必须消耗的时间，故选项 D 正确。选项 A、B、C 属于损失时间。

14. **【2019 年真题】** 在进行施工作业时间研究时，下列方法中，属于技术测定方法的是（　　）。

A. 图纸分析法　　B. 比较类推法
C. 写实记录法　　D. 经验估计法

【解析】 技术测定法包括测时法、写实记录法、工作日写实法等。

15. 【2018年真题】编制人工定额时，人工定额工作时间中应予以合理考虑的情况是（　　）。

A. 由于水源或者电源中断引起的停工时间

B. 由于工程技术人员和工人差错引起的工时损失

C. 由于劳动组织不合理导致工作中断所占用的时间

D. 由于材料供应不及时引起的停工时间

【解析】 非施工本身造成的停工时间，是由于水源、电源中断引起的停工时间（意外，不可预料和避免），这部分损失时间在计算人工定额工作时间时应该予以合理的考虑。

选项B、C、D属于施工本身造成的停工时间，这部分损失时间（可以避免）在计算人工定额工作时间时不予以考虑。

16. 【2016年真题】编制人工定额时，基本工作结束后的整理劳动工具时间应计入（　　）。

A. 休息时间　　B. 不可避免的中断时间

C. 有效工作时间　　D. 损失时间

【解析】 "有效工作时间"是从生产效果来看与产品生产直接有关的时间消耗，包括基本工作时间、辅助工作时间、准备与结束工作时间。基本工作结束后的整理劳动工具时间属于"准备与结束工作时间"，因此应计入"有效工作时间"。

17. 【2015年真题】某施工企业编制砌砖墙人工定额，该企业有近5年同类的工程施工工时消耗资料，则制定人工定额适合选用的方法是（　　）。

A. 技术测定法　　B. 比较类推法

C. 统计分析法　　D. 经验估计法

【解析】 题中该企业有过去5年同类的工程施工工时消耗资料，即拥有同类工程的工时消耗的统计资料，适合选用统计分析法。此题的干扰项为比较类推法，适合工作量小的施工过程，而本题中"砌砖墙"为工作量大，且统计制度完整，拥有大量的同类工程的工时消耗资料，因此选C选项。

18. 【2015年真题】编制人工定额时需拟定施工的正常条件，其内容包括拟定（　　）。

A. 施工作业内容　　B. 施工作业方法

C. 施工企业技术水平　　D. 施工作业地点组织

E. 施工作业人员组织

【解析】 拟定正常的施工条件包括：拟定施工作业的内容、拟定施工作业的方法、拟定施工作业地点的组织、拟定施工作业人员的组织。

19. 【2014年真题】对于同类型产品规格多、工序复杂、工作量小的施工过程，若已有部分产品施工的人工定额，则其他同类型产品施工人工定额的制定适宜采用的方法是（　　）。

A. 比较类推法　　B. 技术测定法

C. 统计分析法　　D. 经验估计法

【解析】 对于同类型产品规格多、工序重复、工作量小的施工过程，适宜采用比较类推法制定人工定额。

20. 【2011年真题】根据生产技术和施工组织条件，对施工过程中各工序采用一定的方法测出其工时消耗等数据，再对所获得的数据进行分析，制定出人工定额的方法是（　　）。

A. 统计分析法　　B. 比较类推法

C. 经验估计法　　D. 技术测定法

【解析】 技术测定法是对施工过程中各工序采用测时法、写实记录法、工作日写实法，测出各工序的工时消耗等数据，再对所获得的数据进行科学的分析，制定出人工定额的方法。

21. 【2007 年真题】编制人工定额时，工人在工作班内消耗的工作时间属于损失时间的是（　　）。

A. 停工时间　　B. 休息时间

C. 准备与结束工作时间　　D. 不可避免中断时间

【解析】 损失时间包括多余和偶然的工作时间，停工时间，违背劳动纪律损失时间。

22. 【2005 年真题】以下各选项中正确的是（　　）。

A. 每工产量 = 1/单位产品时间定额（工日）

B. 时间定额×产量定额 = 1

C. 综合时间定额 = ∑各单项（工序）时间定额

D. 综合产量定额 = 1/综合时间定额（工日）

E. 时间定额+产量定额 = 1

【解析】 时间定额和产量定额互为倒数，故选项 A、B、D 正确，选项 E 错误；综合定额是完成一个产品中各单项（工序）定额的综合，故选项 C 正确。

23. 【2021 年真题】某现浇混凝土结构施工采用的木模板，一次净用量为 $200m^2$，现场制作安装不可避免的损耗率为 2%，可周转使用 5 次，每次补损耗率为 5%，该模板的周转使用量为（　　）m^2。

A. 48.00　　B. 48.96　　C. 49.44　　D. 51.00

【解析】 一次使用量 = 200×(1+2%) = 204（m^2）；周转使用量 = [204×(1+4×5%)]/5 = 48.96（m^2）。

24. 【2018 年真题】下列关于周转性材料消耗及其定额的说法中正确的是（　　）。

A. 定额中周转材料消耗量应采用一次性使用量和摊销量两个指标表示

B. 周转性材料消耗量只与周转性材料一次性使用量和周转次数相关

C. 施工企业成本核算成投标报价应采用周转性材料的一次使用量指标

D. 周转性材料的周转使用次数越多，则每周转使用一次材料的耗损越大

【解析】 定额中周转材料消耗量指标的表示，应当用一次使用量和摊销量两个指标表示。故选项 A 正确。

一次使用量是指周转材料在不重复使用时的一次使用量，供施工企业组织施工用；摊销量是指周转材料退出使用，应分摊到每一计量单位的结构构件的周转材料消耗量，供施工企业成本核算或投标报价使用。故选项 C 错误。

周转性材料消耗量与下列因素有关：

① 第一次制造时的材料消耗（一次使用量）。

② 每周转使用一次材料的损耗（第二次使用时需要补充）。

③ 周转使用次数。

④ 周转材料的最终回收及其回收折价。

故选项 B 错误。

耗损和周转次数没有必然联系，故选项 D 错误。

25. **【2017 年真题】** 编制工程用周转性材料消耗定额时，影响周转性材料消耗的因素主要有（ ）。

A. 周转性材料的制造工艺
B. 周转使用次数
C. 周转材料的最终回收及其回收折价
D. 周转材料补损的难易程度
E. 每周转使用一次材料的损耗

【解析】 周转性材料消耗量与下列因素有关：

① 第一次制造时的材料消耗（一次使用量）。

② 每周转使用一次材料的损耗（第二次使用时需要补充）。

③ 周转使用次数。

④ 周转材料的最终回收及其回收折价。

26. **【2016 年真题】** 某混凝土构件采用木模板施工，木模板一次净用量为 200m^2，现场制作安装不可避免的损耗率为 2%，木模板可周转使用 5 次，每次补损率为 5%，则木模板的周转使用量为（ ）m^2。

A. 48.00
B. 49.44
C. 51.00
D. 48.96

【解析】 一次使用量=净用量×(1+操作损耗率)=200×(1+2%)=204（m^2）。

周转使用量=一次使用量×[1+(周转次数-1)×补损率]/周转次数=204×[1+(5-1)×5%]/5=48.96（m^2）。

27. **【2010 年真题】** 施工企业成本核算或投标报价时，周转性材料消耗量指标应根据（ ）来确定。

A. 第二次使用时需要的补充量
B. 摊销量
C. 最终回收量
D. 一次使用量

【解析】 一次使用量是指周转材料在不重复使用时的一次使用量，供施工企业组织施工用，故选项 D 错误；摊销量是指周转材料退出使用，应分摊到每一计量单位的结构构件的周转材料消耗量，供施工企业成本核算或投标报价使用，故选项 B 正确。

28. **【2009 年真题】** 测定材料消耗定额时，定额中的损耗量是指操作过程中不可避免的废料和损耗以及不可避免的（ ）。

A. 施工现场内运输损耗和场外运输损耗
B. 采购过程中的计量误差
C. 保管过程中的损耗
D. 施工现场内运输损耗

【解析】 编制材料消耗定额，主要包括：①确定直接使用在工程上的材料净用量；②确定在施工现场内运输及操作过程中的不可避免的废料和损耗。

选项 A 中的“场外运输损耗”，选项 C“保管过程中的损耗”计入材料单价。

29. **【2007 年真题】** 编制材料消耗定额时，材料净用量的确定方法有（ ）。

A. 理论计算法
B. 图纸计算法
C. 比较类推法
D. 测定法
E. 经验法

【解析】 材料净用量的确定方法：理论计算法、测定法、图纸计算法、经验法。

30. **【2006 年真题】** 材料消耗定额中不可避免的消耗一般以损耗率表示，（ ）。

A. 损耗率=损耗量/材料消耗定额×100%

B. 损耗率=损耗量/净用量×100%

C. 损耗率=损耗量/（净用量+损耗量）×100%

D. 损耗率=损耗量/（净用量−损耗量）×100%

【解析】 损耗率=损耗量/净用量×100%=损耗量/（消耗量−损耗量）×100%。

31. **【2004 年真题】** 建筑安装工程材料损耗率一般采用（ ）计算确定。

A. 技术测定法 B. 比较类推法 C. 观察法 D. 经验估计法

【解析】 材料损耗率可以通过观察法或统计法计算确定。

32. **【2021 年真题】** 筑路机在工作区末端掉头所消耗的时间，属于施工机械工作时间中的（ ）。

A. 有效工作时间 B. 多余工作时间

C. 低负荷下的工作时间 D. 不可避免的无负荷工作时间

【解析】

<table>
<tr><td rowspan="4">必需消耗的时间
（正常负荷有根据，不可避免无中断）</td><td colspan="2">正常负荷下工作时间</td><td rowspan="4">计入定额时间</td></tr>
<tr><td>有根据地降低负荷下工作时间</td><td>汽车运输重量轻而体积大的货物</td></tr>
<tr><td>不可避免的无负荷工作时间</td><td>筑路机在工作区末端调头</td></tr>
<tr><td>不可避免的中断时间</td><td>① 工艺特点：装货卸货时的停车
② 机械的使用保养、工人休息有关的中断时间</td></tr>
<tr><td rowspan="4">损失时间</td><td>多余工作时间</td><td>工人没有及时供料使机器空转的时间</td><td rowspan="4"></td></tr>
<tr><td>停工时间</td><td>施工本身造成（施工组织、准备、管理原因）
非施工本身造成（气候条件）</td></tr>
<tr><td>低负荷下的工作时间</td><td>工人装料不足造成机械在低负荷下工作所延续的时间</td></tr>
<tr><td>违背劳动纪律的时间损失</td><td>工人迟到、早退等</td></tr>
</table>

33. **【2019 年真题】** 下列机械工作时间中属于机械工作必需消耗的时间有（ ）。

A. 不可避免的无负荷工作时间 B. 多余工作时间

C. 有效工作时间 D. 低负荷下工作时间

E. 非施工本身造成的停工时间

【解析】 机械工作时间中属于机械工作必需消耗的时间有：有效工作时间、不可避免的无负荷时间、不可避免的中断时间，故选项 A、C 正确。

多余工作时间、低负荷下工作时间、非施工本身造成的停工时间属于损失时间。

34. **【2018 年真题】** 机械台班使用定额的编制内容包括（ ）。

A. 拟定机械作业的正常施工条件　　B. 确定机械纯工作一小时的正常生产率
C. 拟定机械的停工时间　　D. 确定机械的利用系数
E. 计算机械台班定额

【解析】 ① 拟定机械工作的正常施工条件，包括工作地点的合理组织、施工机械作业方法的拟定、配合机械作业的施工小组的组织以及机械工作班制度。

② 确定机械净工作生产率，即机械纯工作 1 小时的正常生产率。

③ 确定机械的利用系数，机械利用系数＝工作班净工作时间/机械工作班时间。

④ 计算机械台班定额，机械台班定额＝净工作生产率×工作延续时间×机械利用系数。

⑤ 拟定工人小组的定额时间，工人小组定额时间＝施工机械时间定额×工人小组的人数。

35. 【2017 年真题】编制压路机台班使用定额时，属于必需消耗时间的是（　　）。
A. 施工组织不好引起的停工时间
B. 压路机在工作区末端掉头时间
C. 压路机操作人员擅自离岗引起的停工时间
D. 暴雨时压路机的停工时间

【解析】 选项 A 属于施工本身造成的停工时间，即损失时间。
选项 B 属于不可避免的无负荷工作时间，属于必需消耗时间。
选项 C 属于违背劳动纪律时间，即损失时间。
选项 D 属于非施工本身造成的停工时间，也是损失时间。

36. 【2016 年真题】汽车运输重量轻而体积大的货物时，不能充分利用载重吨位因而不得不在低于其计算负荷下工作的时间应计入（　　）。
A. 正常负荷下的工作时间　　B. 不可避免的中断时间
C. 有根据地降低负荷下的工作时间　　D. 损失的工作时间

【解析】 有根据地降低负荷下的工作时间，是指个别情况下由于技术上的原因，机械在低于其计算负荷下的工作的时间，属于必需消耗时间。

37. 【2015 年真题】下列机械工作时间消耗中，属于机械台班使用定额中不可避免的无负荷工作时间的是（　　）。
A. 汽车在运送土方时没有装满导致的延长时间
B. 筑路机在工作区末端掉头的时间
C. 未及时供给机械燃料而导致的停工时间
D. 暴雨时压路机被迫停工时间

【解析】 选项 A 属于低负荷下工作的时间；选项 B 属于不可避免的无负荷工作时间；选项 C 属于施工本身造成的停工时间；选项 D 属于非施工本身造成的停工时间。
选项 A、C、D 都属于损失时间，选项 B 属于必需消耗时间。

38. 【2014 年真题】在机械工作时间消耗分类中，由于人工装料数量不足引起的机械不能满负荷工作的时间属于（　　）。
A. 有根据地降低负荷下的工作时间　　B. 机械的多余工作时间
C. 正常负荷下的有效工作时间　　D. 低负荷下的工作时间

【解析】 低负荷下的工作时间，是由于工人或技术人员的过错所造成的施工机械在降低负荷的情况下工作的时间。

39. **【2013 年真题】** 某机械台班产量为 $4m^2$，与之配合的工人小组由 5 人组成，则单位产品的人工时间定额为（ ）工日。

A. 0.50　　B. 0.80　　C. 1.20　　D. 1.25

【解析】 单位产品机械时间定额(台班)= 1/台班产量=0.25（工日）。

单位产品人工时间定额(工日)= 小组成员人数×单位产品机械时间定额(台班)= 5×0.25= 1.25（工日）。

40. **【2012 年真题】** 编制施工机械台班使用定额时，属于机械工作时间中损失时间的有（ ）。

A. 施工本身原因造成的停工时间

B. 非施工原因造成的停工时间

C. 违反劳动纪律引起的时间损失

D. 工人正常的休息时间

E. 低负荷下的工作时间

【解析】 机械工作时间中的损失时间包括多余工作时间、停工时间、违背劳动纪律时间、低负荷下工作时间。

选项 D 属于必需消耗的时间。

41. **【2022 年真题】** 关于施工定额的说法，正确的有（ ）。

A. 施工定额水平必须遵循平均先进的原则

B. 编制施工定额前应拟定编制方案，确定定额水平和步距等

C. 施工定额是施工企业进行成本管理的基础

D. 施工定额是编制施工预算，加强企业成本核算的基础

E. 施工定额的人工价格一般按照地区人力资源和社会保障部门所发布的最低工资标准确定

【解析】 施工定额水平必须遵循平均先进的原则，故选项 A 正确。

编制前的准备工作一般包括以下几个方面的内容：①明确编制任务和指导思想；②系统整理和研究日常积累的定额基本资料；③拟定定额编制方案，确定定额水平、定额步距、表达方式等，故选项 B 正确。

企业定额是施工企业计算和确定工程施工成本的依据，是施工企业进行成本管理、经济核算的基础，故选项 C 错误（教材原文强调是“企业定额”而不是“施工定额”，施工定额是加强企业成本管理和经济核算的基础，最好不选）。

施工定额是编制施工预算，加强企业成本管理和经济核算的基础，故选项 D 正确。

施工定额为计量定额，即为正常施工条件下，完成单位合格产品所需消耗的人工、材料、机械的数量标准，企业定额在编制的时候，人工价格一般按照地区劳务市场价格计算确定，故选项 E 错误。

42. **【2021 年真题】** 施工定额的平均先进水平是指在正常的生产条件下（ ）的水平。

A. 个别班组可以接近　　B. 少数班组经过努力可以达到

C. 多数施工班组可以接近　　D. 多数班组经过努力可以达到

【解析】

编制原则	
施工定额	企业定额
① 平均先进：是指在正常的生产条件下，多数施工班组或生产者经过努力可以达到，少数班组或劳动者可以接近，个别班组或劳动者可以超过的水平。通常这种水平低于先进水平，略高于平均水平 ② 简明适用：指定额结构合理，定额步距大小适当，文字通俗易懂，计算方法简便，易为群众掌握运用，具有多方面的适应性，能在较大的范围内满足不同情况、不同用途的需要	① 应依据本企业的技术能力和管理水平，以基础定额为参照和指导，测定计算完成分项工程或工序所必需的人工、材料和机械台班的消耗量，准确反映本企业的施工生产力水平 ② 可采用基础定额的形式，按统一的工程量计算规则、统一划分的项目、统一的计量单位进行编制

43. **【2022 年真题】** 施工企业编制企业定额时，劳动力价格按照（　　）计算确定。

A. 企业所在地社会平均工资

B. 企业所在地预算人工价格

C. 地区劳务市场价格

D. 企业所在地最低工资标准

【解析】 人工价格也即劳动力价格，一般情况下就按地区劳务市场价格计算确定。

44. **【2020 年真题】** 关于编制企业定额时人、料、机消耗量和价格的说法，正确的是（　　）。

A. 确定人工消耗量时，首先根据企业环境，拟定非正常状况下的施工作业条件

B. 确定材料消耗量时，应根据特定项目的数据计算主要材料净用量和损耗量

C. 人工价格一般情况下依据企业自身的经济状况和不同的技术等级分别计算

D. 施工机械使用价格通常根据市场询价，企业和项目的具体情况确定

【解析】 人工消耗量的确定，首先是根据企业环境，拟定正常的施工作业条件，分别计算测定基本用工和其他用工的工日数，进而拟定施工作业的定额时间，故选项 A 错误。

确定材料消耗量，是通过企业历史数据的统计分析、理论计算、实验试验、实地考察等方法计算确定材料、周转材料的净用量和损耗量，从而拟定材料消耗的定额指标，故选项 B 错误。

人工价格也即劳动力价格，一般情况下就按地区市场价格计算确定。人工单价最常见的是日工资单价，根据“工种和技术等级”的不同分别计算人工单价，故选项 C 错误。

施工机械使用价格最常用的是台班价格，应通过市场询价，企业和项目的具体情况计算确定。故选项 D 正确。

45. **【2019 年真题】** 关于企业定额编制方法和定额水平的说法，正确的是（　　）。

A. 人工消耗量应依据行业标准水平，分别测定基本用工和其他用工的工日数

B. 企业定额应反映本企业的施工生产力水平

C. 材料消耗量应依据历史数据统计分析计算，只计算净用量

D. 机械台班使用量应按照项目作业环境和非正常施工条件，确定机械净工作效率和利用系数

【解析】 企业定额是根据企业自身的技术水平和管理能力编制的定额，是企业生产力水平的体现，故选项 B 正确。

人工消耗量应依据企业环境，拟定正常的施工作业条件，分别测定基本用工和其他用工的工日数，进而拟定施工作业的定额时间，故选项 A 错误。

材料消耗量应依据历史数据统计分析计算，确定净用量和损耗量，故选项 C 错误。

机械台班使用量应按照项目作业环境和正常施工条件，确定机械净工作效率和利用系数，故选项 D 错误。

46. 【2018 年真题】按照单位工程量和劳动定额中的时间定额计算出的基本用工数量为 15 工日，超运距用工量为 3 工日，辅助用工为 2 工日，人工幅度差系数为 10%，则人工幅度差用工数量为（　　）工日。

A. 1.5　　B. 1.7　　C. 1.8　　D. 2.0

【解析】 人工幅度差用工数量=(基本用工数量+超运距用工数量+辅助用工数量)×人工幅度差系数=(15+3+2)×10%=2.0（工日）。

47. 【2018 年真题】在合理的劳动组织和正常的施工条件下，完成某单位合格分项工程的时间消耗为所有班组完成时间均不超过 1 个工作日，其中个别班组可以在 0.50 个工日完成，多数班组经过努力可以在 0.80 工日完成。则编制施工定额时人工消耗宜为（　　）工日。

A. 1.00　　B. 0.80　　C. 0.77　　D. 0.50

【解析】 施工定额的水平遵循平均先进水平，即正常生产条件下，多数施工班组或生产者经过努力可以达到，少数班组或劳动者可以接近，个别劳动者或班组可以超过的水平。因此编制施工定额时人工消耗宜为多数班组经过努力可以完成的时间。

48. 【2012 年真题】编制和应用施工定额之所以有利于推广先进技术是因为（　　）。

A. 施工定额是强制实施的

B. 施工定额是工程定额体系的基础

C. 施工定额水平本身包含成熟先进的施工技术

D. 施工定额是用先进的技术方法测定出来的

【解析】 施工定额有利于推广先进技术是因为施工定额本身包含了成熟先进的技术和经验，劳动者达到或者超过施工定额，就必须掌握和运用这些技术。

49. 【2011 年真题】关于施工定额作用的说法，正确的有（　　）。

A. 施工定额是企业编制施工组织设计的依据

B. 施工定额是计算工人计件工资的基础

C. 施工定额是编制施工预算的基础

D. 施工定额是组织和指挥施工生产的有效工具

E. 施工定额是编制竣工结算的依据

【解析】 施工定额主要用于施工企业的内部管理，主要作用为：

① 施工定额是企业计划管理的依据，即是企业编制施工组织设计和工作计划的依据。

② 施工定额是组织和指挥施工生产的工具。

③ 施工定额是计算工人劳动报酬的依据。

④ 施工定额是编制施工预算，进行成本管理和核算的依据。

50. **【2017 年真题】** 关于定额基价表的说法中，正确的是（　　）。

A. 定额基价表是由单位工程单价构成的单价表

B. 供料单价定额基价表以施工定额为基本依据编制

C. 定额基价表应以全国为范围进行编制

D. 编制定额基价表时材料价格应以本地区市场价格为依据

【解析】 定额基价是预算定额分项工程或者结构构件的单价，以预算定额为依据编制，故选项 A、B 错误。

定额基价是以一个城市或一个地区为范围进行编制，在该地区范围内适用，故选项 C 错误。

51. **【2017 年真题】** 施工过程中对隐蔽工程质量检查验收影响工人操作的时间，属于预算定额人工消耗量指标组成中的（　　）。

A. 基本用工　　B. 辅助用工

C. 人工幅度差用工　　D. 超运距用工

【解析】 选项 C 正确。人工幅度差用工包括：

① 各种工序之间的搭接和交叉、配合之间不可避免的停歇时间。

② 施工机械在现场单位工程之间变换位置以及在施工过程中移动临时水电线路引起的临时停水、停电发生的不可避免的间歇时间。

③ 施工过程中的水电维修用工。

④ 隐蔽工程验收等工程质量检查影响的操作时间。

⑤ 现场内单位工程之间操作地点转移影响的操作时间。

⑥ 施工过程中工种之间交叉作业造成的不可避免的剔凿、修复、清理等用工。

⑦ 施工过程中不可避免的少量的零星用工。

52. **【2014 年真题】** 完成某预算定额项目单位工程量的基本用工为 2.8 工日，辅助用工为 0.7 工日，超运距用工为 0.9 工日，人工幅度差系数为 10%，该定额的人工工日消耗量为（　　）工日。

A. 4.84　　B. 4.7　　C. 4.56　　D. 4.68

【解析】 人工幅度差用工的计算：

人工幅度差用工数量=(基本用工数量+超运距用工数量+辅助用工数量)×人工幅度差系数=(2.8+0.7+0.9)×10%=0.44（工日）。

人工工日消耗量=2.8+0.7+0.9+0.44=4.84（工日）。

53. **【2014 年真题】** 编制预算定额人工消耗量指标时，下列人工消耗量属于人工幅度差用工的有（　　）。

A. 施工过程中水电维修用工　　B. 隐蔽工程验收影响的操作时间

C. 现场材料水平搬运用工　　D. 现场材料加工用工

E. 现场筛沙子增加的用工量

【解析】 人工幅度差用工包括：

① 各种工序之间的搭接和交叉、配合之间不可避免的停歇时间。

② 施工机械在现场单位工程之间变换位置以及在施工过程中移动临时水电线路引起的临时停水、停电发生的不可避免的间歇时间。

③ 施工过程中的水电维修用工。

④ 隐蔽工程验收等工程质量检查影响的操作时间。

⑤ 现场内单位工程之间操作地点转移影响的操作时间。

⑥ 施工过程中工种之间交叉作业造成的不可避免的剔凿、修复、清理等用工。

⑦ 施工过程中不可避免的少量的零星用工。

54.【**2013 年真题**】编制预算定额人工消耗量时，人工幅度差用于人工定额中未包括的，而在一般正常施工情况下又不可避免的一些（　　）。

A. 返工用工　　B. 低效率用工

C. 用工浪费　　D. 零星用工

【**解析**】人工幅度差是指人工定额中未包括的，而在一般正常施工情况下又不可避免的一些零星用工。

二、参考答案

题号	1	2	3	4	5	6	7	8	9
答案	D	B	C	C	C	C	C	ADE	A
题号	10	11	12	13	14	15	16	17	18
答案	A	CDE	BCE	D	C	A	C	C	ABDE
题号	19	20	21	22	23	24	25	26	27
答案	A	D	A	ABCD	B	A	BCE	D	B
题号	28	29	30	31	32	33	34	35	36
答案	D	ABDE	B	C	D	AC	ABDE	B	C
题号	37	38	39	40	41	42	43	44	45
答案	B	D	D	ABCE	ABD	D	C	D	B
题号	46	47	48	49	50	51	52	53	54
答案	D	B	C	ABCD	D	C	A	AB	D

三、2023 考点预测

考点一：建设工程定额的分类

1）建设工程定额（按生产要素分类）的组成。

2）建设工程定额（按编制程序和用途分类）的组成、研究对象、作用。

3）建设工程定额（按投资的费用性质分类）的组成。

考点二：人工定额的编制

1）工人工作时间的分类。

2）人工定额测定的方法。

考点三：材料消耗定额的编制

1）材料消耗定额指标的构成。

2）材料消耗量的确定。

考点四：施工机械台班使用定额的编制

1）机械工作时间的分类。

2）机械台班使用定额的编制内容。

考点五：施工定额和企业定额的编制

施工定额的作用。

考点六：预算定额及其基价的编制

1）人工消耗量指标的确定。

2）人工幅度差的组成及计算。

3）定额基价编制方法。

第三节　建设工程项目设计概算

考点一：设计概算的内容和作用

考点二：设计概算的编制程序、步骤和编制方法

考点三：设计概算的审查内容和方法

一、历年真题及解析

1. **【2021 年真题】**设计概算是设计单位编制和确定建设工程项目从筹建至（　　）所需全部费用的文件。

A. 竣工结算　　B. 项目报废

C. 竣工交付使用　　D. 施工保修期满

【解析】 设计概算是设计单位编制和确定建设工程项目从筹建至竣工交付使用所需全部费用的文件。

2. **【2020 年真题】**非经营性建设工程项目总概算的完整组成是（　　）。

A. 单项工程综合概算、工程建设其他费用概算、预备费概算、资金筹措费概算

B. 建设单位工程概算、设备及安装单位工程概算和工程建设其他费用概算

C. 建设单位工程概算、设备及安装单位工程概算、工程建设其他费用概算和预备费概算

D. 单项工程综合概算、工程建设其他费用概算、预备费概算、资金筹措费概算和铺底流动概算

【解析】 非经营性建设工程项目总概算包括：单项工程综合概算、工程建设其他费用概算、预备费概算、资金筹措费概算。故选项 A 正确。

3. **【2016 年真题】**下列单位工程概算中，属于设备及安装工程概算的是（　　）。

A. 通风空调工程概算　　B. 电气照明工程概算

C. 弱电工程概算　　D. 工器具及生产家具购置费用概算

【解析】 设备及安装工程概算包括：机械设备及安装、电气设备及安装、热力设备及安装、工器具及生产家具购置费等工程概算。

选项 A、B、C 属于建筑单位工程概算。

4. **【2016 年真题】**关于建设工程项目设计概算的内容与作用的说法中，正确的有（　　）。

A. 设计概算是项目实施过程造价控制管理的依据

B. 设计概算是考核设计方案的经济合理性和控制施工图预算的依据

C. 项目总概算是反映项目从设计至竣工交付使用所需全部费用的文件

D. 单位工程概算中应包括工程建设其他费用概算

E. 政府投资项目经主管部门审批的总概算是总造价的最高限额，不得任意突破

【解析】 设计概算是在投资估算的控制下由设计单位根据初步设计或扩大初步设计的图纸及说明，对建设项目从筹建至竣工交付使用所需全部费用进行概略计算，故选项 C 错误。

单位工程概算只包括单位工程的工程费用，由人、料、机费用和企业管理费、利润、规费、税金组成。单位工程概算按其工程性质分为建筑工程概算和设备及安装工程概算两大类，故选项 D 错误。

设计概算是项目实施过程中造价控制管理的依据，具体体现在：

① 设计概算是制定和控制建设投资的依据。

② 设计概算是编制建设计划的依据。

③ 设计概算是进行贷款的依据。

④ 设计概算是编制招标控制价（招标标底）和投标报价的依据。

⑤ 设计概算是签订工程总承包合同的依据。

⑥ 设计概算是考核设计方案的经济合理性和控制施工图预算和施工图设计的依据。

⑦ 设计概算是考核和评价建设工程项目成本和投资效果的依据。

5. **【2014 年真题】** 关于设计概算的说法中，错误的是（　　）。

A. 设计概算是确定和控制建设工程项目全部投资的文件

B. 编制设计概算不需考虑建设项目施工条件对投资的影响

C. 如果设计概算值超过投资建设额，必须修改设计或重新立项审批

D. 设计概算由项目设计单位负责编制，并对其编制质量负责

【解析】 设计概算是在投资估算的控制下由设计单位根据初步设计或扩大初步设计的图纸及说明，对建设项目从筹建至竣工交付使用所需全部费用进行概略计算，选项 D 正确。

设计概算是制定和控制建设投资的依据。对于使用政府资金的建设项目，初步设计及总概算一经报批，总概算就是总造价的最高限额，不得任意突破，如有突破须报原审批部门批准，选项 A、C 正确。

根据常识，不同的施工条件必然会导致项目的建安工程费不同，也必然会导致建设投资的变化，因此编制设计概算时需要考虑建设项目施工条件对投资的影响，故选项 B 错误。

6. **【2013 年真题】** 设计概算的“三级概算”是指（　　）。

A. 建筑工程概算、安装工程概算、设备及工器具购置费概算

B. 建设投资概算、建设期利息概算、铺底流动资金概算

C. 主要工程项目概算、辅助和服务性工程项目概算、室内外工程项目概算

D. 单位工程概算、单项工程综合概算、建设工程项目总概算

【解析】 设计概算是设计文件的重要组成部分，可分为单位工程概算、单项工程综合概算和建设工程项目总概算三级。

7. **【2013 年真题】** 根据《财政投资项目评审操作规程》（试行）（财办理〔2002〕619

号)，投送评审机构评审的项目概算应由项目（　　）提供。

A. 建设单位　　B. 主管部门　　C. 设计单位　　D. 施工单位

【解析】 项目概算应由项目建设单位提供，项目建设单位委托其他单位编制的，由项目单位确认后报送评审机构进行评审。

8. 【2011年真题】某非生产性建设工程项目只有一个单项工程，则该单项工程综合概算包括建筑单位工程概算、设备及安装单位工程概算以及（　　）概算。

A. 电气照明工程　　B. 工程建设其他费用

C. 生产家具购置费用　　D. 给排水及采暖工程

【解析】 当建设工程项目只有一个单项工程时，则该单项工程综合概算包括建筑单位工程概算、设备及安装单位工程概算以及工程建设其他费概算。

选项A、D属于建筑单位工程概算，选项C属于设备及安装单位工程概算。

9. 【2011年真题】下列投资概算中，属于建筑单位工程概算的是（　　）。

A. 机械设备及安装工程概算　　B. 电气设备及安装工程概算

C. 工器具及生产家具购置费用概算　　D. 通风空调工程概算

【解析】 建筑单位工程概算包括：一般土建工程概算、给排水采暖工程概算、通风空调工程概算、电气照明工程概算、弱电工程概算、特殊构筑物工程概算。

选项A、B、C属于设备及安装单位工程概算。

10. 【2004年真题】建设工程项目投资控制的最高限额是指经批准的（　　）。

A. 项目建议书中的投资估算　　B. 可行性研究报告中的投资估算

C. 设计概算　　D. 修正概算

【解析】 设计概算是制定和控制建设投资的依据。对于使用政府资金的建设项目，初步设计及总概算一经报批，总概算就是总造价的最高限额，不得任意突破，如有突破须报原审批部门。

11. 【2021年真题】某新建住宅的建筑面积为4000m^2，按概算指标和地区材料预算价格计算出一般土建工程单位造价为1304元/m^2（其中人、料、机费用为900元/m^2）。按照当地造价管理部门规定，企业管理费费率为8%；规费以人、料、机和企业管理费之和为计算基础，规费费率为15%；利润以人、料、机、企业管理费和规费之和为计算基础，利润率为7%；增值税税率为9%。由于土建工程与概算指标相比结构构件有部分变更，变更后每100m^2土建工程的人、料、机费用比概算指标对应部分的费用增加3000元。则修正后的土建工程单位造价为（　　）元/m^2。

A. 1070　　B. 1155　　C. 1236　　D. 1347

【解析】 $(900+3000/100)\times(1+8\%)\times(1+7\%)\times(1+15\%)\times(1+9\%)=1347$(元/$m^2$)。

12. 【2020年真题】利用概算定额编制单位工程概算的工作有：①计算单位工程的人、料、机费用；②列出分项工程并计算工程量；③计算企业管理费、利润、规费和税金；④确定分部分项工程的概算定额单价；⑤计算单位工程概算造价。编制步骤正确的顺序是（　　）。

A. ④②①⑤③　　B. ②④①③⑤　　C. ①②③④⑤　　D. ④①②③⑤

【解析】 利用概算定额法编制设计概算的具体步骤如下：①按照概算定额分部分项顺序，列出各分项工程的名称；②确定各分部分项工程项目的概算定额单价（基价）；③计算单位工程的人、料、机费用；④根据人、料、机费用，结合其他各项取费标准，分别计算企业管理费、利润、规费和税金；⑤计算单位工程概算造价。

13. **【2020 年真题】**当设备清单不完备时，编制设备安装工程概算应用（　　）。

A. 扩大单价法　　B. 生产能力指数法

C. 预算法　　D. 概算指标法

E. 类似工程预算法

【解析】 设备安装工程概算的编制方法：①预算单价法。当初步设计有详细设备清单时，可直接按预算单价（预算定额单价）编制设备安装工程概算。②扩大单价法。当初步设计的设备清单不完备，或仅有成套设备的重量时，可采用主体设备、成套设备或工艺线的综合扩大安装单价编制概算。③概算指标法。当初步设计的设备清单不完备，或安装预算单价及扩大综合单价不全，无法采用预算单价法和扩大单价法时，可采用概算指标法编制概算。故选项 A、D 正确。

14. **【2019 年真题】**某建设项目的建筑面积为 10000m^2，按类似工程概算指标计算的一般土建工程单位概算造价为 1158.84 元/m^2（其中人、料、机费用为 800 元/m^2），项目所在地建筑安装工程管理费率为 8%，按人、料、机和企业管理费计算的规费费率为 15%，利润率为 7%，增值税税率为 9%，与类似工程概算指标规定的结构相比较，该项目结构有部分变更，换出结构构件中每 100m^2 的人、料、机费用为 12450 元，换入结构构件中每 100m^2 的人、料、机费用为 15800 元，人、料、机费用均不包含增值税可抵扣进项税额，则该项目一般土建工程修正后的概算单价为（　　）元/m^2。

A. 833.50　　B. 1207.36　　C. 1192.34　　D. 1316.84

【解析】 修正后的人、料、机费用 $=J+Q_1P_1-Q_2P_2$（J 为原概算指标；Q_1 为概算指标中换入结构的工程量；Q_2 为概算指标中换出结构的工程量；P_1 为换入结构的单价；P_2 为换出结构的单价）= 800+15800/100−12450/100 = 833.5（元/m^2）。

修正后的概算单价 = 833.5×(1+8%)×(1+15%)×(1+7%)×(1+9%) = 1207.36（元/m^2）。

15. **【2022 年真题】**下列设备安装工程概算计算式中，属于概算指标法的有（　　）。

A. 设备安装费 = 设备安装工程量×预算单价

B. 设备安装费 = 设备原价×安装工程费

C. 设备安装费 = 设备总吨数×每吨安装费

D. 设备安装费 = 设备台数×每台设备安装费

E. 设备安装费 = 建筑面积×单位面积安装费

【解析】 设备安装工程概算采用概算指标法计算时，可以按照占设备价值的百分比（安装费率）的概算指标计算、按每吨设备安装费的概算指标计算、按座、套、组、根或功率等为单位的概算指标计算、按设备安装工程每平方建筑面积的概算指标计算。

16. **【2018 年真题】**某拟建单位工程初步设计深度不够，不能准确地计量工程量，但工程设计采用的技术比较成熟而又有类似工程概算指标可以利用，编制该单位工程概算宜采用的方法是（　　）。

A. 概算定额法　　B. 概算指标法

C. 预算单价法　　D. 类似工程预算法

【解析】 概算指标法适用初步设计深度不够，不能准确地计算工程量，但工程设计采用的技术比较成熟而又有类似工程概算指标可以利用的情况。

17.【2018 年真题】设备安装工程概算的编制方法有（　　）。

A. 预算单价法　　B. 类似工程预算法

C. 概算指标法　　D. 扩大单价法

E. 单位估价表法

【解析】 设备及安装工程概算编制方法有预算单价法、扩大单价法、概算指标法。

18.【2017 年真题】某工程项目所需设备原价 400 万元，运杂费费率为 5%，安装费费率为 10%，则该项目的设备及安装工程概算为（　　）万元。

A. 400　　B. 440　　C. 460　　D. 462

【解析】 设备购置费概算=(设备清单中的设备数量×设备原价)×(1+运杂费率)。

设备安装费=设备原价×设备安装费率(注意设备安装费的基数不是设备原价+运杂费)。

设备及安装工程概算=400×(1+5%)+400×10%=460（万元）。

19.【2017 年真题】编制设计概算文件时，各项投资的比重及各专业投资的比重等经济分析指标应放在项目总概算文件的（　　）中。

A. 总概算表　　B. 单项工程综合概算表

C. 单位工程概算表　　D. 编制说明

【解析】 编制说明的内容包括：①工程概况；②资金来源及投资方式；③编制依据及编制原则；④编制方法（说明设计概算是采用概算定额法还是概算指标法）；⑤投资分析（主要分析各项投资的比重、各专业投资的比重等经济指标）；⑥其他。

20.【2016 年真题】某建设工程项目拟订购 5 台国产设备，订货价格为 50 万元/台，设备运杂费率为 8%，设备安装费率为 20%，采用概算指标法确定该项目的设备安装费为（　　）万元。

A. 54　　B. 24　　C. 20　　D. 50

【解析】 设备安装费=设备原价×设备安装费率。

设备及安装工程概算=50×5×20%=50（万元）。

21.【2022 年真题】某拟建砖混结构工程，结构特征与概算指标相比，仅外墙装饰面不同。概算指标中，外墙面为水泥砂浆抹面，单价为 8.75 元/m^2，每平方米建筑面积消耗量为 0.62m^2；拟建工程外墙为贴釉面砖，单价为 41.50 元/m^2，每平方米建筑面积消耗量为 0.84m^2，已知概算指标为 508 元/m^2，则该拟建工程修正后的概算指标为（　　）元/m^2。

A. 467.72　　B. 537.44

C. 502.58　　D. 542.86

【解析】 508+41.5×0.84−8.75×0.62=537.44（元/m^2）

22.【2015 年真题】某建设项目工程费用 6800 万元，其他费用 1200 万元，预备费 500 万元，建设期贷款利息 370 万元，铺底流动资金 710 万元。预计在建设中原房屋拆除变现收入 100 万元，试车收入大于支出金额 150 万元，则该项目总概算为（　　）万元。

A. 9580　　B. 9330　　C. 9680　　D. 9430

【解析】 计算总概算价值=工程费用+其他费用+预备费资金筹措费十铺底流动资金−回收金额=6800+1200+500+370+710−100−150=9330（万元）。

23.【2015 年真题】建设项目总概算书的内容有编制说明和（　　）。

A. 单位工程概算表　　B. 分部分项工程概算表

C. 单项工程综合概算表　　D. 工程建设其他费用概算表

E. 总概算表

【解析】 设计概算文件包括：①封面、签署页及目录；②编制说明；③总概算表；④工程建设其他费用概算表；⑤单项工程综合概算表；⑥单位工程概算表；⑦附录：补充估价表。

24. 【2014 年真题】编制设备安装工程概算，当初步设计的设备清单不完备，可供采用的安装预算单价及扩大综合单价不全时，适宜采用的概算编制方法是（　　）。

A. 概算定额法　　B. 扩大单价法

C. 类似工程预算法　　D. 概算指标法

【解析】 设备及安装工程概算编制方法有预算单价法、扩大单价法、概算指标法。可供采用的安装预算单价和扩大综合单价不全时，只能用概算指标法。

25. 【2013 年真题】当初步设计有详细设备清单时，编制设备及安装工程概算宜采用的编制方法是（　　）。

A. 扩大单价法　　B. 概算指标法

C. 预算单价法　　D. 类似工程预算法

【解析】 当初步设计有详细设备清单时，可直接按照预算单价法编制设备及安装工程概算。

当初步设计的设备清单不完备，或仅有成套设备的重量时，可以采用主体设备、成套设备或工艺线的综合扩大安装单价编制概算。

无法采用上述两种方法时，采用概算指标法编制。

26. 【2013 年真题】某工程已有详细的设计图纸，建筑结构非常明确，采用的技术很成熟，则编制该单位建筑工程概算精度最高的方法是（　　）。

A. 概算指标法　　B. 类似工程预算法

C. 修正的概算指标法　　D. 概算定额法

【解析】 “概算定额法”适用初步设计达到一定深度、建筑结构比较明确的情况，因此精度最高。

27. 【2009 年真题】编制建设工程项目设计概算时，在收集原始数据后应进行的工作有：①确定有关数据；②单位工程概算书编制；③各项费用计算；④单项工程综合概算书编制。其正确顺序是（　　）。

A. ③①②④　　B. ①③②④

C. ③②①④　　D. ①②③④

【解析】 设计概算的编制程序和步骤：收集原始资料→确定有关数据→各项费用计算→单位工程概算书编制→单项工程综合概算书的编制→建设项目总概算的编制。

28. 【2021 年真题】关于设备安装工程概算审查内容的说法，正确的有（　　）。

A. 审查编制依据的合法性、时效性以及适用范围

B. 审查采用预算单价计算安装费用时的单价是否合适、工程量计算是否符合规则要求

C. 审查采用概算指标计算安装费时的指标是否合理、计算结果是否达到精度要求

D. 审查设备采购流程及运输方式是否合理合规

E. 审查需要计算安装费的设备数量及种类是否符合设计要求

【解析】 设备安装工程概算的审查，除编制方法、编制依据（合法性、时效性以及适用范围）外，还应注意审查：①采用预算单价或扩大综合单价计算安装费时的各种单价是否合适、工程量计算是否符合规则要求、是否准确无误；②当采用概算指标计算安装费时采用的概算指标是否合理、计算结果是否达到精度要求；③审查所需计算安装费的设备数量及种类是否符合设计要求，避免某些不需安装的设备安装费计入在内。

29. **【2016年真题】** 审计设计概算时，对一些关键设备和设施重要装置、引进工程图纸不全、难以核算的较大投资宜采用的审查方法是（　　）。

A. 对比分析法　　B. 筛选审查法

C. 标准预算审查法　　D. 查询核实法

【解析】 "查询核实法"是对一些关键设备和设施、重要装置、引进工程图纸不全、难以核算的较大投资进行多方查询核对、逐项落实的方法。

30. **【2015年真题】** 设计概算审查时，对图纸不全的复杂建筑安装工程投资，通过向同类工程的建设、施工企业征求意见判断其合理性，这种审查方法属于（　　）。

A. 对比分析法　　B. 专家意见法

C. 查询核实法　　D. 联合会审法

【解析】 "查询核实法"是对一些关键设备和设施、重要装置、引进工程图纸不全、难以核算的较大投资进行多方查询核对、逐项落实的方法。注意此题的干扰项为对比分析法。

31. **【2015年真题】** 根据现行规定，在审查概算的投资规模、生产能力等是否符合原批准的可行性研究报告或者立项批文时，若发现概算总投资超过原批准投资估算的（　　）以上，需要进一步审查超估算的原因。

A. 5%　　B. 10%

C. 3%　　D. 8%

【解析】 审查概算时应审核概算是否符合原批准可行性研究报告或立项批文的标准，如概算总投资超过原批准投资估算的10%以上，应进一步审核超估算的原因。

32. **【2010年真题】** 某建设项目投资规模较大，土建部分工程量较小，从国外引进的生产线等关键设备占投资比重较大，可对该项目概算进行审查最适合的方法是（　　）。

A. 联合会审法　　B. 查询核实法

C. 分组计算审查法　　D. 对比分析法

【解析】 从国外引进的生产线等关键设备占投资比重较大，因此适合采用"查询核实法"进行审查。

33. **【2009年真题】** 在对某建设项目设计概算审查时，找到了与其关键技术基本相同、规模相近的同类项目的设计概算和施工图预算材料，则该建设项目的设计概算最适宜的审查方法是（　　）。

A. 标准审查法　　B. 分组计算审查法

C. 对比分析法　　D. 查询核实法

【解析】 有关键技术基本相同、规模相近的同类项目的设计概算和施工图预算材料，可以采用"对比分析法"进行设计概算审查。

二、参考答案

题号	1	2	3	4	5	6	7	8	9
答案	C	A	D	ABE	B	D	A	B	D
题号	10	11	12	13	14	15	16	17	18
答案	C	D	B	AD	B	CDE	B	ACD	C
题号	19	20	21	22	23	24	25	26	27
答案	D	D	B	B	ACDE	D	C	D	B
题号	28	29	30	31	32	33			
答案	ABCE	D	C	B	B	C			

三、2023考点预测

考点一：设计概算的内容和作用

设计概算的内容和作用。

考点二：设计概算的编制程序、步骤和编制方法

1）单位工程概算的编制方法。

2）设备安装工程概算的编制方法。

考点三：设计概算的审查内容和方法

设计概算审查的依据及方法。

第四节　建设工程项目施工图预算

考点一：施工图预算的作用、内容及编制依据

考点二：施工图预算的编制方法及审查内容

一、历年真题及解析

1.【2020年真题】某建设项目只有一个单项工程。关于该项目施工图预算编制要求的说法，正确的是（　　）。

A. 应采用三级预算编制形式

B. 不需编制施工图预算

C. 应采用二级预算编制形式

D. 编制建设项目总预算和单项工程综合预算

【解析】 当建设项目只有一个单项工程时，应采用二级预算编制形式而不是三级预算编制形式，故选项A错误，选项C正确。

二级预算编制形式由建设项目总预算和单位工程预算组成，不用编制单项工程综合预算，故选项D错误。

2.【2020年真题】施工图预算对于工程造价管理部门的作用主要有（　　）。

A. 是项目立项审批的依据　　B. 是监督检查执行定额标准的依据
C. 是合理确定工程造价的依据　　D. 是审定招标控制价的依据
E. 是测算造价指数的依据

【解析】 对于工程造价管理部门而言，施工图预算是监督检查执行定额标准、合理确定工程造价、测算造价指数及审定招标控制价的重要依据。故选项 B、C、D、E 正确。

3. **【2018 年真题】** 关于施工图预算编制内容和要求的说法中，正确的是（　　）。

A. 施工图总预算应控制在已批准的设计总概算投资范围以内
B. 当建设项目只有一个单项工程时，则不需要编制建设项目总预算
C. 单位工程预算编制依据的定额应为企业定额
D. 建设项目总预算是反映建设项目施工阶段投资总额的造价文件

【解析】 建设项目有多个单项工程时，应采用三级预算编制形式（建设项目总预算、单项工程综合预算、单位工程预算）；建设项目只有一个单项工程时，应采用二级预算编制形式（建设项目总预算、单位工程预算），故选项 B 错误。

建设项目总预算是反映施工图设计阶段建设项目投资总额的造价文件，是施工图预算文件的主要组成部分。施工图总预算应控制在已批准的设计总概算投资范围以内，故选项 D 错误。

单位工程预算是依据单位工程施工图设计文件、现行预算定额以及人工、材料和施工机械台班价格等，按照规定的计价方法编制的工程造价文件，故选项 C 错误。

4. **【2018 年真题】** 关于施工图预算对建设单位的作用的说法中，正确的有（　　）。

A. 是确定建设项目筹资方案的依据
B. 是施工图设计阶段确定建设工程项目造价的依据
C. 是编制进度计划，统计完成工程量的依据
D. 是确定工程招标控制价的依据
E. 可以作为拨付工程进度款及办理结算的基础

【解析】 施工图预算对建设单位的作用：①施工图预算是施工图设计阶段确定建设工程项目造价的依据，是设计文件的组成部分；②施工图预算是建设单位在施工期间安排建设资金计划和使用建设资金的依据；③施工图预算是确定工程招标控制价的依据；施工图预算可以作为确定合同价款、拨付工程进度款及办理工程结算的基础。

5. **【2015 年真题】** 施工图预算的编制依据有（　　）。

A. 建设单位的资金到位情况　　B. 施工投标单位的资质等级
C. 施工投标单位的施工组织设计　　D. 批准的设计概算
E. 批准的施工图设计图纸

【解析】 施工图预算的编制依据：①国家、行业和地方有关规定；②相应工程造价管理机构发布的预算定额；③施工图设计文件及相关标准图集和规范；④项目相关文件、合同、协议等；⑤工程所在地的人工、材料、设备、施工机械市场价格；⑥施工组织设计和施工方案；⑦项目的管理模式、发包模式及施工条件；⑧其他应提供的资料。只有选项 C、E 符合。

6. **【2014 年真题】** 建筑安装工程施工图预算的编制依据有（　　）。

A. 中标通知书　　B. 现场签证

C. 工程地质勘察资料　　D. 建设项目施工组织设计

E. 发布的预算定额

【解析】 施工图预算的编制依据：①国家、行业和地方有关规定；②相应工程造价管理机构发布的预算定额；③施工图设计文件及相关标准图集和规范；④项目相关文件、合同、协议等；⑤工程所在地的人工、材料、设备、施工机械市场价格；⑥施工组织设计和施工方案；⑦项目的管理模式、发包模式及施工条件；⑧其他应提供的资料，选项 D、E 符合题干。

7. **【2011 年真题】**关于传统计价模式下施工图预算的作用的说法，正确的有（　　）。

A. 施工图预算是施工单位确定投标报价的依据

B. 施工图预算是施工单位进行施工准备的依据

C. 施工图预算是报审项目投资额的依据

D. 施工图预算是监督检查执行定额标准的依据

E. 施工图预算是控制施工成本的依据

【解析】 设计概算是报审项目投资额的依据，故选项 C 错误。

选项 A、B、E 是施工图预算对施工单位的作用。

对工程造价管理部门来说，施工图预算是监督检查执行定额标准、测定造价指数以及审核招标控制价等的依据，故选项 D 正确。

8. **【2007 年真题】**对施工单位而言，施工图预算是（　　）的依据。

A. 确定投标报价　　B. 控制施工成本

C. 进行贷款　　D. 编制工程概算

E. 进行施工准备

【解析】 对施工单位来说，施工图的作用体现在：①施工图预算是确定投标报价的依据；②施工图预算是施工单位进行施工准备的依据；③施工图预算是施工企业控制工程成本的依据；④施工图预算是施工企业进行施工预算和施工图预算对比的依据，故选项 A、B、E 正确。

选项 C：设计概算是建设单位进行贷款的依据。

选项 D：从时间的角度，先编制工程设计概算然后才编制施工图预算，故选项 D 错误。

9. **【2020 年真题】**关于采用定额单价法编制施工图预算时套用定额单价的说法，错误的是（　　）。

A. 当分项工程的名称、规格、计量单位与定额单价中所列内容完全一致时，可直接套用定额单价

B. 当分项工程的主要材料品种与定额单价中规定材料不一致时，应按实际使用材料价格换算定额单价

C. 当分项工程不能直接套用定额、不能换算和调整时，应编制补充定额单价

D. 当分项工程施工工艺条件与定额单价不一致造成人工、机械的数量增减时，应调价不换量

【解析】 分项工程施工工艺条件与定额单价不一致而造成人工、机械的数量增减时，一般调量不换价。故选项 D 错误。

10. **【2021 年真题】**有 10 项采用通用图纸施工的单位工程，上部结构和做法完全相同，

但因地质条件差异其基础部分均有局部改变，审查这些工程上部结构的施工图预算时，宜采用的方法是（　　）。

A. 标准预算审查法　　B. 分组计算审查法

C. 对比审查法　　D. 重点审查法

【解析】

施工图预算审查方法	
逐项审查法（全面审查法）	全面细致，质量高，工作量大，时间长。适合工程量小、工艺简单的工程
标准预算审查法	审查时间短，效果好，但适用范围小，仅适用于采用标准图纸或通用图纸的工程
分组计算审查法	如一般的建筑工程中将底层建筑面积可编为一组。先计算底层建筑面积或楼（地）面面积，从而得知楼面找平层、天棚抹灰的工程量等，依次类推。该方法的特点是审查速度快，工作量小
对比审查法	对比审查法是当工程条件相同时，用已完工程的预算或未完但已经过审查修正的工程预算对比审查拟建工程的同类工程预算的一种方法
筛选审查法	基本指标为工程量、价格、用工，用指标筛选各分部分项工程，审查速度快，便于发现问题，但问题原因不明。适用于审查住宅或不具备全面审查条件的工程
重点审查法	审查的重点一般是工程量大或造价高的各种工程、补充定额等

11. **【2020 年真题】**施工图预算审查中，若工程条件相同，用已完工程的预算审核拟建同类工程预算的方法属于（　　）。

A. 对比审查法　　B. 标准预算法

C. 筛选审查法　　D. 分组计算法

【解析】 对比审查法是当工程条件相同时，用已完工程的预算或未完但已经过审查修正的工程预算对比审查拟建工程的同类工程预算的一种方法。故选项 A 正确。

12. **【2022 年真题】**采用定额单价法和实物量法编制施工图预算的主要区别是（　　）。

A. 计算人工费、材料费和施工机械使用费的方法不同

B. 计算工程量的方法不同

C. 计算企业管理费的方法不同

D. 计算其他税费的程序不同

【解析】 实物量法编制施工图预算的步骤与定额单价法基本相似，但在具体计算人工费、材料费和机械使用费及汇总三种费用之和方面有一定区别。

定额单价法	实物量法
① 准备资料熟悉图纸 ② 计算工程量 ③ 套定额，计算人料机费用 ④ 工料分析 ⑤ 计算其他费用汇总造价 ⑥ 复核 ⑦ 编制说明填写封面	① 准备资料熟悉图纸 ② 计算工程量 ③ 套消耗定额，计算人料机消耗量 ④ 计算并汇总人料机费用（消耗量×要素单价） ⑤ 计算其他费用汇总造价 ⑥ 复核 ⑦ 编制说明填写封面

13.【2019 年真题】拟建工程与已完工程预算采用同一施工图，但基础部分和现场施工条件不同，则施工图预算审查时对相同部分审查宜采用的方法是（　　）。

A. 筛选审查法　　B. 重点审法

C. 分组计算查法　　D. 对比审查法

【解析】 利用已完工程预算中相同部分审查拟建工程施工图预算的方法为对比审查法，对不同部分则可以按照拟建工程的施工图纸计算。

14.【2019 年真题】编制施工图预算时，按各分项工程的工程量套取预算定额中人、料、机消耗量指标，并按类相加求取单位工程人、料、机总消耗量，再采用当时当地的人工、材料和机械台班实际价格计算汇总人、料、机费用的方法是（　　）。

A. 定额单价法　　B. 工程量清单综合单价法

C. 全费用综合单价法　　D. 实物量法

【解析】 施工图预算的编制方法有三种：定额单价法、实物量法、工程量清单单价法。

其中定额单价法和实物量法的主要区别在于计算分项工程人、料、机费用的方法和依据不同：定额单价法在计算工程量后，直接套用定额单价表计算分项工程人、料、机费用；实物量法在计算工程量后，先套用消耗量定额计算出人、料、机的消耗量，然后再确定当时当地的人工、材料和机械台班实际价格计算汇总人、料、机费用。

15.【2019 年真题】运用筛选审查法审查建筑工程施工图预算时，需要先确定有关分部分项工程的建筑面积基本数值指标，其指标包括（　　）。

A. 工程量　　B. 能耗　　C. 单价　　D. 用工量

E. 占地

【解析】 筛选审查法是将建筑工程中单位建筑面积指标变化不大的分部分项工程加以汇集、优选，找出其单位建筑面积工程量、单价、用工的基本数值，归纳各单方基本指标，用这些基本指标来筛选各分部分项工程的方法，对不符合条件的应进行详细审查，若审查对象的预算标准与基本指标的标准不符，就应对其进行调整。

16.【2018 年真题】实物量法编制施工图预算时采用的人工、材料、机械的单价为（　　）。

A. 项目所在地定额基价中的价格　　B. 预测的项目建设期的市场价格

C. 当时当地的实际价格　　D. 定额编制时的市场价格

【解析】 用实物量法编制施工图预算，在求出单位工程所需要的各种人工、材料、施工机械台班的总消耗量后，分别乘以当时当地各种人工、材料、机械台班的单价，求得人工费、材料费和施工机械使用费，再汇总求和，故选项 C 正确。

17.【2017 年真题】定额单价编制施工图预算的主要工作有：①计算工程量；②套用定额单价，计算人、料、机费用；③按计价程序计取其他费用，并汇总造价；④编制工料分析表；⑤准备资料熟悉施工图纸。正确的步骤是（　　）。

A. ④⑤①②③　　B. ⑤①④②③　　C. ⑤②①④③　　D. ⑤①②④③

【解析】 定额单价编制施工图预算的编制步骤：准备资料熟悉图纸→计算工程量→套用定额单价，计算人、料、机费用→工料分析→计算其他各项费用汇总造价→复核→编制说明，填写封面。

18.【2017 年真题】施工图预算审查的重点包括（　　）。

A. 审查相关的技术规范是否有错误

B. 审查工程量计算是否准确

C. 审查施工图预算编制中定额套用是否恰当

D. 审查各项收费标准是否符合现行规定

E. 审查施工图设计方案是否合理

【解析】 施工图预算审查的重点是工程量计算是否准确，定额套用、各项取费标准是否符合现行规定或单价计算是否合理等方面。

19. 【2015年真题】对于设计方案比较特殊，无同类工程可比且审查精度要求高的施工图预算，适宜采用的审查方法是（　　）。

A. 全面审查法　　B. 标准预算审查法

C. 对比审查法　　D. 重点审查法

【解析】 全面审查法，又称逐项审查法，是各项工程细目逐项全面详细审查，优点是审查全面、细致，审查精度高。

20. 【2014年真题】施工图预算审核时，利用房屋建筑工程标准层建筑面积数对楼面找平层、天棚抹灰等工程量进行审查的方法，属于（　　）。

A. 分组计算审查法　　B. 重点审查法

C. 筛选审查法　　D. 对比审查法

【解析】 题中一般的建筑工程中将楼层建筑面积编为一组，先计算标准层建筑面积，从而得知楼面找平层、天棚抹灰的工程量，这种审查方法为分组计算审查法。

21. 【2014年真题】实物量法编制施工图预算时，计算并复核工程量后紧接着进行的工作是（　　）。

A. 套定额单价，计算人、料、机费用　　B. 套消耗定额，计算人、料、机消耗量

C. 汇总人、料、机费用　　D. 计算管理费等其他各项费用

【解析】 实物量法的编制步骤：准备资料，熟悉图纸→计算工程量→套用消耗定额，计算人、料、机消耗量→计算并汇总人工费、材料费、施工机械使用费→计算其他各项费用并汇总造价→复核→编制说明，填写封面。

22. 【2022年真题】采用定额单价法编制施工图预算时，若分项工程的主要材料品种与定额单价中规定的不一致，正确的处理方法是（　　）。

A. 按照实际使用材料价格换算定额单价

B. 编织补充定价单额

C. 直接套用定额单价

D. 调量不换价

【解析】 分项工程的主要材料品种与定额单价中规定材料不一致时，不可以直接套用定额单价，需要按实际使用材料价格换算定额单价。

23. 【2012年真题】审查精度高、效果好，但工作量大，时间较长的施工图预算审查方法是（　　）。

A. 逐项审查法　　B. 重点审查法

C. 对比审查法　　D. 筛选审查法

【解析】 全面审查法又称逐项审查法，即按定额顺序或施工顺序，对各项工程细目逐

项全面详细审查的一种方法。其优点是全面、细致，审查质量高、效果好。但也存在审查工作量大，审查时间较长的缺点。

二、参考答案

题号	1	2	3	4	5	6	7	8	9
答案	C	BCDE	A	BDE	CE	DE	ABDE	ABE	D
题号	10	11	12	13	14	15	16	17	18
答案	A	A	A	D	D	ACD	C	D	BCD
题号	19	20	21	22	23				
答案	A	A	B	A	A				

三、2023 考点预测

考点一：施工图预算的作用、内容及编制依据

1）施工图预算对建设单位、施工单位、工程造价管理部门的作用。

2）施工图预算的编制依据。

考点二：施工图预算的编制方法及审查内容

1）定额单价法的编制步骤。

2）实物量法中的人工费、材料费、施工机械使用费的计算。

3）施工图预算的审查内容及方法。

第五节 工程量清单编制

考点：工程量清单编制

一、历年真题及解析

1. **【2022 年真题】**工程量清单为投标人的投标竞争提供了一个平等和共同的基础，其理由在于（　　）。

A. 投标人均应按工程量清单列出的项目不加修改地投标

B. 工程量清单列出的工程项目内容、数量和质量要求是投标人竞争的共同基础

C. 投标人均按工程量清单中确定的计量规则计算工程量

D. 工程量清单中的项目和综合单价是投标人平等竞争的基础和依据

【解析】 工程量清单是由招标人负责编制，将要求投标人完成的工程项目及其相应工程实体数量全部列出，为投标人提供拟建工程的基本内容、实体数量和质量要求等的基础信息。这样，在建设工程的招标投标中，投标人的竞争活动就有了一个共同基础，投标人机会均等，受到的待遇是公正和公平的。

2. **【2021 年真题】**工程量清单作为清单计价的基础，主要用于建设工程的（　　）

A. 决策阶段和设计阶段　　　　B. 设计阶段和招投标阶段

C. 施工阶段和运营使用阶段　　D. 招投标阶段和施工阶段

【解析】 工程量清单作为清单计价的基础，主要用于建设工程的招投标阶段和施工阶段。

3. **【2022 年真题】** 下列属于工程量清单项目特征涉及的有（　　）。

A. 项目的工程量　　B. 项目施工方法

C. 项目的材质　　D. 项目的规格、型号

E. 项目的工艺特征

【解析】 项目特征：①是指构成分部分项工程量清单项目、措施项目自身价值的本质特征，主要涉及项目的自身特征（材质、规格、型号、品牌）、项目的工艺特征以及对项目施工方法可能产生影响的特征。项目特征不同的项目应分开列项。

②应按《计量规范》的项目特征，结合拟建工程项目的实际予以描述。

4. **【2021 年真题】** 分部分项工程项目清单中项目特征描述通常包括（　　）。

A. 项目的管理模式　　B. 项目的材质、规格

C. 项目的工艺特征　　D. 项目的组织方式

E. 可能对项目施工方法产生影响的特征

【解析】

项目特征	① 是指构成分部分项工程量清单项目、措施项目自身价值的本质特征，主要涉及项目的自身特征（材质、规格、型号、品牌）、项目的工艺特征以及对项目施工方法可能产生影响的特征。对项目特征不同的项目应分开列项 ② 应按《计量规范》的项目特征，结合拟建工程项目的实际予以描述
备注	项目特征的重要意义： ①项目特征是区分清单项目的依据；②项目是确定综合单价的前提；③项目特征是履行合同义务的基础

5. **【2020 年真题】** 根据《建设工程工程量清单计价规范》，投标人可以根据需要自行增加列项的清单是（　　）。

A. 分部分项工程量清单　　B. 措施项目清单

C. 其他项目清单　　D. 规费、税金清单

【解析】 根据《建设工程工程量清单计价规范》GB 50500—2013 的规定：措施项目清单应根据拟建工程的实际情况列项（开口清单）。

6. **【2020 年真题】** 根据《建设工程工程量清单计价规范》，关于项目特征的说法正确的有（　　）。

A. 项目特征应根据《计量规范》的项目特征进行统一描述，招标人不应根据拟建项目实际情况更改项目特征描述

B. 分部分项工程量清单的项目特征是确定综合单价的重要依据

C. 项目特征主要涉及项目的自身特性、工艺特征及对项目施工方法可能产生影响的特征

D. 项目名称相同、项目特征不同的清单项目应分别列项

E. 项目特征是指构成分部分项工程清单项目、措施项目自身价值的本质特征

【解析】 分部分项工程量清单项目特征应按《计量规范》的项目特征，结合拟建工程项目的实际予以描述，故选项 A 错误。

分部分项工程量清单的项目特征是确定一个清单项目综合单价的重要依据，在编制的工程量清单中必须对其项目特征进行准确和全面的描述，故选项 B 正确。

清单项目特征主要涉及项目的自身特征（材质、型号、规格、品牌）、项目的工艺特征以及对项目施工方法可能产生影响的特征，故选项 C 正确。

项目特征是区分清单项目的依据，且项目特征不同，其综合单价也不同，应分开列项，故选项 D 正确。

根据《建设工程工程量清单计价规范》，项目特征是指构成分部分项工程量清单项目、措施项目自身价值的本质特征，故选项 E 正确。

7. **【2022 年真题】**关于招标工程量清单中措施项目清单设置的说法，正确的是（　　）。

A. 需适应投标企业的资质等级、规模和采取的特殊施工方案

B. 需考虑拟建工程施工现场可能出现的零星工作

C. 可参考拟建工程的常规施工组织设计和施工技术方案

D. 不考虑设计文件中不足以写进施工方案但要通过技术措施才能实现的内容

【解析】 工程建设施工特点和承包人组织施工生产的施工装备水平、施工方案及其管理水平的差异，会使同一工程、不同承包人组织施工采用的施工措施有时并不完全一致，无法考虑到每个投标人的实际情况，因此措施项目清单应根据项目的实际情况列项，而不是投标人的企业资质等级和规模，故选项 A 错误。

可参看常规施工组织设计和常规施工方案，故选项 C 正确。

无须考虑拟建工程现场可能出现的零星工作，故选项 B 错误。

需要考虑设计文件中不足以写进施工方案，但要通过一定的技术措施才能实现的内容，故选项 D 错误。

8. **【2020 年真题】**根据《建设工程工程量清单计价规范》，关于措施项目清单编制的说法，正确的是（　　）。

A. 编制单价措施项目清单时应列出项目编码、项目名称、项目特征和计量单位，并按现行计量规范的规定计算其工程量

B. 编制总价措施项目清单时应列出项目编码、项目名称，并按照现行计量规范的规定计算其工程量，不需要列出计量单位和项目特征

C. 不同承包人对同一工程可能采用的施工措施不完全一致，因此措施项目清单应允许承包人根据拟建工程的实际情况列项

D. 环境保护、安全文明施工和材料的二次搬运等措施项目清单应根据工程本身的因素列项，不需要考虑施工企业不同的实际情况

E. 参考拟建工程的常规施工技术方案以确定大型机械设备进出场及安拆、混凝土模板和脚手架等措施项目

【解析】 根据《建设工程工程量清单计价规范》，对能计量的措施项目（即单价措施项目），同分部分项工程量一样，编制措施项目清单时应列出项目编码、项目名称、项目特征、计量单位，并按现行计量规范规定，采用对应的工程量计算规则计算其工程量，故选项

A 正确。

对不能计量的措施项目（即总价措施项目），措施项目清单中仅列出了项目编码、项目名称，但未列出项目特征、计量单位的项目，编制措施项目清单时，应按现行计量规范附录（措施项目）的规定执行，故选项 B 错误。

由于工程建设施工特点和承包人组织施工生产的施工装备水平、施工方案及其管理水平的差异，同一工程、不同承包人组织施工采用的施工措施有时并不完全一致。因此，《建设工程工程量清单计价规范》CB 50500—2013 规定：措施项目清单应根据拟建工程的实际情况列项，故选项 C 正确。

措施项目清单的编制应考虑多种因素，除了工程本身的因素外，还要考虑水文、气象、环境、安全和施工企业的实际情况。措施项目清单的设置，需要：

① 参考拟建工程的常规施工组织设计，以确定环境保护、安全文明施工、临时设施、材料的二次搬运等项目，故选项 D 错误。

② 参考拟建工程的常规施工技术方案，以确定大型机械设备进出场及安拆、混凝土模板及支架、脚手架、施工排水、施工降水、垂直运输机械、组装平台等项目，故选项 E 正确。

9. **【2019 年真题】** 根据《建设工程工程量清单计价规范》，施工企业为从事危险作业的建筑安装施工人员缴纳的工伤保险费应计入建筑安装工程造价的（　　）。

A. 人工费　　B. 措施费　　C. 规费　　D. 企业管理费

【解析】 建筑安装工程造价的规费包含社会保险费（养老保险费、失业保险费、医疗保险费、工伤保险费、生育保险费）和住房公积金。

10. **【2019 年真题】** 根据《建设工程工程量清单计价规范》，投标人按照招标工程量清单填报投标价格时，必须与招标工程量清单保持一致的有（　　）。

A. 项目编码　　B. 项目名称　　C. 计量单位　　D. 工程量

E. 工程内容

【解析】 根据《建设工程工程量清单计价规范》，为避免出现差错，投标人必须按照招标人提供的招标工程量清单所列的项目编码、项目名称、项目特征、计量单位、工程量填报价格，不得更改。

11. **【2019 年真题】** 根据《建设工程工程量清单计价规范》，关于招标工程量清单中项目特征的说法，正确的有（　　）。

A. 项目特征是确定一个清单项目综合单价的重要依据

B. 项目特征主要涉及项目的自身特征，不涉及项目的工艺特征

C. 项目特征是区分清单项目的重要依据

D. 项目特征决定了工程实体的实质内容，直接决定工程实体的自身价值

E. 仅有分部分项工程量清单项目需要进行项目特征描述

【解析】 根据《建设工程工程量清单计价规范》，项目特征是：①区分清单项目的依据；②确定综合单价的前提；③履行合同义务的基础。

12. **【2018 年真题】** 招标方编制工程量清单时有以下工作：①确定项目编码；②研究招标文件，确定清单项目名称；③确定计量单位；④计算工程数量；⑤确定项目特征。正确的顺序是（　　）。

A. ①②③④⑤　　B. ①②⑤③④　　C. ②③⑤④①　　D. ②①⑤③④

【解析】 招标方编制工程量清单的顺序为：研究招标文件→确定清单项目名称→确定项目编码→确定项目特征→确定计量单位→计算工程数量。

13.【2018 年真题】工程总承包人按照合同的约定对招标人依法单独发包的专业工程承包人提供了现场垂直运输设备，由此发生的费用属于（　　）。

A. 总承包服务费　　B. 现场管理费

C. 企业管理费　　D. 暂列金额

【解析】 总承包服务费：总承包服务费是为了解决招标人在法律、法规允许的条件下进行专业工程发包以及自行采购供应材料、设备时，要求总承包人对发包的专业工程提供协调和配合服务（如分包人使用总包人的脚手架、水电接驳等）；对供应的材料、设备提供收、发和保管服务以及对施工现场进行统一管理；对竣工资料进行统一汇总整理等发生并向总承包人支付的费用。

14.【2022 年真题】根据《建设工程工程量清单计价规范》，关于工程项目清单编制的说法，正确的是（　　）。

A. 其他项目清单中应列出总承包服务费

B. 暂估价应列出材料暂估价和工程设备暂估价，不考虑专业工程暂估价

C. 暂列金额一般应尽可能列高，以避免在实际中超出该数量

D. 计日工应按照招标工程的复杂程度估算一个数量，该数量一般要比实际数量大

【解析】 暂估价指招标人在工程量清单中列入用于支付必然发生但暂时不能确定价格的材料价款、工程设备款，故选项 B 错误。

暂列金额用于支付合同签订时尚未确认或者不可预见的材料、设备、工程变更、索赔等费用，招标人根据实际情况预估暂定，而不是尽可能列高，故选项 C 错误。

计日工应按照招标工程的复杂程度、设计深度等凭经验估算贴近实际的量，而不是比实际数量大，故选项 D 错误。

15.【2022 年真题】采用工程量清单计价时，招标人要求拟建工程的质量达到合格或优良标准，该要求通常应列在（　　）中。

A. 分部分项工程量清单　　B. 其他项目清单

C. 工程量清单编制总说明　　D. 工程量清单编制依据

【解析】 招标人要求拟建工程的质量达到优良标准，该要求通常应列在工程量清单编制总说明中的“工程质量、材料、施工等的特殊要求”中。

16.【2018 年真题】根据《建设工程工程量清单计价规范》，在编制工程量清单时，招标人对施工中噪声污染提出防护要求的描述应列在（　　）中。

A. 其他项目清单的暂列金额

B. 施工项目清单的项目特征

C. 可能导致噪声污染的分部分项工程量清单的项目特征

D. 工程量清单编制总说明

【解析】 工程量清单总说明中的工程概况，要对建设规模、工程特征、计划工期、施工现场实际情况、自然地理条件、环境保护要求等做出描述。

17.【2018 年真题】根据《建设工程工程量清单计价规范》，招标人对土方开挖清单项

的项目特征描述一般有挖方深度、基坑底宽、场内运距、弃土距和（　　）。

A. 放坡的坡度系数　　B. 槽底钎探

C. 土壤类别　　D. 排地表水的方式

【解析】 一般来说，土方开挖的项目特征描述有土壤类别；挖土深度；基坑底宽；场内运距；弃土距离。

18. 【2017年真题】根据《建设工程工程量清单计价规范》（GB 50500—2013），某分部分项工程的项目编码为01-02-03-004-005，其中004这一级编码的含义（　　）。

A. 工程分类顺序码　　B. 清单项目顺序码

C. 分部工程顺序码　　D. 分项工程顺序码

【解析】 项目编码“01-02-03-004-005”（五级十二位）的各级编码分别代表的含义：“01”国家计量规范代码；“02”专业工程代码；“03”分部工程顺序码；“004”分项工程顺序码；“005”清单项目顺序码。因此“004”表示分项工程顺序码。

19. 【2017年真题】关于分部分项工程量清单中项目特征描述的作用说法中，错误的是（　　）。

A. 项目特征是进行概算审查的依据　　B. 项目特征是履行合同义务的基础

C. 项目特征是确定综合单价的前提　　D. 项目特征是区别清单项目的依据

【解析】 分部分项工程量清单项目特征应按《计量规范》中的项目特征，结合拟建工程项目的实际予以描述。项目特征是区分清单项目的依据、确定综合单价的前提、履行合同义务的基础。

20. 【2016年真题】根据《建设工程工程量清单计价规范》（GB 50500—2013），不能列入其他项目清单的是（　　）。

A. 专业工程暂估价　　B. 计日工

C. 总承包服务费　　D. 总承包人自行分包管理费

【解析】 其他项目清单包含：暂列金额、暂估价、计日工、总承包服务费。总承包服务费是为了解决招标人在法律、法规允许的条件下进行专业工程发包时，要求总承包人对发包的专业工程提供协调和配合服务（如分包人使用总包人的脚手架、水电接驳等）。而总承包自行分包管理费不等同于总承包服务费，所以不能列入其他项目清单中。

21. 【2016年真题】根据《建设工程工程量清单计价规范》（GB 50500—2013），下列费用可用暂列金额支付的是（　　）。

A. 业主提出设计变更增加的费用

B. 业主提供了暂估价的材料采购费用

C. 因承包人原因导致隐蔽工程质量不合格的返工费用

D. 固定总价合同中材料价格上涨费用

【解析】 暂列金额是招标人暂定并包括在合同中的一笔款项。用于施工合同签订时尚未确定或者不可预见的所需材料、设备、服务的采购，施工中可能发生的工程变更、合同约定调整因素出现时的工程价款调整以及发生的索赔、现场签证确认等费用。

选项B中“业主提供了暂估价的材料采购费用”包含在分部分项工程费中的材料费中。

选项C中“因承包人原因导致隐蔽工程质量不合格的返工费用”由承包人自行承担。

选项D中“固定总价合同中材料价格上涨费用”由承包人自行承担。

22.【2016 年真题】根据《建设工程工程量清单计价规范》（GB 50500—2013），关于分部分项工程量清单中项目名称的说法，正确的是（　　）。

A.《计量规范》中的项目名称是分项工程名称，以工程主要材料命名

B. 编制清单时，项目名称应根据《计量规范》的项目名称综合拟建工程实际确定

C.《计量规范》中的项目名称是分部工程名称，以工程实体命名

D. 编制清单时，《计量规范》中的项目名称不能变化，但应补充项目规格、材质

【解析】 分部分项工程量清单的项目名称应根据《计量规范》的项目名称结合工程的实际确定，项目名称为分项工程项目名称，一般以工程实体而命名，故选项 B 正确，选项 A、C 错误。

编制工程量清单时，应以附录中的项目名称为基础，考虑该项目的规格、型号、材质等特征要求，并结合拟建工程实际情况，对其进行适当的调整或细化，使其能够反映影响工程造价的主要因素，选项 D 错误。

23.【2016 年真题】根据《建设工程工程量清单计价规范》（GB 50500—2013），关于分部分项工程量清单中工程量计算的方法，正确的是（　　）。

A. 实际施工中的各种损耗应列入措施项目费中

B. 所有招标清单项目工程量按实际施工工程量计算

C. 采用工程量清单计算规则计算时，工程实体的工程量是唯一的

D. 计算综合单价时需考虑施工方案增加的工程量，但不考虑施工中的材料损耗

【解析】 分部分项工程量清单中所列工程量，应按《计量规范》中的工程量计算规则计算工程量清单中的工程数量以形成工程实体为准，并以完成后的净值来计算，故选项 B 错误。

在计算综合单价时应考虑施工中各种损耗和需要增加的工程量，或在措施费清单中列入相应的措施费用，故选项 D 错误。

实际施工中的各种损耗应在分部分项工程综合单价时考虑，或在措施项目清单中列入相应的措施项目费用，故选项 A 错误。

采用工程量清单计算规则，工程实体的工程量是唯一的，为各投标人提供了一个公平竞争的平台，也方便招标人对比投标人的报价，故选项 C 正确。

24.【2016 年真题】根据《建设工程工程量清单计价规范》（GB 50500—2013），编制措施项目清单时，措施项目设置的依据有（　　）。

A. 投标企业的资质等级与规模

B. 拟建工程的常规施工组织设计

C. 拟建工程的常规技术方案

D. 招标文件中需要通过一定技术措施才能实现的要求

E. 实施中因变更可能产生的零星工作

【解析】 措施项目清单的编制应考虑多种因素，除了工程本身的因素外，还要考虑水文、气象、环境、安全和施工企业的实际情况。措施项目清单的设置，需要：

① 参考拟建工程的常规施工组织设计，以确定环境保护、安全文明施工、临时设施、材料的二次搬运等项目。

② 参考拟建工程的常规施工技术方案，以确定大型机械设备进出场及安拆、混凝土模板及支架、脚手架、施工排水、施工降水、垂直运输机械、组装平台等项目。

③ 参阅相关的施工规范与工程验收规范，以确定施工方案没有表述的但为实现施工规范与工程验收规范要求而必须发生的技术措施。

④ 确定设计文件中不足以写进施工方案，但要通过一定的技术措施才能实现的内容。

⑤ 确定招标文件中提出的某些需要通过一定的技术措施才能实现的要求。

25. **【2015年真题】**招标人编制工程量清单时，对各专业工程现行《计量规范》中未包括的项目应作补充，则关于该补充项目及其编码的说法，正确的是（　　）。

A. 该项目编码应由对应《计量规范》的代码和三位阿拉伯数字组成

B. 清单编制人应将补充项目报省级或行业工程造价管理机构备案

C. 清单编制人在最后一个清单项目后面自行补充该项目，不需编码

D. 该项目按《计量规范》中相近或相似的清单项目编码

【解析】 如出现《计量规范》附录中未包括的项目，编制人应做补充，并报省级或者行业工程造价管理机构备案。补充项目的编码由对应计量规范的代码X（即01-09）与B和三位阿拉伯数字组成，从XB001起顺序编制，同一招标工程项目不得重码，故选项B正确。

26. **【2015年真题】**根据《建设工程工程量清单计价规范》（GB 50500—2013），编制工程量清单时，计日工表中的人工应按（　　）列项。

A. 工种　　B. 职称　　C. 职务　　D. 技术等级

【解析】 编制工程量清单时，计日工表中的人工应按工种，材料和机械应按规格、型号详细列项。

27. **【2015年真题】**根据《建设工程工程量清单计价规范》（GB 50500—2013），编制分部分项工程量清单时，编制人员须确定项目名称、项目编码、计量单位、工程数量和（　　）。

A. 填表须知　　B. 项目特征　　C. 项目总说明　　D. 项目工程内容

【解析】 分部分项工程量清单由招标人负责编制，包括项目编码、项目名称、项目特征、计量单位、工程量。

28. **【2014年真题】**采用工程量清单招标时，提供招标工程量清单并对其完整性和确定性负责的单位是（　　）。

A. 发布招标文件的招标人

B. 发放招标文件的招标代理人

C. 单位工程造价咨询人

D. 招标人的上级管理单位

【解析】 招标工程量清单必须作为招标文件的组成部分，由招标人提供，招标人对其准确性和完整性负责。一经中标签订合同，招标工程量清单即为合同的组成部分。

29. **【2013年真题】**根据《建设工程工程量清单计价规范》（GB 50500—2013），关于工程量清单编制的说法，正确的是（　　）。

A. 同一招标工程的项目编码不能重复

B. 措施项目都应该以“项”为计量单位

C. 所有清单项目的工程量都应以实际施工的工程量为准

D. 暂估价是用于施工中可能发生工程变更时的工程价款调整的费用

【解析】 同一招标工程编码不得有重码并应从001起顺序编制，选项A正确。

措施项目中能够计量的单价措施项目不以“项”为计量单位，选项 B 错误。

分部分项工程量清单中所列工程量，应按《计量规范》中的工程量计算规则计算，工程量清单中的工程数量以实体工程量为准，并以完成后的净值来计算，选项 C 错误。

暂估价是指招标人在工程量清单中提供的用于支付必然发生但暂时不能确定价格的材料价款、工程设备价款以及专业工程金额，选项 D 错误。

30. **【2012 年真题】** 根据《建设工程工程量清单计价规范》（GB 50500—2013），垂直运输机械费应列在（ ）中。

A. 分部分项工程量清单与计价表　　B. 措施项目清单

C. 其他项目清单与计价汇总表　　D. 专业工程暂估价表

【解析】 垂直运输机械费属于措施项目费中的单价措施项目费，应列在措施项目清单中。

31. **【2010 年真题】** 招标工程量清单是（ ）的依据。

A. 进行工程索赔　　B. 编制项目投资估算

C. 编制招标控制价　　D. 支付工程进度款

E. 办理竣工结算

【解析】 招标工程量清单是由招标人在项目招投标阶段编制，其作用按照时间顺序：招标人用来确定招标控制价、投标人用来投标报价、双方用来支付工程款、办理竣工结算。

32. **【2009 年真题】** 工程量清单计价模式下，招标文件中工程量清单标明的分部分项工程量的确定方法是（ ）。

A. 按施工图图示尺寸计算工程净量

B. 按施工图图示尺寸加允许误差计算工程量

C. 按施工方案计算工程总量

D. 按施工方案加允许误差计算工程量

【解析】 分部分项工程量清单中所列工程量应按《计量规范》的工程量计算规则计量，以实体工程量为准，并以完成后的净值来计算。

二、参考答案

题号	1	2	3	4	5	6	7	8	9
答案	B	D	BCDE	BCE	B	BCDE	C	ACE	C
题号	10	11	12	13	14	15	16	17	18
答案	ABCD	ACD	D	A	A	C	D	C	D
题号	19	20	21	22	23	24	25	26	27
答案	A	D	A	B	C	BCD	B	A	B
题号	28	29	30	31	32				
答案	A	A	B	ACDE	A				

三、2023 考点预测

考点：工程量清单编制

1）分部分项工程量清单的内容。

2）项目特征的内容及作用。

3）工程量的计算原则。

4）其他项目清单的内容及总承包服务费的内容。

第六节　工程量清单计价

考点一：工程量清单计价的方法

考点二：招标控制价的编制方法

考点三：投标报价的编制方法

考点四：合同价款的约定

一、历年真题及解析

1.【2021 年真题】已知招标工程量清单中土方工程量为 2000m^3，某投标人根据施工方案确定的土方工程量为 3800m^3，根据测算，完成该土方工程的人工费为 50000 元，机械费为 40000 元，材料费为 10000 元，管理费按照人、料、机费用之和的 10%计取，利润按人、料、机费用以及管理费之和的 6%计取。其他因素均不考虑。则该土方工程的投标综合单价为（　　）元/ m^3。

A. 58.30　　B. 30.53　　C. 30.68　　D. 58.00

【解析】 综合单价=[（50000+40000+10000）×(1+10%)×(1+6%)]/2000=58.30(元/m^3)。

2.【2021 年真题】《建设工程工程量清单计价规范》中分部分项工程的综合单价除包括人、料、机费用外，还包括（　　）。

A. 利润

B. 一定范围内的风险费用

C. 规费

D. 管理费

E. 税金

【解析】 根据《建设工程工程量清单计价规范》的规定，分部分项工程的综合单价为完成一个规定清单项目所需的人工费、材料和工程设备费、施工机具使用费和企业管理费、利润以及一定范围内的风险费用。

3.【2020 年真题】关于分部分项工程清单工程量和定额子目工程量的说法，正确的是（　　）。

A. 定额子目工程量应严格按照与所采用的定额相对应的工程量计算规则计算

B. 一个清单项目只对应一个定额子目时，清单工程量和定额工程量完全相同

C. 清单工程量计算的是主项工程量，应与定额子目的工程量一致

D. 清单工程量通常可以用于直接计价

【解析】 定额子目工程量的具体计算方法，应严格按照与所采用的定额相对应的工程量计算规则计算，故选项 A 正确。

即便一个清单项目对应一个定额子目，也可能由于清单工程量计算规则与所采用的定额工程量计算规则之间的差异，而导致二者的计价单位和计算出来的工程量不一致，故选项 B 错误。

由于一个清单项目可能对应几个定额子目，而清单工程量计算的是主项工程量，与各定额子目的工程量可能并不一致，故选项 C 错误。

清单工程不能直接用于计价，在计价时必须考虑施工方案等各种影响因素，根据所采用的计价定额及相应的工程量计算规则重新计算各定额子目的施工工程量，故选项 D 错误。

4. 【2022 年真题】投标报价时，若投标人发现招标工程量清单项目特征描述与施工图纸不符，应以（　　）进行报价。

A. 投标人按规范修正后的项目特征

B. 投标人参照以往完成的实际施工的项目特征

C. 招标文件中的施工图纸

D. 招标工程量清单的项目特征描述

【解析】 在招投标过程中，若出现工程量清单特征描述与设计图纸不符，投标人应以招标工程量清单的项目特征描述为准，确定投标报价的综合单价。

5. 【2019 年真题】根据《建设工程工程量清单计价规范》，某招标工程量清单中挖沟槽土方的工程量为 2600m^3，投标人在考虑工作面和放坡后，预计开挖土方量为 5090m^3，运输土方量为 1925m^3，人、料、机及管理费，利润合价为 118200 元。不考虑其他因素，则该分项工程的工程量清单综合单价为（　　）元/m^3。

A. 16.85　　B. 45.46　　C. 23.22　　D. 61.40

【解析】 综合单价 =（人、料、机总费用 + 管理费 + 利润）/ 清单工程量 = 118200/2600 = 45.46（元/m^3）。

6. 【2022 年真题】综合单价的计算步骤有：①计算定额子目工程量；②确定人、料、机单价；③测算人、料、机消耗量；④确定组合定额子目；⑤计算清单项目的管理费和利润；⑥计算清单项目的人、料、机总费用，正确的顺序是（　　）。

A. ④→②→③→⑥→①→⑤　　B. ④→②→③→①→⑤→⑥

C. ④→①→③→②→⑥→⑤　　D. ④→①→②→③→⑥→⑤

【解析】 综合单价的计算步骤：①确定组合定额子目→②计算定额子目工程量→③测算人、料、机消耗量→④确定人、料、机单价→⑤计算清单项目的人、料、机总费用→⑥计算清单项目的管理费和利润→⑦计算清单项目的综合单价。

7. 【2019 年真题】工程量清单计价模式下，投标人应按照招标工程量清单中列出的金额填写且不得变动的项目是（　　）。

A. 暂列金额和专业工程暂估价　　B. 暂列金额和总承包服务费

C. 计日工和总承包服务费　　D. 计日工和专业工程暂估价

【解析】 在工程量清单计价模式下，投标人在投标报价时，暂列金额和专业工程暂估价按照招标工程量清单中列出的金额填写且不得变动，故选项 A 正确。

总承包服务费按照招标工程量清单列出的专业工程暂估价内容和供应材料、设备情况，按照招标人提出协调、配合与服务的要求和施工现场管理需要自主确定，故选项 B 错误。

计日工按照招标工程量清单列出的项目和估算数量，自主确定各项综合单价并计算费用，故选项 C、D 错误。

8. 【2022 年真题】下列措施项目费，适用综合单价法计算的是（　　）。

A. 混凝土模板费　　B. 安全文明施工费

C. 材料二次搬运费　　D. 已完工程及设备保护费

【解析】 适用综合单价法计算的措施项目是能够计算工程量的措施项目，也即单价措施项目，如基坑排水、降水工程费，混凝土模板工程费、脚手架费、大型机械场外运输及安拆费、垂直运输费、超高施工增加费。

9.【2022 年真题】根据工程量清单规范，措施项目综合单价包括（　　）。

A. 规费　　B. 人工费

C. 机械使用费　　D. 企业管理费

E. 一定范围的风险费

【解析】 综合单价包含了人、料、机费用，管理费，利润，以及一定范围内的风险费用。

10. 【2021 年真题】下列措施项目费中，宜采用参数法计价的是（　　）。

A. 垂直运输费　　B. 夜间施工增加费

C. 混凝土模板及支架费　　D. 室内空气污染测试费

【解析】 单价措施项目宜采用综合单价法，如脚手架、模板、垂直运输、大型机械场外运输及安拆等项目，故选项 A、C 错误。

总价措施项目宜采用参数法计价，如夜间施工增加费、冬雨季施工增加费、安全文明施工费、二次搬运费等，故选项 B 正确。

可分包的独立项目宜采用分包计价法，如室内空气污染测试费等，故选项 D 错误。

11. 【2021 年真题】根据《建设工程工程量清单计价规范》，下列投标报价计算公式中，正确的是（　　）。

A. 措施项目费 = Σ(措施项目工程量×措施项目综合单价)

B. 分部分项工程费 = Σ(分部分项工程量×分部分项工程综合单价)

C. 其他项目费 = 暂列金额+暂估价+计日工+总承包服务费+规费

D. 单位工程报价 = 分部分项工程费+措施项目费+其他项目费

【解析】 措施项目费 = Σ(措施项目工程量×措施项目综合单价)+Σ 单项措施项目费，故选项 A 错误。

其他项目费 = 暂列金额+暂估价+计日工+总承包服务费+其他，故选项 C 错误。

单位工程报价 = 分部分项工程费+措施项目费+其他项目费+规费+税金，故选项 D 错误。

12. 【2018 年真题】某工程的招标工程量清单中人工挖土方数量为 5800m^3，投标单位根据施工方案确定的挖土工程量为 11200m^3，人工、材料、机械费用之和为 50 元/m^3，综合单价确定为 80 元/m^3，则在如下人工挖土方分项工程的综合单价分析表中，“＊”位置对应的数量应为（　　）。

项目编号				项目名称		人工挖土方		计量单位		m^3	
清单综合单价组成明细											
				单价				合计			
定额编号	定额名称	定额单位	数量	人工费	材料费	机械费	管理费和利润	人工费	材料费	机械费	管理费和利润
	人工挖土	m^3	*	—	—	—	—	—	—	—	—
	—	—	—	—	—	—	—	—	—	—	—

A. 1.93　　　　B. 1.60　　　　C. 0.63　　　　D. 0.52

【解析】 根据题干，招标清单工程量为 5800m^3，施工单位依据施工方案和定额测定的实际施工的工程量为 11200m^3，也即 1m^3 清单工程量对应的实际工程量（定额工程量）为：单位清单工程量=11200/5800=1.93（m^3）。故选项 A 正确。

13.【2018 年真题】某施工企业编制投标报价时，对可以分包的室内空气污染测试措施项目，其报价适宜采用的计算方法是（　　）。

A. 在分包价格基础上加上投标人的管理费和风险费

B. 根据需要消耗的实物工程量和实物单价计算

C. 以定额分部分项工程费乘以系数计算

D. 在分包价格基础上加上投标人的管理费、风险费、利润和税金

【解析】 分包法计价：在分包价格的基础上增加投标人的管理费及风险费进行计价。这种方法适合可以分包的独立项目，如室内空气污染测试等。

14.【2018 年真题】某施工企业投标一个单独招标的分部分项工程项目，招标清单工程量为 3000 m^3，经测算，该分部分项工程直接消耗人、料、机费用（不含增值税进项税额）为 300 万元，管理费为 45 万元，利润为 40 万元，风险费用为 3 万元，措施费（不含增值税进项税额）为 60 万元（其中安全文明施工费为 15 万元），规费为 30 万元，税金为 10 万元，不考虑其他因素，根据《建设工程工程量清单计价规范》关于该工程投标报价的说法，正确的有（　　）。

A. 综合单价为 1293.33 元/m^3

B. 为了中标，可将综合单价确定为 990.00 元/m^3

C. 若竞争激烈，标书可将各项费用下调 10%

D. 安全文明施工费应按国家或省级、行业主管部门的规定计算确定

E. 投标总价为 488.00 万元

【解析】 如果存在风险费，综合单价=(人、料、机总费用+管理费+利润+风险费)/清单工程量=(300+45+40+3)×10000/3000=1293.33（元/m^3），选项 A 正确。

若综合单价为 990.00 元/m^3，该分部分项工程费用为 990×3000=297（万元）<该分部分项工程直接消耗人、料、机费用，报价肯定低于成本价，选项 B 错误。

规费、税金及安全文明施工费属于不可竞争项目，不可调，选项 C 错误。

投标总价=(人、料、机总费用+管理费+利润+风险费)+措施费+规费+税金=(300+45+40+3)+60+30+10=488（万元），选项 E 正确。

15.【2017 年真题】工程量清单计价模式下，关于分部分项工程量和定额子目的说法，错误的是（　　）。

A. 清单工程量是按施工图图示尺寸和工程量清单计算规则计算得到的工程净量

B. 定额子目工程量应严格按照与所采用的定额相对应的工程量计算规则计算

C. 一个清单项目对应一个定额子目时，清单工程量和定额工程量很可能不同

D. 清单工程量是承包人履行合同义务中应予完成的实际施工工程量

【解析】 招标文件中的工程量清单标明的工程量是招标人编制招标控制价和投标人投标报价的共同基础，它是工程量清单编制人按施工图图示尺寸和工程量清单计算规则计算得到的工程净量，故选项 D 错误，选项 A 正确。

由于一个清单项目可能对应几个定额子目，而清单工程量计算的是主项工程量，与各定额子目的工程量可能并不一致；即使一个清单项目对应一个定额子目，也可能由于清单工程量计算规则与所采用的定额工程量计算规则之间的差异，而导致二者的计价单位和计算出来的工程量不一致。因此，清单工程量不能直接用于计价，在计价时必须考虑施工方案等各种影响因素，根据所采用的计价定额及相应的工程量计算规则重新计算各定额子目的施工工程量。定额子目工程量应严格按照所采用的定额相对应的工程量计算规则计算。故选项 B、选项 C 正确。

16. **【2017 年真题】** 施工过程中必须发生，但在投标时很难具体分项预测，又无法单独列出项目费用，宜采用的计价方法是（　　）。

A. 工料单价法　　B. 参数法

C. 全费用综合单价法　　D. 分包法

【解析】 参数法计价适用于施工过程中必须发生，但在投标时很难具体分项预测，又无法单独列出项目内容的措施项目。如夜间施工费、二次搬运费、冬雨季施工等总价措施费项目计价均可以采用该方法。

17. **【2017 年真题】** 施工企业拟投标一个单独招标的分部分项工程项目，清单工程量 10000m^3，企业经测算完成该部分分项工程施工直接消耗的人、料、机费用为 200 万元（不含增值税进项税额）。估计管理费为 16 万元，风险费用 2 万元，利润 30 万元。为完成该分部分项工程的措施项目费估计为 24 万元（其中安全文明施工费 18 万元）（不含增值税进项税额），估计全部规费 29 万元，税金 9 万元。不考虑其他因素，关于该分部分项工程的说法正确的有（　　）。

A. 工料单价为 200 元/m^3

B. 按现行清单计价综合单价为 248 元/m^3

C. 全费用综合单价为 292 元/m^3

D. 按现行清单计价规范，为了中标，规费和税金可降至 20 万元

E. 按现行清单计价规范，措施项目费报价不能低于 18 万元

【解析】 工料单价=人、料、机总费用/清单工程量=2000000/10000=200 元/m^3，选项 A 正确。

综合单价=(人、料、机总费用+管理费+利润+风险费用)/清单工程量=(2000000+160000+300000+20000)/10000=248（元/m^3），选项 B 正确。

全费用综合单价=(人、料、机总费用+管理费+利润+风险费用+规费+税金)/清单工程量=(2000000+160000+300000+20000+290000+90000)/10000=286（元/m^3），选项 C 错误。

规费和税金一般按国家及有关部门的规定计算，并不得作为竞争性费用，选项 D 错误。

措施项目清单中的安全文明施工费应按照国家或省级、行业建设主管部门的规定计价，不得作为竞争性费用。所以措施费不能低于安全文明施工费，故选项 E 正确。

18. **【2014 年真题】** 根据《建设工程工程量清单计价规范》（GB 50500—2013），工程量清单计价计算公式正确的有（　　）。

A. 措施项目费=∑措施项目工程量×措施项目综合单价

B. 分部分项工程费=∑分部分项工程量×分部分项工程综合单价

C. 单项工程报价=∑单位工程报价

D. 单位工程造价＝∑分部分项工程费

E. 建设项目总造价＝∑单项工程造价+工程建设其他费用+建设期利息

【解析】 分部分项工程费＝∑分部分项工程量×分部分项工程综合单价

措施项目费＝∑措施项目工程量×措施项目综合单价+∑单项措施项目费

单位工程报价＝分部分项工程费+措施项目费+其他项目费+规费+税金

单项工程报价＝∑单位工程报价

总造价＝∑单项工程报价

19. **【2013 年真题】**根据现行《建筑安装工程费用项目组成》（建标〔2013〕44 号），下列费用中，应计入分部分项工程费的是（　　）。

A. 安全文明施工费　　B. 二次搬运费

C. 施工机械使用费　　D. 大型机械设备进出场及安拆费

【解析】 选项 A、B、D 是措施项目费的内容。而分部分项工程费是构成工程实体的分部分项工程所消耗的人工费、材料和工程设施费、施工机具使用费、企业管理费和利润以及一定范围内的风险费用。

20. **【2022 年真题】**根据《建设工程工程量清单计价规范》，下列费用中，必须按照国家或省级行业建设主管部门规定的标准计算，不得作为竞争性费用的是（　　）。

A. 安全文明施工费和企业管理费　　B. 规费和企业管理费

C. 措施项目费和规费　　D. 规费和税金

【解析】 根据《建设工程工程量清单计价规范》，不可竞争费用为安全文明施工费、规费、税金。

21. **【2012 年真题】**招标人编制招标控制价与投标人报价的共同基础是（　　）。

A. 工料单价　　B. 综合单价

C. 按拟采用施工方案计算的工程量　　D. 工程量清单标明的工程量

【解析】 招标工程量清单列明的工程量是招标人编制招标控制价和投标人报价的共同基础。

22. **【2022 年真题】**关于工程项目最高投标限制价的说法，正确的有（　　）。

A. 使用国有资金的工程项目招标时，招标人必须编制最高投标限价

B. 最高投标限价在开标现场公布，不能上浮或下调

C. 最高投标限价只能由具有编制能力的招标人自行编制，不得委托第三方编制

D. 国有资金投资的工程项目其最高投标限价原则上不能超过批准的投资概算

E. 投标人的投标报价高于最高投标限价的，其投标应予否决

【解析】 国有资金投资的建设工程招标，招标人必须编制最高投标限价，故选项 A 正确。

最高投标限价应在招标文件中公布，不应上调或下浮，故选项 B 错误。

最高投标限价应由具有编制能力的招标人或受其委托具有相应资质的工程造价咨询人编制和复核，故选项 C 错误。

最高投标限价超过批准的概算时，招标人应将其报原概算审批部门审核。我国对国有资金投资项目实行的是投资概算审批制度，国有资金投资的工程项目原则上不能超过批准的投资概算，故选项 D 正确。

投标人的投标报价高于最高投标限价的，应否决其投标，故选项 E 正确。

23. **【2021 年真题】** 根据《建设工程工程量清单计价规范》，关于投标人投诉招标人不按规范编制最高投标限价的说法，正确的是（　　）。

A. 书面投诉书只需加盖投标单位公章

B. 投诉书中应包括投诉依据及有关证明材料

C. 投标人应向政府投资管理部门投诉

D. 投诉人提出投诉的时间为最高投标限价公布后 10 天内

【解析】

最高投标限价	
定义	最高投标限价是招标人编制的，对招标工程限定的最高工程造价，也可称为拦标价、预算控制价或最高报价
有关规定	① 国有资金投资的建设工程招标，招标人必须编制最高投标限价 ② 最高投标限价超过批准概算时，招标人应将其报原概算部门审核 ③ 投标人的投标报价高于最高投标限价的，其投标应予以拒绝 ④ 最高投标限价应由具有编制能力的招标人或受其委托具有相应资质的工程造价咨询人编制 ⑤ 最高投标限价应在招标文件中如实公布，不应上浮或下调，应将最高投标限价报工程所在地工程造价管理机构备查。最高投标限价不同于标底，无须保密 ⑥ 投标人经复核认为招标人公布的最高投标限价未按规定编制，应在最高投标限价公布后 5 天内投诉。工程造价管理机构对最高投标限价的复查结论与原公布的最高投标限价误差超出±3%时，应责成招标人改正。当重新公布最高投标限价时，若重新公布之日起至原投标截止期不足 15 天的应延长投标截止期
备注	投诉与处理的相关时间：5 日内投诉，2 日内审查投诉书，次日决定是否受理，10 日内审查完毕

24. **【2019 年真题】** 根据《建设工程工程量清单计价规范》，关于投标人投诉招标人不按规范编制最高投标限价的说法，正确的是（　　）。

A. 投诉期为最高投标限价公布后的 15 天内

B. 投标人应向政府投资管理部门投诉

C. 投诉时，应当提交只加盖投标单位公章的书面投诉书

D. 投诉书应明确投诉人的相关请求及主张

【解析】 投标人对招标人不按规范编制最高投标限价的，应在最高投标限价公布后的 5 天内，向招投标监督机构和工程造价管理机构投诉，故选项 A、B 错误。

投诉时，投标人应当提交由单位盖章和法定代表人（或其委托人）签名或盖章的书面投诉书，故选项 C 错误。

投诉书包括：①投诉人与被投诉人的名称、地址及有效联系方式；②投诉的招标工程名称、具体事项及事由；③投诉依据及有关证明材料；④投诉人相关主张及请求。

25. **【2019 年真题】** 某建设项目分部分项工程的费用为 20000 万元（其中定额人工费占分部分项工程费的 15%），措施项目费为 500 万元，其他项目费为 740 万元。以上数据均不含增值税。规费为分部分项工程定额人工费的 8%，增值税税率为 9%，则该项目的最高投标限价为（　　）万元。

A. 23151.60　　B. 24895.60　　C. 26421.60　　D. 23413.20

【解析】 该项目规费：20000×15%×8%＝240.00（万元）。

税金：（20000+500+740+240）×9%＝1933.20（万元）。

最高投标限价：20000+500+740+240+1933.2＝23413.20（万元）。

26. 【2018年真题】根据《建设工程工程量清单计价规范》，某工程在2018年5月15日发布招标公告，规定投标文件提交截止日期为2018年6月15日，在2018年6月6日招标人公布了修改后的最高投标限价（没有超过批准的投资概算），对此情况招标人应采取的做法是（　　）。

A. 将投标文件提交的截止日期仍确定为2018年6月15日

B. 将投标文件提交的截止日期延长到2018年6月18日

C. 将投标文件提交的截止日期延长到2018年6月21日

D. 宣布此次招标失败，重新组织招标

【解析】 招标人根据最高投标限价复查结论需要重新公布最高投标限价的，其最终公布的时间至招标文件要求提交投标文件截止时间不足15天的，应相应延长提交投标文件的截止时间。

27. 【2018年真题】根据《建设工程工程量清单计价规范》一般情况下编制最高投标限价采用的材料价格选用（　　）。

A. 招标人的材料供应商提供的材料单价

B. 近三个月当地已完工程材料结算单价的平均值

C. 工程造价管理机构通过工程造价信息发布的材料单价

D. 当时当地市场的材料单价

【解析】 材料价格一般是工程造价管理机构通过工程造价信息发布的材料单价，工程造价信息未发布材料单价的材料，其材料价格应通过市场调查确定。

28. 【2017年真题】下列资料中，属于编制招标工程量清单和最高投标限价共同依据的有（　　）。

A. 施工现场情况和施工企业定额

B. 工程造价管理机构发布的工程造价信息

C. 建设工程设计文件及相关资料

D. 与建设项目相关的标准、规范、技术资料

E.《建设工程工程量清单计价规范》

【解析】 “施工现场情况和施工企业定额”是投标人编制最高投标限价的依据，故选项A错误。

“工程造价管理机构发布的工程造价信息”是编制最高投标限价的依据，而不是编制招标工程量清单的依据，故选项B错误。

29. 【2013年真题】根据《建设工程工程量清单计价规范》（GB 50500—2013），关于最高投标限价的说法，正确的有（　　）。

A. 最高投标限价是对招标工程项目规定的最高工程造价

B. 最高投标限价超过批准的概算时，招标人应将其报原概算审批部门审核

C. 国有或非国有资金投资的建设工程招标，招标人必须编制最高投标限价

D. 最高投标限价应在招标文件中公布，在招标过程中不应上调，但可适当下浮

E. 投标人的投标报价高于最高投标限价时，其投标应按废标处理

【解析】 最高投标限价是招标人根据国家以及当地有关规定的计价依据和计价办法、招标文件、市场行情，并按工程项目设计施工图纸等具体条件调整编制的，对招标工程项目限定的最高工程造价，也可称其为拦标价、预算控制价或最高报价等。

① 国有资金投资的工程建设项目，招标人必须编制最高投标限价。

② 最高投标限价超过批准的概算时，招标人应将其报原概算审批部门审核，国有资金投资的工程项目原则上不能超过批准的投资概算。

③ 投标人的投标报价高于最高投标限价的，其投标应予以拒绝。

④ 最高投标限价应由具有编制能力的招标人或受其委托具有相应资质的工程造价咨询人编制和复核。

⑤ 最高投标限价应在招标文件中公布，不应上调或下浮，招标人应将最高投标限价及有关资料报送工程所在地工程造价管理机构备查，最高投标限价不同于标底，无须保密。

30. 【2021 年真题】建设工程采用工程量清单招标模式时，关于投标报价的说法正确的有（　　）。

A. 投标人应以施工方案、技术措施等作为投标报价计算的基本条件

B. 投标报价不得低于工程成本

C. 招标工程量清单的工程数量与施工图纸不完全一致时，应按照招标人提供的清单工程量填报投标价格

D. 投标报价只能由投标人编制，不能委托造价咨询机构编制

E. 投标报价应以招标文件中设定的发承包责任划分，作为设定投标报价费用项目和费用计算的基础

【解析】

最高投标限价	
概念	① 由投标人或受其委托具有相应资质的工程造价咨询人按照招标文件的要求以及有关计价规定，依据发包人提供的工程量清单、施工设计图纸，结合工程项目特点、施工现场情况及企业自身的施工技术、装备和管理水平等，自主确定的工程造价 ② 投标价是投标人希望达成工程承包交易的期望价格，但不得高于招标人设定的最高投标限价。作为投标计算的必要条件，应预先确定施工方案和施工进度，此外，投标价计算还必须与采用的合同形式相一致
编制原则	① 投标报价由投标人自主确定，但必须执行《规范》的强制性规定 ② 投标人的投标报价不得低于成本 ③ 投标人必须按照招标工程量清单填报价格。填写的项目编码、项目名称、项目特征、计量单位、工程量必须与招标工程量清单一致 ④ 投标报价要以招标文件中设定的承发包双方责任划分，作为设定投标报价费用项目和费用计算的基础 ⑤ 应该以施工方案、技术措施等作为投标报价计算的基本条件 ⑥ 报价计算方法要科学严谨，简明适用

31. **【2019 年真题】**下列资料中，属于编制最高投标限价和投标报价的共同依据的有（　　）。

A. 国家、地区或行业定额　　B. 企业定额

C. 造价管理部门发布的工程造价信息　　D. 投标人拟采用的施工方案

E. 施工现场自然条件

【解析】 属于编制最高投标限价和投标报价的共同依据有：国家、地区或行业定额；造价管理部门发布的工程造价信息；施工现场自然条件。

企业定额、投标人拟采用的施工方案是投标人编制投标报价的依据，对应的招标人编制最高投标限价的依据是常规施工方案，故选项 B、D 错误。

32. **【2019 年真题】**根据《建设工程工程量清单计价规范》，总承包人为配合、协调进行专业工程分包所需的费用，在投标报价时应计入（　　）。

A. 总承包服务费　　B. 企业管理费

C. 措施项目费　　D. 暂列金额

【解析】 总承包服务费是指总承包人为配合、协调建设单位进行的专业工程发包，对建设单位自行采购的材料、工程设备等进行保管以及施工现场管理、竣工资料汇总整理等服务所需的费用。

33. **【2019 年真题】**根据《建设工程工程量清单计价规范》，下列项目中，不得作为竞争性项目的是（　　）。

A. 安全文明施工费、二次搬运费和税金　　B. 安全文明施工费、规费和税金

C. 社会保险费，计日工和总承包服务费　　D. 暂列金额、规费和安全文明施工费

【解析】 根据《建设工程工程量清单计价规范》，安全文明施工费、规费及税金必须按照国家或省级、行业建设行政主管部门的规定计算，不得作为竞争性费用。

34. **【2018 年真题】**根据《建设工程工程量清单计价规范》，某工程项目的钢筋由发包人在施工合同与承包人一起招标采购，编制招标工程量清单时招标人将 HRB335 钢筋暂估价定为 4200 元/t，已知市场平均价格为 3650 元/t，若甲投标人自行采购，其采购单价低于市场平均价格，则甲投标人在投标报价时 HRB335 钢筋应采用的单价是（　　）。

A. 甲投标人自行采购价格　　B. 4200 元/t

C. 预计招标采购价格　　D. 3650 元/t

【解析】 投标报价时，投标人不得变动和更改材料暂估价，按照招标人列出的单价计入综合单价，同时要注意材料和设备暂估价不汇总并计入其他项目费。

35. **【2018 年真题】**根据《建设工程工程量清单计价规范》，关于投标人的投标总价编制的说法，正确的是（　　）。

A. 为降低投标总价，投标人可以将暂列金额降至 0

B. 投标总价可在分部分项工程费、措施项目费、其他项目费和规费、税金合计金额上做出优惠

C. 开标前投标人来不及修改标书时，可在投标者致函中给出优惠比例，并将优惠后的总价作为新的投标价

D. 投标人对投标报价的任何优惠均应反映在相应的清单项目的综合单价中

【解析】 投标人应按招标人列出的金额填写，不得变动，选项 A 错误。

投标总价应与分部分项工程费、措施项目费、其他项目费和规费、税金的合计金额一致，不能进行投标总价的优惠，任何优惠应体现在相应清单的综合单价中，选项B、C错误，选项D正确。

36. **【2018年真题】** 根据《建设工程工程量清单计价规范》，关于投标人其他项目费编制的说法，正确的有（　　）。

A. 专业工程暂估价必须按照招标工程量清单中列出的金额填写

B. 材料暂估价由投标人根据市场价格变化自主测算确定

C. 暂列金额应按照招标工程量清单列出的项目和数量自主确定各项综合费用

D. 计日工应按照招标工程量清单列出的项目和数量自主确定各项综合单价

E. 总承包服务费应根据招标人要求提供的服务和现场管理需要自主确定

【解析】 投标人投标报价时：

① 暂列金额：按招标人列出的金额填写，不得变动。

② 暂估价：不得变动和更改。材料暂估价按照招标人列出的单价计入综合单价，专业暂估价按招标人列出的金额填写。

③ 计日工：按招标工程量清单列出的项目和估算的数量，自主确定各项综合单价并计算费用。

④ 总承包服务费：根据招标工程量列出的专业工程暂估价内容和供应材料、设备情况，按照招标人提出协调、配合与服务要求和施工现场管理需要自主确定。

37. **【2017年真题】** 实施工程量清单计价的招标工程，投标人可完全自主报价的是（　　）。

A. 暂列金额　　B. 总承包服务费

C. 专业工程暂估价　　D. 措施项目费

【解析】 投标人投标报价时：

暂列金额：按招标人列出的金额填写，不得变动，故选项A错误。

暂估价：不得变动和更改。材料暂估价按照招标人列出的单价计入综合单价，专业暂估价按招标人列出的金额填写，故选项C错误。

总承包服务费：根据招标工程量列出的专业工程暂估价内容和供应材料、设备情况，按照招标人提出协调、配合与服务要求和施工现场管理需要自主确定。

措施项目费用中的安全文明施工费不能自主报价，故选项D错误。

38. **【2016年真题】** 工程量清单招标时，投标人编制投标报价前应认真复核工程量清单中的分部分项工程量，因为该工程量会影响（　　）。

A. 施工方法选择　　B. 投标总价的计算

C. 劳动力和机具的选择　　D. 结算工程量的确定

E. 投标综合单价报价

【解析】 在编制投标报价之前，需要先对清单工程量进行复核，因为工程量的多少是选择施工方法、安排人力和机械、准备材料必须考虑的因素，自然也影响分项工程的单价，影响综合单价必然会影响到投标总价的计算。

39. **【2015年真题】** 关于工程量清单招标方式下投标人报价的说法中，正确的是（　　）。

A. 专业工程暂估价中的专业工程应由投标人自主确定价格计入报价

B. 暂估价中的材料应按暂估单价计入综合单价

C. 措施项目中的总价项目应包括规费和税金

D. 投标人报价时可以给予一定幅度的总价优惠

【解析】 根据《建设工程工程量清单计价规范》(GB 50500—2013) 有关规定，投标人投标报价时，暂估价不得变动和更改。材料暂估价按照招标人列出的单价计入综合单价，专业暂估价按招标人列出的金额填写，故选项 A 错误，选项 B 正确。

规费和税金不属于措施项目，故选项 C 错误。

投标总价应与分部分项工程费、措施项目费、其他项目费和规费、税金的合计金额一致，不能进行投标总价的优惠，任何优惠应体现在相应清单的综合单价中，故选项 D 错误。

40. **【2015 年真题】**关于工程量清单计价下施工企业投标报价原则的说法中，正确的有（　　）。

A. 投标报价由投标人自主确定

B. 投标报价不得低于工程成本

C. 投标人应该以施工方案、技术措施等作为投标报价计算的基本条件

D. 确定投标报价时不需要考虑承发包模式

E. 投标报价要以招标文件中设定的承发包双方责任划分作为基础

【解析】 根据《建设工程工程量清单计价规范》(GB 50500—2013) 有关规定，投标报价的编制原则：

① 投标报价由投标人自主确定，但必须执行《建设工程工程量清单计价规范》的强制性规定。

② 投标人的投标报价不得低于成本。

③ 按招标人提供的工程量清单填报价格。目的是使各投标人在投标报价中具有共同的平台。为避免差错，要求投标人按招标人提供的工程量清单填报投标价格，填写的项目编码、项目名称、项目特征、计量单位、工程量必须与招标人提供的一致。

④ 投标报价要以招标文件中设定的承发包双方责任划分，作为设定投标报价费用项目和费用计算的基础，责任划分不同会导致合同风险分摊不同，从而导致投标人报价不同；不同的工程承发包模式会直接影响工程项目投标报价的费用内容和计算深度。

⑤ 应该以施工方案、技术措施等作为投标报价计算的基本条件。

⑥ 报价计算方法要科学严谨，简明适用。

41. **【2014 年真题】**根据《建设工程工程量清单计价规范》(GB 50500—2013)，关于工程量清单编制的说法，正确的是（　　）。

A. 综合单价包括应由招标人承担的全部风险费用

B. 招标文件提供了暂估单价的材料，其材料费用应计入其他项目清单费

C. 措施项目费包括规费、税金等在内

D. 规费和税金必须按有关部门的规定计算，不得作为竞争性费用

【解析】 根据《建设工程工程量清单计价规范》(GB 50500—2013) 有关规定，投标人投标报价时：

综合单价中应包括招标文件中划分的应由投标人承担的风险范围和费用，招标文件中没有明确的，应提请招标人明确，故选项 A 错误。

暂估价不得变动和更改，材料暂估价按照招标人列出的单价计入综合单价，专业暂估价

按招标人列出的金额填写，故选项B错误。

措施项目费包含单价措施项目费和总价措施项目费，不包括规费、税金。故选项C错误。

规费和税金按国家规定确定，不得竞争，故选项D正确。

42. **【2011年真题】**根据《建设工程工程量清单计价规范》（GB 50500—2013），编制投标文件时，招标文件中已提供暂估价的材料价格应根据（　　）计入综合单价。

A. 投标人自主确定价格　　B. 投标时当地的市场价格

C. 招标文件列出的单价　　D. 政府主管部门公布的价格

【解析】 根据《建设工程工程量清单计价规范》（GB 50500—2013）有关规定，暂估价不得变动和更改。材料暂估价按照招标人列出的单价计入综合单价。

43. **【2019年真题】**发承包双方在进行招标工程合同价款约定时，若出现中标人投标文件与招标文件不一致的情况，正确的做法是（　　）。

A. 以中标人投标文件为准　　B. 以招标文件为准

C. 由双方重新商定不一致的条款　　D. 选择有利于招标人的条款

【解析】 在中标通知书发出后，发承包双方在签订合同的过程中，若出现中标人投标文件与招标文件不一致的情况，应当以中标人的投标文件为准。

44. **【2018年真题】**根据《建设工程工程量清单计价规范》，关于单价项目中风险及其费用的说法，正确的有（　　）。

A. 对于招标文件中要求投标人承担的风险，投标人应在综合单价中给予考虑

B. 投标人在综合单价中考虑风险费时通常以风险费率的形式进行计算

C. 招标文件中没有提到的风险，投标人在综合单价中不予考虑

D. 对于风险范围和风险费用的计算方法应在专用合同条款中做出约定

E. 施工中出现的风险内容及其范围在招标文件规定的范围内时，综合单价不得变动

【解析】《建设工程工程量清单计价规范》规定的综合单价是指完成一个规定的计量单位的分部分项工程量清单项目或措施清单项目所需要的人工费、材料和工程设施费、施工机具使用费、企业管理费和利润以及一定范围内的风险费用，故选项A正确，选项C错误。

综合单价中应包括招标文件中招标人要求投标人承担的风险内容及其范围（幅度）产生的风险费用，可用风险费率的形式进行计算，故选项B正确。

合同当事人应在专用合同条款中约定综合单价包含的风险范围和风险费用的计算方法，并约定风险范围以外的合同价格的调整方法。出现的风险内容及其范围（幅度）在招标文件规定的范围（幅度）内时，综合单价不得变动，合同价款不作调整，故选项D、E正确。

45. **【2022年真题】**突发疫情，某单位接受政府委托，要在15日内建成方舱医院，可采用的计价方式（　　）。

A. 固定总价合同　　B. 固定单价合同

C. 可调单价合同　　D. 成本加酬金合同

【解析】 成本加酬金合同通常用于时间特别紧迫，如抢险、救灾工程，来不及进行详细的计划和商谈的工程项目。

46. **【2016年真题】**下列四种情形中，适宜采用固定总价合同的工程是（　　）。

A. 工期6个月，规模小且施工图设计已审查批准的办公楼工程

B. 采用某种新技术且较复杂，工期5年的海底隧道工程

C. 采用工程量清单计价，只有初步设计图纸工期 2 年的地铁站房建设工程

D. 特大暴雨过后的紧急抢险工程

【解析】 选项 A：工期小于一年且施工图设计已审查批准，工程量能可靠计量，且市场价格的波动风险较小，宜采用固定总价合同。

选项 B：技术复杂，工期 5 年，市场价格的波动风险较大，宜采用可调单价合同。

选项 C：采用工程量清单计价，且工期 2 年，宜采用可调单价合同。

选项 D：特大暴雨过后的紧急抢险工程，宜采用成本加酬金合同。

47. **【2015 年真题】** 对建设规模较小，技术难度较低，施工工期较短，施工图设计已经审查批准的工程，从有利于业主方控制投资的角度，适宜采用的合同类型是（　　）。

A. 固定单价合同　　　　B. 固定总价合同

C. 成本加酬金合同　　　　D. 可调单价合同

【解析】 施工图设计已经审查批准，工程量可以可靠计算，且施工工期短，市场价格的波动风险较小，宜采用固定总价合同。

48. **【2015 年真题】** 根据《建设工程价款结算暂行办法》（财建〔2004〕369 号），发承包双方在施工合同中约定的合同价款事项有（　　）。

A. 投标保证金的数额、支付方式及时间

B. 工程价款的调整因素、方法、程序、支付方式及时间

C. 承担计价风险的内容、范围以及超出约定内容、范围的调整方法

D. 工程竣工价款结算编制与核对、支付方式及时间

E. 违约责任以及发生合同价款争议的解决方法及时间

【解析】 根据《建设工程价款结算暂行办法》（财建〔2004〕369 号）的有关规定，承发包双方在合同条款中，对下列事项进行约定：

① 预付工程款的数额、支付时间及抵扣方式。

② 安全文明施工费支付计划、使用要求。

③ 工程计量与支付工程进度款的方式、数额及时间。

④ 工程价款的调整因素、方法、程序、支付及时间。

⑤ 施工索赔与现场签证的程序、金额确定与支付时间。

⑥ 承担计价风险的内容、范围以及超出约定内容、范围的调整办法。

⑦ 工程竣工价款结算编制与核对、支付及时间。

⑧ 工程质量保证金的数额、预留方式及时间。

⑨ 违约责任以及发生合同价款争议的解决方法及时间。

⑩ 与履行合同、支付价款有关的其他事项等。

其中①、②是工程价款预付的约定，③~⑥是工程进度款的约定，⑦~⑩是竣工结算的有关约定。

49. **【2014 年真题】** 因暴雨引发山体滑坡而实施的公路交通紧急抢修项目，其合同计价方式宜采用（　　）。

A. 固定总价合同　　　　B. 固定单价合同

C. 可调单价合同　　　　D. 成本加酬金合同

【解析】 抢险救灾、工期特别紧急的工程项目，宜采用成本加酬金合同。

二、参考答案

题号	1	2	3	4	5	6	7	8	9
答案	A	ABD	A	D	B	C	A	A	BCDE
题号	10	11	12	13	14	15	16	17	18
答案	B	B	A	A	ADE	D	B	ABE	BC
题号	19	20	21	22	23	24	25	26	27
答案	C	D	D	ADE	B	D	D	C	C
题号	28	29	30	31	32	33	34	35	36
答案	CDE	ABE	ABCE	ACE	A	B	B	D	ADE
题号	37	38	39	40	41	42	43	44	45
答案	B	ABCE	B	ABCE	D	C	A	ABDE	D
题号	46	47	48	49					
答案	A	B	BCDE	D					

三、2023考点预测

考点一：工程量清单计价的方法

工料单价、综合单价、全费用综合单价的计算。

考点二：招标控制价的编制方法

1）招标控制价总价的汇总计算。

2）招标控制价的投诉与处理。

考点三：投标报价的编制方法

1）投标报价的依据。

2）其他项目费的报价方法。

考点四：合同价款的约定

合同类型的选择。

第七节 计量与支付

考点一：工程计量的原则

考点二：合同价款调整

考点三：工程变更价款的确定

考点四：施工索赔与现场签证

考点五：预付款及期中支付

考点六：竣工结算与支付

考点七：质量保证金的处理

考点八：合同价款纠纷的处理

一、历年真题及解析

1.【2021年真题】监理工程师对承包人按照合同约定购买第三者责任险支付的保险费，宜采用的计量方法是（　　）。

A. 均摊法　　B. 估价法　　C. 图纸法　　D. 凭据法

【解析】

计量的方法		
均摊法	按照合同工期平均计量	为监理人提供宿舍、日常的保养及维修
凭据法	按照承包人提供的凭据进行计量支付	建筑工程保险/第三方责任保险，履约保证金等
估价法	根据监理人估算的已完成工程价值支付	为监理人提供办公设施和生活设施，提供用车、天气记录、通信设备
断面法		主要用于取土坑或填筑路堤土方的计量
图纸法		混凝土构筑物体积，钻孔桩的桩长
分解计量法	将项目根据工序或部位分解为若干子项目	

由上表可知选项D正确。

2.【2022年真题】根据《建设工程施工合同（示范文本）》关于单价合同计量的说法，正确的是（　　）。

A. 监理人应在收到承包人提交的工程量报告后的14天内完成对承包人提交的工程量报告的审核并报送发包人

B. 监理人未在收到承包人提交的工程量报表后的5天内完成复核的，承包人提交的工程量报告中的工程量视为承包人实际完成的工程量

C. 承包人未按监理人要求参加工程量复核或抽样复测的，监理人复核或修正的工程量视为承包人实际完成的工程量

D. 承包人为保证施工质量超出施工图纸范围施工的工程量，监理人应予以计量

【解析】 监理人应在收到承包人提交的工程量报告后7天内完成对承包人提交的工程量报表的审核并报送发包人，故选项A错误。

监理人未在收到承包人提交的工程量报表后的7天内完成审核的，承包人报送的工程量报告中的工程量视为承包人实际完成的工程量，据此计算工程价款，故选项B错误。

监理复核前通知承包人，承包人未按监理人要求参加复核或抽样复测的，监理人复核或修正的工程量视为承包人实际完成的工程量，故选项C正确。

监理人一般只对以下三方面的工程项目进行计量：①工程量清单中的全部项目；②合同文件中规定的项目；③工程变更项目。

3.【2020年真题】单价合同在执行过程中，发现招标工程量清单中出现工程量偏差引起工程量增加，则该合同工程量应按（　　）计量。

A. 原招标工程量清单中的工程量

B. 招标文件中所附的施工图纸的工程量

C. 承包人在履行合同义务中完成的工程量

D. 承包人提交的已完工程量报告中的数量

【解析】 单价合同在执行过程中，发现招标工程量清单中出现工程量偏差引起工程量增加，则该合同工程量应按承包人在履行合同义务中完成的工程量计量。故选项 C 正确。

4. **【2018 年真题】** 某土方工程《建设工程工程量清单计价规范》签订了单价合同，招标清单中土方开挖工程量为 8000m^3，施工过程中承包人采用了放坡开挖的方式，完工计量时，承包人因放坡增加土方开挖量 1000m^3，因工作面增加土方开挖量 1600m^3，因施工操作不慎塌方增加土方开挖量 500m^3，则应予结算的土方开挖工程量为（ ）m^3。

A. 11100　　B. 10600　　C. 9000　　D. 8000

【解析】 分部分项工程量清单中所列工程量，应按《计量规范》中的工程量计算规则计算，工程量清单中的工程数量以实体工程量为准，并以完成后的净值来计算，故选项 D 正确。

而在施工过程中因施工方案实际产生的各种损耗和需要增加的工程量，应当在计算综合单价时全部考虑，或在措施费清单中列入相应的措施费用，不再额外计量。

5. **【2017 年真题】** 根据《建设工程工程量清单计价规范》（GB 50500—2013），关于单价合同工程计量的说法，正确的有（ ）。

A. 承包人认为发包人核实后的计量结果有误，应及时口头告知发包人

B. 发包人在现场计量前 24 小时通知承包人，承包人未派人参加计量结果有效

C. 工程量按承包人在履行合同义务过程中实际完成、应予计量的工程量确定

D. 对于承包人原因造成超出施工图纸范围施工的工程量，不予计量

E. 对工程变更引起工程量的增减变化，应据实调整，正确计量

【解析】 根据《建设工程工程量清单计价规范》（GB 50500—2013）的有关规定，承包人认为发包人核实后的计量结果有误，应书面告知发包人，故选项 A 错误。

发包人在现场计量前 24 小时通知承包人，承包人未派人参加计量结果有效。

工程量按承包人在履行合同义务过程中实际完成、应予计量的工程量确定，对于承包人原因造成超出施工图纸范围施工的工程量，不予计量；工程变更引起工程量变化，则应据实计量，故选项 B、C、D、E 正确。

6. **【2017 年真题】** 施工过程中可以作为工程量计量依据的资料有（ ）。

A. 质量合格证书　　B. 计量规范

C. 招标工程量清单　　D. 技术规范

E. 设计图纸

【解析】 根据《建设工程工程量清单计价规范》（GB 50500—2013）的有关规定，施工过程中工程计量依据：①质量合格证书；②《计量规范》和技术规范；③设计图纸。

7. **【2016 年真题】** 根据《建设工程工程量清单计价规范》（GB 50500—2013），关于施工中工程计量的说法，正确的是（ ）。

A. 发包人应在收到承包人完工程量报告后 14 天内核实工程量

B. 单价合同的工程量必须以承包人完成合同工程应予计量的工程量确定

C. 总价合同结算时工程量必须按实际工程计量

D. 对质量不合格的工程，承包人承诺返工的工程量给予计量

【解析】 根据《建设工程工程量清单计价规范》(GB 50500—2013) 的有关规定，发包人 (监理) 应在收到承包人完工程量报告后 7 天内核实工程量，逾期视为认可，故选项 A 错误。

总价合同结算时，应按合同的“计量及支付”条款的约定进行计量，故选项 C 错误。

对于不符合合同文件要求的工程，承包人超出施工图纸范围或因承包人原因造成返工的工程量，不予计量，故选项 D 错误。

工程量必须以承包人完成合同范围内工程应予计量的工程量确定，故选项 B 正确。

8. 【2015 年真题】某灌注计量支付条款约定工程量以“m”计算，若设计长度为 20m 灌注桩，承包人做了 21m，监理工程师未对施工质量表示异议，则发包人应该按（　　）m 支付价款。

A. 19　　B. 20　　C. 21　　D. 22

【解析】 根据《建设工程工程量清单计价规范》(GB 50500—2013) 的有关规定，工程量必须以承包人完成合同范围内工程应予计量的工程量确定，超出施工图纸范围的工程量不予计量。因此按照 20m 计量并支付价款。

9. 【2014 年真题】关于单价合同中工程计量的说法，正确的是（　　）。

A. 单价合同应予计量的工程量是承包人实际施工的工程量

B. 承包人因自身原因造成返工的工程量应予计量

C. 工程计量应以设计图纸为依据

D. 承包人为保证工程质量超过图纸要求的工程量应予计量

【解析】 根据《建设工程工程量清单计价规范》(GB 50500—2013) 的有关规定，单价合同中应予计量的工程量是承包人已完成的合同范围内的工程量，故选项 A 错误。

承包人因自身原因造成返工的工程量，超过图纸范围要求的工程量都不予以计量，故选项 B、D 错误。

10. 【2022 年真题】根据《建设工程施工合同（示范文本）》当合同履行期间出现工程变更时，若变更在已标价工程量清单中无相同项目，但有类似项目单价的，则变更估价的原则是（　　）。

A. 参照类似项目的单价认定

B. 按照直接成本加适当利润的原则，由发包人确定变更单价

C. 按照合理的成本加利润的原则，由承包人确定变更工作的单价

D. 根据合理的成本加适当利润的原则，由监理人确定新的变更单价

【解析】 已标价工程量清单或预算书中无相同项目，但有类似项目的，参照类似项目的单价认定，故选项 A 正确

11. 【2021 年真题】根据《建设工程工程量清单计价规范》，关于合同履行期间因招标工程量清单缺项导致新增分部分项清单项目的说法，正确的是（　　）。

A. 新增分部分项清单项目应按额外工作处理，由监理工程师提出，发包人批准

B. 新增分部分项清单项目的综合单价应由监理工程师提出，发包人批准

C. 新增分部分项清单项目的综合单价应由承包人提出，但相关措施项目费不能调整

D. 新增分部分项清单项目导致新增措施项目的，在承包人提交的新增措施项目实施方案被发包人批准后调整合同价款

【解析】 根据《建设工程工程量清单计价规范》GB 50500—2013 的规定：

① 合同履行期间，由于招标工程量清单中缺项，新增分部分项工程量清单项目的，应按照规范中工程变更相关条款确定单价，并调整合同价款。

② 新增分部分项工程量清单项目后，引起措施项目发生变化的，应按照规范中工程变更相关规定，在承包人提交的实施方案被发包人批准后调整合同价款。

③ 由于招标工程量清单中措施项目缺项，承包人应将新增措施项目实施方案提交发包人批准后，按照规范相关规定调整合同价款，故选项 A、B、C 错误。

12. **【2021 年真题】** 某土方工程招标文件中清单工程量为 3000m^3；合同约定，土方工程综合单价为 80 元/m^3，当实际工程量增加 15%以上时，增加部分的工程量综合单价为 72 元/m^3，工程结束实际完成并经发包人确认的土方工程量为 3600m^3，则工程价款为（　　）元。

A. 259200　　B. 286800　　C. 283200　　D. 288000

【解析】 工程价款 = 3000×1.15×80+(3600−3000×1.15)×72 = 286800(元)。

13. **【2021 年真题】** 由于发包人设计变更原因导致承包人未按期竣工，需对原约定竣工日期后继续施工的工程进行价格调整时，宜采用的价格指数是（　　）。

A. 原约定竣工日期与实际竣工日期的两个价格指数中较低的一个

B. 原约定竣工日期与实际竣工日期的两个价格指数中较高的一个

C. 原约定竣工日期与实际竣工日期的两个价格指数的平均值

D. 承包人与发包人协商新的价格指数

【解析】 因承包人原因未按期竣工的，对合同约定的竣工日期后继续施工的工程，在使用价格调整公式时，应采用计划竣工日期与实际竣工日期的两个价格指数较低的调整合同价款。

因非承包人原因未按期竣工的，对合同约定的竣工日期后继续施工的工程，在使用价格调整公式时，应采用计划竣工日期与实际竣工日期的两个价格指数较高的调整合同价款。

14. **【2021 年真题】** 编制其他项目清单时，关于计日工表中的材料和机械列项要求的说法，正确的是（　　）。

A. 材料和机械仅按实际使用数量列项

B. 材料和机械应按规格、型号详细列项

C. 材料应按使用数量详细列项，机械应按类别粗略列项

D. 材料应按供应厂商详细列项，机械应按型号粗略列项

【解析】

计日工	
范围	在施工过程中，承包人完成发包人提出的工程合同范围以外的零星项目或工作
程序	（1）需要采用计日工方式的，经发包人同意后，由监理人通知承包人以计日工计价方式实施相应的工作 （2）采用计日工计价的任何一项工作，承包人应在该项工作实施过程中，每天提交以下报表和有关凭证报送监理人审查： ① 工作名称、内容和数量 ② 投入该工作的所有人员的姓名、专业、工种、级别和耗用工时 ③ 投入该工作的材料类别和数量 ④ 投入该工作的施工设备型号、台数和耗用台时 ⑤ 其他有关资料和凭证

15. **【2022 年真题】** 工程实施过程中，发包人要求合同工程提前竣工的，根据《建设工程工程量清单计价规范》，其正确的做法是（　　）。

A. 通过监理工程师下达变更指令要求承包人必须提前竣工，并支付由此增加的提前竣工费用

B. 增加合同补充条款要求承包人采取加快工程进度措施，发包人不承担赶工费用

C. 征得承包人同意后，与承包人商定采取加快工程进度的措施，并承担承包人由此增加的提前竣工费用

D. 发承包双方应签订补充合同约定提前竣工的赶工费用总额，并各承担 50%的费用

【解析】 工程实施过程中，发包人要求合同工程提前竣工的，应征得承包人同意后与承包人商定采取加快工程进度的措施，并应修订合同工程进度计划。发包人应承担承包人由此增加的提前竣工（赶工补偿）费用。

16. **【2020 年真题】** 某工程施工时处于当地正常的雨季，导致工期延误，在工期延误期间又出现政策变化。根据《建设工程工程量清单计价规范》，对由此增加的费用和延误的工期，正确的处理方式是（　　）。

A. 费用、工期均由发包人承担

B. 费用由发包人承担、工期由承包人承担

C. 费用由承包人承担、工期由发包人承担

D. 费用、工期均由承包人承担

【解析】 当地正常的雨季属于承包人应当合理预见并考虑的因素，导致的工期延误，以及延误期间政策变化增加的费用属于承包人应承担的责任。故选项 D 正确。

17. **【2019 年真题】** 根据《建设工程工程量清单计价规范》，工程量清单计价的某分部分项工程综合单价为 500 元/m^3，其中暂估材料单价 300 元，管理费率 5%，利润率 7%，工程实施后，暂估材料的单价确定为 350 元。结算时该分部分项工程综合单价为（　　）元/m^3。

A. 350.00　　B. 392.00

C. 550.00　　D. 556.18

【解析】 在暂估材料、工程设备的单价确定后，在综合单价中只应确定原暂估单价，不应再在综合单价中涉及管理费或利润等的变动。

结算时该分部分项工程综合单价=500−300+350=550（元/m^3）。

18. **【2019 年真题】** 某混凝土工程招标清单工程量为 200m^3，合同约定的综合单价为 600 元/m^3，当实际完成并经监理工程师确认的工程量超过清单工程量 15%时可调整综合单价，调价系数为 0.9。施工过程中，因设计变更导致实际工程量为 250m^3，则该混凝土工程的工程价款为（　　）万元。

A. 12.00　　B. 14.88

C. 14.74　　D. 15.00

【解析】 实际完成 250m^3，其中超过清单工程量的 15%范围以内的工程量按照原价计算，超出 15%以外的按照调整后的价格计算。

工程量价款=200×(1+15%)×600+[250−200×(1+15%)]×0.9×600=14.88（万元）。

19. **【2018 年真题】** 某工程项目施工合同约定竣工日期为 2018 年 6 月 30 日，在施工中

因天气持续下雨导致甲供材料未能及时到货，使工程延误至2018年7月30日竣工，但由于2018年7月1日起当地计价政策调整，导致承包人额外支付了300万元工人工资，关于这300万元的责任承担的说法，正确的是（　　）。

A. 增加的300万元因政策变化造成，属于承包人的责任，应由承包人承担

B. 发包人原因导致的工期延误，因此政策变化增加的300万元应由发包人承担

C. 因不可抗力原因造成工期延误，增加的300万元应由承包人承担

D. 工期延误是承包人原因，增加的300万元是政策变化造成，应由双方共同承担

【解析】 根据《建设工程工程量清单计价规范》（GB 50500—2013）的有关规定，因承包人（发包人）原因造成工期延误，在工期延误期间出现法律变化的，由此增加的费用和（或）延误的工期由承包人（发包人）承担。据题可知因甲供材料未能及时到货，所以应由发包人承担责任。

20. **【2018年真题】** 某工程施工合同约定根据价格调整公式调整合同价，已知不调值部分占合同价的比例为15%，可参与调值部分的费用类型、占合同总价的比例和相关价格指数见下表，若结算当月完成的合同额为1000万元，则调整后的合同金额为（　　）万元。

项目	占合同总价的比例	基准日期价格指数	合同签订时价格指数	结算时价格指数
人工	30%	101	103	106
钢筋	20%	101	110	105
混凝土	25%	105	109	115
木材	10%	102	102	105

A. 1050　　B. 1034　　C. 1017　　D. 1000

【解析】 根据价格调整公式：

$$\Delta P=P_0\left[A+\left(B_1\times\frac{F_{t1}}{F_{01}}+B_2\times\frac{F_{t2}}{F_{02}}+B_3\times\frac{F_{t3}}{F_{03}}+\cdots+B_n\times\frac{F_{tn}}{F_{0n}}\right)-1\right]$$

其中定值权重 $A=1-30\%-20\%-25\%-10\%=15\%$。

$$\Delta P=1000\left[0.15+\left(0.3\times\frac{106}{101}+0.2\times\frac{105}{101}+0.25\times\frac{115}{105}+0.1\times\frac{105}{102}\right)-1\right]=49.94$$

调整后的合同金额 = 1000 + 49.94 = 1050（万元）。

21. **【2018年真题】** 某工程施工合同约定采用造价信息进行价格调整。施工期间，项目所在地省级造价管理机构发布了工人工资指导价上调10%的通知并即时生效，该工程在颁布通知当月完成的合同价款为300万元，其中人工费为60万元（已知该人工费单价比发布的指导价高出30%），则该工程当月人工费结算的做法是（　　）。

A. 不予上调

B. 按照通知要求上调10%

C. 由总监理工程师确定新的单价

D. 由发承包双方协商后适当调整

【解析】 根据《建设工程工程量清单计价规范》（GB 50500—2013）的有关规定，人工单价发生变化且符合计价规范中计价风险相关规定时，发承包双方应按省级或行业建设主管

部门或其授权的工程造价管理机构发布的人工费等文件调整合同价款，但承包人对人工费或人工单价的报价高于发布价格的除外。据题，人工费比发布的指导价高出30%，则不予上调。

22. **【2018年真题】**根据《建设工程工程量清单计价规范》，某工程定额工期为25个月，合同工期为20个月。合同实施中，发包人要求该工程提前1个月竣工，征得承包人同意后，调整了合同工期。则关于该工程工期和赶工费用的说法，正确的是（　　）。

A. 发包人要求合同工期比定额工期提前6个月竣工，应承担提前竣工6个月的赶工费用

B. 发包人要求合同工程提前1个月竣工，应承担提前竣工1个月的赶工费用

C. 发包人要求压缩的工期天数超过定额工期的2%应承担提前竣工5个月的赶工费用

D. 发包人要求压缩的工期天数未超过定额工期的30%不支付赶工费用

【解析】 根据《建设工程工程量清单计价规范》（GB 50500—2013）的有关规定：

① 工程发包时，招标人应当依据相关工程的工期定额合理计算工期，压缩的工期天数不得超过定额工期的20%，将其量化超过者，应在招标文件中明示增加赶工费用。

② 工程实施过程中，发包人要求合同工程提前竣工的，应征得承包人同意后与承包人商定采取加快工程进度的措施，并应修订合同工程进度计划，发包人应承担承包人由此增加的提前竣工（赶工补偿）费用。

据题，定额工期25个月，20%定额工期为5个月，合同工期再提前一个月竣工则总工期为19个月，压缩工期6个月已经超过定额工期的20%，发包人需要承担要求提前1个月竣工而增加的提前竣工（赶工补偿）费用，故选项B正确。

23. **【2017年真题】**根据《建设工程工程量清单计价规范》（GB 50500—2013），关于提前竣工的说法，正确的是（　　）。

A. 招标人压缩的工期天数不得超过定额工期的50%

B. 工程实施过程中，发包人要求合同工程提前竣工，可以不征求承包人意见

C. 发承包双方约定提前竣工每日历天应补偿额度与结算款一并支付

D. 赶工费用包括人工费、材料费、机械费以及履约保函手续费的增加

【解析】 根据《建设工程工程量清单计价规范》（GB 50500—2013）的有关规定，提前竣工（赶工补偿）引起的价格调整规则：

1）工程发包时，招标人应当依据相关工程的工期定额合理计算工期，压缩的工期天数不得超过定额工期的20%，将其量化。超过者，应在招标文件中明示增加赶工费用，故选项A错误。

2）工程实施过程中，发包人要求合同工程提前竣工的，应征得承包人同意后与承包人商定采取加快工程进度的措施，并应修订合同工程进度计划发包人应承担承包人由此增加的提前竣工（赶工补偿）费用，故选项B错误。

3）发承包双方应在合同中约定提前竣工每日历天应补偿额度，此项费用应作为增加合同价款列入竣工结算文件中，应与结算款一并支付。赶工费用主要包括：

① 人工费的增加：新增加投入人工的报酬、不经济使用人工的补贴。

② 材料费的增加：不经济使用材料而损耗过大材料提前交货可能增加的费用以及材料运输费的增加等。

③ 机械费的增加：可能增加机械设备投入、不经济使用机械。

故选项D错误。

24. 【2016年真题】根据《建设工程工程量清单计价规范》（GB 50500—2013）关于合同工期的说法，正确的是（　　）。

A. 发包人要求合同工程提前竣工的，应承担承包人由此增加的提前竣工费用

B. 招标人压缩的工期天数不得超过定额工期的30%

C. 招标人压缩的工期天数超过定额工期的20%但不超过30%时，不额外支付赶工费用

D. 工程实施过程中，发包人要求合同工程提前竣工的，承包人必须采取加快工程进度的措施

【解析】 根据《建设工程工程量清单计价规范》（GB 50500—2013）的有关规定，提前竣工（赶工补偿）引起的价格调整：

① 工程发包时，招标人应当依据相关工程的工期定额合理计算工期，压缩的工期天数不得超过定额工期的20%，将其量化超过者，应在招标文件中明示增加赶工费用，故选项B、C错误。

② 工程实施过程中，发包人要求合同工程提前竣工的，应征得承包人同意后与承包人商定采取加快工程进度的措施，并应修订合同工程进度计划。发包人应承担承包人由此增加的提前竣工（赶工补偿）费用，故选项A正确。

如果发包人提出无理的工期压缩要求，或者没有征得承包人同意，或者双方协商不一致，承包人有权拒绝发包人的提前竣工要求，故选项D错误。

25. 【2016年真题】根据《建设工程工程量清单计价规范》（GB 50500—2013），采用清单计价的某部分分项工程，招标控制价的综合单价为350元，承包人投标报价的综合单价为300元，该工程投标报价总价的下浮率为5%。结算时，该部分分项工程工程量清单工程量增加了16%，且合同未确定综合单价调整方法，则对该综合单价的正确处理方式是（　　）。

A. 调整为257元　　B. 调整为282.63元

C. 不做任何调整　　D. 调整为345元

【解析】 根据《建设工程工程量清单计价规范》（GB 50500—2013），对于任一招标工程量清单项目，如果因工程量偏差和工程变更等原因导致工程量偏差超过15%时，对超出15%的部分单价P_1进行调整。

P_1确定的方法：一是发承包双方协商确定，二是与招标控制价相联系，当工程量偏差项目出现承包人在工程量清单中填报的综合单价与发包人招标控制价相应清单项目的综合单价差偏差超过15%时，参考以下公式。

当$P_0<P_2(1-L)\times(1-15\%)$时，该类项目的综合单价：

P_1按照$P_2(1-L)\times(1-15\%)$调整。

当$P_0>P_2\times(1+15\%)$时，该类项目的综合单价：

P_1按照$P_2\times(1+15\%)$调整。

当$P_0>P_2(1-L)\times(1-15\%)$或$P_0<P_2\times(1+15\%)$时，可不调整。

（P_0=承包人在工程量清单中填报的综合单价；P_2=发包人在招标控制价相应项目的综合单价；L=计价规范中定义的承包人报价浮动率）

$P_2(1-L)\times(1-15\%)=350\times(1-5\%)\times(1-15\%)=282$（元）。

$P_2\times(1+15\%)=350\times1.15=402$（元），$P_0=300$（元），可不调整。

26.【2015年真题】根据《建设工程工程量清单计价规范》（GB 50500—2013），施工过程中发生的计日工，应按照（　　）计价。

A. 标价工程量清单中的计日工单价

B. 计日工发生时承包人提出的综合单价

C. 计日工发生当月市场人工工资单价

D. 计日工发生当月造价管理部门发布的人工指导价

【解析】 计日工是指在施工过程中，承包人完成发包人提出工程合同范围以外的零星项目或工作，按合同中约定的综合单价计价。

27.【2015年真题】根据《建设工程施工合同（示范文本）》（GF-2013-0201），承包人采购材料和工程设备的，应在合同中约定主要材料、工程设备价格变化的范围或幅度，当没有约定，且材料、工程设备单价变化超过（　　）时，超过部分的价格应按照价格指数调整法或造价信息差额调整法计算调整材料、工程设备费。

A. 10%　　B. 5%　　C. 4%　　D. 3%

【解析】 根据《建设工程施工合同（示范文本）》（GF-2013-0201）有关约定，材料、工程设备价格变化的价款调整按照发包人提供的基准价格，按以下风险范围规定执行：除专用合同条款另有约定外，合同履行期间材料单价涨跌幅以基准价格为基础超过5%时，其超过部分据实调整。

28.【2015年真题】根据《建设工程工程量清单计价规范》（GB 50500—2013），签约合同中的暂估材料在确定单价以后，其相应项目综合单价的处理方式是（　　）。

A. 在综合单价中用确定单价代替原暂估价，并调整企业管理费，不调整利润

B. 在综合单价中用确定单价代替原暂估价，并调整企业管理费和利润

C. 综合单价不做调整

D. 在综合单价中用确定单价代替原暂估价，不再调整企业管理费和利润

【解析】 根据《建设工程工程量清单计价规范》（GB 50500—2013）的有关规定，暂估价专业分包工程、服务、材料和工程设备的明细由合同当事人在专用合同条款中约定。暂估价或工程设备的单价确定后，在综合单价中只应取代原暂估单价，不应再在综合单价中涉及企业管理费或利润等其他费的变动。

29.【2015年真题】施工合同履行过程中，导致工程量清单缺项并应调整合同价款的原因有（　　）。

A. 设计变更　　B. 施工条件改变

C. 承包人投标漏项　　D. 工程量清单编制错误

E. 施工技术进步

【解析】 导致工程量清单缺项的原因：①设计变更；②施工条件改变；③工程量清单编制错误。

30.【2013年真题】根据《建设工程工程量清单计价规范》（GB 50500—2013）因不可抗力事件导致的损害及其费用增加，应由承包人承担的是（　　）。

A. 工程本身的损坏　　B. 承包人的施工机械损坏

C. 发包方现场的人员伤亡　　D. 工程所需的修复费用

【解析】 根据《建设工程工程量清单计价规范》（GB 50500—2013）的有关规定，不可抗力引起的价格调整：①永久工程、已运至施工现场的材料和工程设备的损坏，以及因工程损坏造成的第三人人员伤亡和财产损失由发包人承担；②承包人施工设备的损坏由承包人承担；③发包人和承包人承担各自人员伤亡和财产的损失；④因不可抗力影响承包人履行合同约定的义务已经引起或将引起工期延误的，应当顺延，由此导致承包人停工的费用损失由发包人和承包人合理分担，停工期间必须支付的工人工资由发包人承担；⑤因不可抗力引起或将引起工期延误，发包人要求赶工的，由此增加的赶工费用由发包人承担；⑥承包人在停工期间按照发包人要求照管、清理和修复工程的费用由发包人承担。

31. **【2020年真题】** 根据《建设工程施工合同（示范文本）》，因设计单位提出设计变更，变更后已标价工程量清单中没有相同及类似变更项目单价的，变更估价申请应由（　　）提出。

A. 承包人　　B. 监理人

C. 发包人　　D. 设计人

【解析】 根据《建设工程施工合同（示范文本）》，因设计单位提出设计变更，变更后已标价工程量清单中没有相同及类似变更项目单价的，变更估价申请应由承包人提出，监理人审查并报送发包人审批。

32. **【2020年真题】** 根据《建设工程工程量清单计价规范》，因工程变更引起措施项目发生变化导致措施项目费调整，在措施项目拟实施方案得到发承包双方确认后，措施项目费调整的正确做法有（　　）。

A. 对采用总价计算的措施项目费，按实际发生变化的措施项目并考虑承包人报价浮动因素进行调整

B. 除非措施项目费变动超过一定幅度，一般采用总价计算的措施项目费不能进行调整

C. 采用单价计算的措施项目费，应按实际发生变化的措施项目和已标价工程量清单项目确定单价

D. 安全文明施工费应按实际发生的措施项目计算，并考虑承包人报价浮动因素进行调整

E. 安全文明施工费应按实际发生变化的措施项目调整，不得浮动

【解析】 根据《建设工程工程量清单计价规范》，工程变更引起施工方案改变并使措施项目发生变化时，承包人提出调整措施项目费的，应事先将拟实施的方案提交发包人确认，并应详细说明与原方案措施项目相比的变化情况。拟实施的方案经发承包双方确认后执行，并应按照下列规定调整措施项目费：

① 安全文明施工费应按照实际发生变化的措施项目调整，不得浮动。故选项E正确。

② 采用单价计算的措施项目费，应按照实际发生变化的措施项目按照前述已标价工程量清单项目的规定确定单价。故选项C正确。

③ 按总价（或系数）计算的措施项目费，按照实际发生变化的措施项目调整，但应考虑承包人报价浮动因素，即调整金额按照实际调整金额乘以承包人报价浮动率计算。故选项

A 正确。

33.【2018 年真题】某工程采用工程量清单招标，招标人公布的招标控制价为 1 亿元。中标人的投标价为 8000 万元，经调整计算错误后的中标价为 9100 万元，所有合格投标人的价平均为 9200 万元，则该中标人的报价浮动率为（　　）。

A. 11.0%　　B. 9.0%　　C. 8.5%　　D. 8.0%

【解析】根据《建设工程工程量清单计价规范》（GB 50500—2013）的有关规定，按总价（或系数）计算的措施项目费，按照实际发生变化的措施项目调整，但应考虑承包人报价浮动因素，承包人报价浮动率可按下列公式计算：

承包人报价浮动率 $L=(1-\text{中标价}/\text{招标控制价})\times100\%=(1-9100/10000)\times100\%=9\%$。

34.【2018 年真题】根据《建设工程施工合同（示范文本）》，关于变更权的说法，正确的有（　　）。

A. 发包人和监理人均可以提出变更

B. 承包人可以根据施工的需要对工程非重要的部分做出适当变更

C. 监理人发出变更指示一般无须征得发包人的同意

D. 变更指示均通过监理人发出

E. 设计变更超过原批准的建设规模时，承包人应先办理规划变更审批手续

【解析】根据《建设工程施工合同（示范文本）》的约定，发包人和监理人均可以提出变更，变更指示均通过监理人发出，监理人发出变更指示前应征得发包人同意。承包人收到经发包人签认的变更指示后，方可实施变更。未经许可，承包人不得擅自对工程的任何部分进行变更，故选项 A、D 正确，选项 B、C 错误。

设计变更超过原批准的建设规模时应由发包人办理规划变更审批手续，故选项 E 错误。

35.【2017 年真题】某工程采用工程量清单计价，施工过程中，业主将屋面防水变更为 PE 高分子防水卷材（1.5mm），清单中无类似项目，工程所在地造价管理机构发布该卷材单价为 18 元/m^2，该地区定额人工费为 3.5 元/m^2，机械使用费为 0.3 元/m^2，除卷材外的其他材料费为 0.6 元/m^2，管理费和利润为 1.2 元/m^2。若承包人报价浮动率为 6%，则发承包双方协商确定该项目综合单价的基础为（　　）元/m^2。

A. 25.02　　B. 23.60　　C. 22.18　　D. 21.06

【解析】根据《建设工程工程量清单计价规范》（GB 50500—2013）的有关规定，清单无类似项目，工程所在地造价管理机构发布了信息指导价格，按照发布的信息指导价格确定综合单价，并考虑报价浮动率。

该项目综合单价 $=(3.5+0.3+18+0.6+1.2)\times(1-6\%)=22.18$（元/$m^2$）。

36.【2015 年真题】根据《建设工程工程量清单计价规范》（GB 50500—2013），工程变更引起施工方案改变并使措施项目发生变化时，承包人提出调整措施项目费用的，应事先将（　　）提交发包人确认。

A. 拟实施的施工方案　　B. 索赔意向通知

C. 拟申请增加的费用明细　　D. 工程变更的内容

【解析】根据《建设工程工程量清单计价规范》（GB 50500—2013）的有关规定，工程变更引起施工方案改变并使措施项目放生变化时，承包人提出调整措施项目费的，应事先将拟定的施工方案提交发包人确认，并应详细说明与原方案措施项目相比的变

化情况。

37.【2015年真题】根据《建设工程工程量清单计价规范》（GB 50500—2013），工程变更引起施工方案改变并使措施项目发生变化时，关于措施项目调整的说法，正确的有（　　）。

A. 安全文明施工费按实际发生的措施项目，考虑承包人报价浮动因素进行调整

B. 安全文明施工费按实际发生变化的措施项目调整，不得浮动

C. 对单价计算的措施项目费，按实际发生变化的措施项目和已标价工程量清单项目确定单价

D. 对总价计算的措施项目费一般不能进行调整

E. 对总价计算的措施项目费，按实际发生变化的措施项目并考虑承包人报价浮动因素进行调整

【解析】 根据《建设工程工程量清单计价规范》（GB 50500—2013）的有关规定，措施项目费的调整规则：

工程变更引起施工方案改变并使措施项目发生变化时，承包人提出调整措施项目费的，应事先将拟定的施工方案提交发包人确认，并应详细说明与原方案措施项目相比的变化情况。

① 安全文明施工费应按照实际发生变化的措施项目调整，不得浮动。

② 采用单价计算的措施项目费，应按照实际发生变化的措施项目按照前述已标价工程量清单项目的规定确定单价。

③ 按总价（或系数）计算的措施项目费，按照实际发生变化的措施项目调整，但应考虑承包人报价浮动因素。

38.【2022年真题】某施工项目因疫情停工两个月，承包人在停工期间发生如下费用和损失：按照发包人要求照管工程发生费用5万元，承包人施工机具损坏损失2万元，已经建成的永久工程损坏损失3万元，疫情过后发包人要求赶工增加的赶工费用10万元，根据《建设工程施工合同（示范文本）》，上述产生的费用和损失中，发包人应承担（　　）万元。

A. 18　　　　B. 5

C. 8　　　　D. 20

【解析】 5+3+10=18（万元）

根据《建设工程施工合同（示范文本）》，不可抗力造成的费用及损失，当事人按以下原则承担：

① 永久工程、已运至施工现场的材料和工程设备的损坏，以及因工程损坏造成的第三方人员伤亡和财产损失由发包人承担；

② 承包人施工设备的损坏由承包人承担；

③ 发包人和承包人承担各自人员伤亡和财产的损失；

④ 因不可抗力影响承包人履行合同约定的义务，已经引起或将引起工期延误的，应当顺延工期，由此导致承包人停工的费用损失由发包人和承包人合理分担，停工期间必须支付的工人工资由发包人承担；

⑤ 因不可抗力引起或将引起工期延误，发包人要求赶工的，由此增加的赶工费用由发

包人承担；

⑥ 承包人在停工期间按照发包人要求照管、清理和修复工程的费用由发包人承担。

39. **【2021 年真题】** 根据《标准施工招标文件》，下列导致承包人成本增加的情形中，可以同时补偿承包人费用和利润的是（　　）。

A. 发包人原因导致的工程缺陷和损失

B. 发包人要求承包人提前交付材料和工程设备

C. 异常恶劣的气候条件

D. 施工过程中发现文物

【解析】 选项 A 可以索赔工期、费用和利润，选项 B 可以索赔费用，选项 C 可以索赔工期，选项 D 可以索赔工期和费用。

40. **【2021 年真题】** 根据《建设工程施工合同（示范文本）》，下列因不可抗力事件导致的损失或增加的费用中，应由承包人承担的有（　　）。

A. 停工期间承包人按照发包人要求照管工程的费用

B. 因工程损坏造成的第三方人员伤亡和财产损失

C. 合同工程本身的损坏

D. 承包人施工设备的损坏

E. 承包人的人员伤亡和财产损失

【解析】 选项 A、B、C 为发包人应承担的费用。

不可抗力	定义	不可抗力是指合同当事人在签订合同时不可预见，在合同履行过程中不可避免且不能克服的自然灾害和社会性突发事件，如地震、海啸、瘟疫、骚乱、戒严、暴动、战争和专用合同条款中约定的其他情形
	后果的承担	① 永久工程、已运至施工现场的材料和工程设备的损坏，以及因工程损坏造成的第三方人员伤亡和财产损失由发包人承担 ② 承包人施工设备的损坏，由承包人承担 ③ 发包人和承包人承担各自人员伤亡和财产损失 ④ 因不可抗力影响承包人履行合同约定的义务的，已经引起或将引起工期延误的，应当顺延工期，由此导致承包人停工的费用损失由发包人和承包人合理分担，停工期间必须支付的工资由发包人承担 ⑤ 因不可抗力引起或将引起工期延误，发包人要求赶工的，由此增加的赶工费用由发包人承担 ⑥ 承包人在停工期间按照发包人要求照管、清理和修复工程的费用由发包人承担

41. **【2021 年真题】** 根据《建设工程施工合同（示范文本）》，关于承包人索赔的说法，正确的有（　　）。

A. 承包人应在发出索赔意向通知书 28 天后，向监理人正式递交索赔报告

B. 承包人应在知道或应当知道索赔事件发生后 28 天内，向监理人递交索赔意向通知书

C. 监理人应在收到索赔该报告后 28 天内完成审查并报送发包人

D. 承包人接受索赔处理结果的，索赔款项应在竣工结算时进行支付

E. 具有持续影响的索赔事件，承包人应按合理时间间隔持续递交延续索赔通知

【解析】

索赔	
程序	① 承包人的索赔：知道或应当知道索赔事件→承包人向监理人提交索赔意向通知书（28天内，逾期丧失索赔权利）→承包人向监理人递交正式索赔报告（28天内）→承包人向监理人递交延续索赔通知（合理时间间隔）→索赔事件结束→承包人向监理人提交最终索赔报告（28天内）→监理人完成审查并报送发包人（14天内）→发包人确认索赔处理结果，由监理人向承包人出具（14天内，监理人收到索赔报告28天内）（逾期视为认可） ② 发包人的索赔：知道或者应当知道索赔事件→发包人通过监理人向承包人提出索赔意向通知书（28天内）（逾期丧失索赔权利）→向承包人递交正式索赔报告（28天内）→承包人将索赔处理结果答复发包人（28天内）（逾期视为认可）

42. **【2022年真题】**根据《标准施工招标文件》，下列导致承包人工期延误的费用增加的情形中，承包人可以同时索赔工期费用利润的有（　　）。

A. 承包人遇到不利物质条件　　B. 不可抗力

C. 承包人原因引起的暂停施工　　D. 延期提供施工场地

E. 发包人提供的材料和设备不符合合同要求

【解析】　承包人遇到不利物质条件可索赔工期及费用、不可抗力可索赔工期故选项A、B错误；承包人原因引起的暂停施工造成的工期延误和费用损失由承包人自行承担，故选项C错误。

43. **【2019年真题】**根据《标准施工招标文件》，承包人可同时索赔工期和费用的情形有（　　）。

A. 承包人遇到不利物质条件　　B. 施工过程发现文物

C. 法律变化引起价格调整　　D. 发包人要求向承包人提前交付工程设备

E. 承包人遇到异常恶劣的气候条件

【解析】　根据《标准施工招标文件》，承包人可同时索赔工期和费用的情形有施工过程中遇到不利物质条件、发现文物、古迹、化石等，故选项A、B正确。

法律变化引起价格调整、发包人要求向承包人提前交付工程设备只能索赔费用，故选项C、D错误。

承包人遇到异常恶劣的气候条件或不可抗力只能索赔工期，故选项E错误。

44. **【2022年真题】**某建设工程施工过程中，由于发包人设计变更导致承包人暂停施工，致使承包人自有机械窝工10个台班，该机械的台班单价为400元/台班，台班折旧费为300元/台班；承包人的租赁机械窝工10个台班，台班租赁费用为500元/台班，工作时每台班燃油动力费100元；人员窝工20个工作日，人工工资单价300元/工日，人工窝工补贴100元/工日。不考虑其他因素，则承包人可以索赔的费用为（　　）元。

A. 14000　　B. 15000

C. 16000　　D. 10000

【解析】　可索赔的费用＝300×10+500×10+100×20＝10000（元）。

45. **【2017年真题】**某施工项目因6月异常恶劣气候条件停工3天，停工费用8万元，之后因停工待图损失3万元，因施工质量不合格，返工费用4万元。根据《标准施工招标文件》施工承包商可索赔的费用为（　　）万元。

A. 15　　B. 11　　C. 7　　D. 3

【解析】 异常恶劣气候造成的停工只能索赔工期，施工质量不合格是承包商的原因造成的不能索赔，停工待图是发包人原因造成，可以索赔工期和费用，因此只能索赔3万元。

46. 【2013年真题】根据《标准施工招标文件》，在施工过程中遭遇不可抗力，承包人可以要求合理补偿（　　）。

A. 费用　　B. 工期　　C. 利润　　D. 成本

【解析】 根据《标准施工招标文件》的有关规定，不可抗力，只能索赔工期。

47. 【2021年真题】根据《保障农民工工资支付条例》关于农民工工资的说法，正确的是（　　）。

A. 施工总承包单位应按照规定存储工资保证金

B. 农民工工资可以以部分实物或者有价证券的方式发放给农民工本人

C. 开设和使用农民工工资专用账户的有关资料当由建设单位保存备查

D. 施工总承包单位应对分包单位所招用农民工的实名制管理和工资支付负直接责任

【解析】 农民工工资应当以货币形式，通过银行转账或者现金支付给农民工本人，不得以实物或者有价证券等其他形式替代，故选项B错误。

施工总承包单位应当按照有关规定开设农民工工资专用账户，专项用于支付该工程建设项目农民工工资。开设、使用农民工工资专用账户有关资料应当由施工总承包单位妥善保存备查，故选项C错误。

分包单位对所招用农民工的实名制管理和工资支付负直接责任，故选项D错误。

48. 【2022年真题】根据《建设工程施工合同（示范文本）》关于预付款的说法，正确的是（　　）。

A. 预付款担保不宜采用银行保函和担保公司担保形式

B. 发包人在中期扣回预付款后，剩余的预付款担保金额可低于未被扣回的预付款金额

C. 在颁发工程接收证书前，提前解除合同的，尚未扣回的预付款应与合同价款一并结算

D. 发包人逾期支付预付款超过7天的，承包人有权暂停施工

【解析】

预付款	
支付时间	至迟应在开工通知载明的开工日期7天前支付。发包人逾期支付预付款超过7天的，承包人有权向发包人发出要求预付的催告通知，发包人收到通知后7天内仍未支付的，承包人有权暂停施工
预付款担保	① 发包人要求承包人提供预付款担保的，承包人应在发包人支付预付款7天前提供预付款担保 ② 预付款担保可采用银行保函、担保公司担保等形式。在预付款完全扣回之前，承包人应保证预付款担保持续有效 ③ 发包人在工程款中逐期扣回预付款后，预付款担保额度应相应减少，但剩余预付款担保金额不得低于未被扣回的预付款金额
预付款的扣回	预付款在进度付款中同比例扣回。在颁发工程接收证书前，提前解除合同的，尚未扣完的预付款应与合同价款一并结算

49.【2022 年真题】下列有关农民工工资正确的有（　　）。

A. 农民工工资应当以货币形式通过银行转账或现金支付给农民工本人

B. 建设单位应当向施工单位提供工程款支付担保，人工费拨付周期不超过 1 个月

C. 施工总承包单位、分包单位应当建立用工管理台账，并保存至工程完工日工资全部结清后至少 2 年

D. 分包单位拖欠农民工工资的，由施工总承包单位先行清偿，再依法进行追偿。

E. 工程建设项目违反国土空间规划，工程建设等法律法规，导致拖欠农民工工资的由建设单位清偿

【解析】

农民工工资支付	
形式	① 农民工工资应当以货币形式，通过银行转账或者现金支付给农民工本人，不得以实物或者有价证券等其他形式替代 ② 用人单位应当按照工资支付周期编制书面工资支付台账，并至少保存 3 年 ③ 用人单位向农民工支付工资时，应当提供农民工本人的工资清单
专用账户	① 施工总承包单位应当按照有关规定开设农民工工资专用账户，专项用于支付该工程建设项目农民工工资。有关资料应当由施工总承包单位妥善保存备查 ② 工程完工且未拖欠农民工工资的，施工总承包单位公示 30 日后，可以申请注销农民工工资专用账户，账户内余额归施工总承包单位所有
实名制管理	① 施工总承包单位或者分包单位应当依法与所招用的农民工订立劳动合同并进行用工实名登记 ② 未与施工总承包单位或者分包单位订立劳动合同并进行用工实名登记的人员，不得进入项目现场施工 ③ 施工总承包单位、分包单位应当建立用工管理台账，并保存至工程完工且工资全部结清后至少 3 年

工资支付三方责任		
建设单位	施工总包单位	分包单位
① 及时足额拨付工程款，人工费拨付至农民工工资专用账户 ② 因未及时拨付工程款导致拖欠的，以未结清工程款为限先行垫付 ③ 因违反国土空间规划、工程建设等法律法规，导致拖欠农民工工资的，由建设单位清偿	① 对分包单位用工和工资支付进行监督 ② 分包单位拖欠工资的，总包单位先行清偿，然后追偿 ③ 按规定存储农民工工资保证金	① 对农民工实名制管理和工资支付负直接责任 ② 工程建设领域推行委托总包单位代发农民工工资制度
建设单位与施工总承包单位或者承包单位与分包单位因工程数量、质量、造价等产生争议的，建设单位不得因争议不按照《保障农民工工资支付条例》规定拨付工程款中的人工费用，施工总承包单位也不得因争议不按照规定代发工资		

施工总承包单位、分包单位应当建立用工管理台账，并保存至工程完工且工资全部结清后至少 3 年，故选项 C 错误。

50.【2021 年真题】根据《建设工程施工合同（示范文本）》，工程预付款支付的最迟时间为（　　）。

A. 签署合同后的第 15 天
B. 开工通知载明的开工日期 7 天前
C. 承包人的材料、设备、人员进场 7 天前
D. 预付款担保提供后的第 7 天

【解析】 预付款最迟应在开工通知载明的开工日期 7 天前支付。发包人逾期支付预付款超过 7 天的，承包人有权向发包人发出要求预付的催告通知，发包人收到通知后 7 天内仍未支付的，承包人有权暂停施工。

51. **【2020 年真题】**根据《建设工程施工合同（示范文本）》，下列关于安全文明施工的说法，正确的是（　　）。

A. 基准日期后合同适用的法律发生变化，由此增加的安全文明施工费用由承包人承担
B. 承包人对安全文明施工费应专款专用，并在财务账目中单独列项备案
C. 经发包人同意，承包人采取合同约定以外的安全措施所产生的费用，由承包人承担
D. 发包人应在开工后 42 天内预付安全文明施工费总额的 60%

【解析】 安全文明施工费由发包人承担，发包人不得以任何形式扣该部分费用。因基准日期后合同所适用的法律或政府有关规定发生变化，增加的安全文明施工费由发包人承担，故选项 A 错误。

承包人经发包人同意采取合同约定以外的安全措施所产生的费用，由发包人承担。未经发包人同意的，如果该措施避免了发包人的损失，则发包人在避免损失的额度内承担该措施费。如果该措施避免了承包人的损失，由承包人承担该措施费，故选项 C 错误。

除专用合同条款另有约定外，发包人应在开工后 28 天内预付安全文明施工费总额的 50%，其余部分与进度款同期支付，故选项 D 错误。

承包人对安全文明施工费应专款专用，承包人应在财务账目中单独列项备查，不得挪作他用，故选项 B 正确。

52. **【2018 年真题】**某工程合同价 6000 万元，合同约定：工期 6 个月，预付款 120 万元，每月进度款按实际完成工程价款的 80%支付，每月再单独支付安全文明施工费 50 万元，质量保证金按进度款的 3%逐月扣留，预付款在最后两个月等额扣回，承包人每月实际完成工程价款金额见下表，则第 2 个月发包人实际应支付的工程款金额为（　　）万元。

月　份	1	2	3	4	5	6
实际完成工程价款金额/万元	800	1000	1000	1200	1200	800

A. 850.0　　B. 826.0　　C. 824.5　　D. 776.0

【解析】 本题中约定预付款在最后两个月等额扣回，第 2 个月预付款不扣回。第 2 个月支付的工程款金额 $=1000\times80\%\times(1-3\%)+50=826.0$（万元）。

53. **【2016 年真题】**根据《企业安全生产费用提取和使用管理方法》（财企〔2012〕16 号），关于安全文明施工费的说法，正确的有（　　）。

A. 发包人应在开工后 28 天内预付不低于当年施工进度计划的安全文明施工费总额的 60%
B. 承包人对安全文明施工费应专款专用，不得挪作他用

C. 承包人应将安全文明施工费在账务账目中单独列项备查

D. 发包人没有按时支付安全文明施工费的，承包人可以直接停工

E. 发包人在付款期满后7天内仍未支付安全文明施工费的，若发生安全事故，发包人承担全部责任

【解析】 根据《建设工程施工合同（示范文本）》的规定，除专用合同条款另有约定外，发包人应在开工后28天内预付安全文明施工费总额的50%，其余部分与进度款同期支付，选项A错误。

发包人逾期支付安全文明施工费超过7天的，承包人有权向发包人发出要求预付的催告通知，发包人收到通知后7天内仍未支付的，承包人有权暂停施工，选项D错误。

承包人对安全文明施工费应专款专用，承包人应在财务账目中单独列项备查，不得挪作他用，选项B、C正确。

发包人在付款期满后7天内仍未支付安全文明施工费的，若发生安全事故，发包人承担相应责任，选项E错误。

54. **【2015年真题】**某工程项目预付款120万元，合同约定：每月进度款按结算价的80%支付；每月支付安全文明施工费20万元，预付款从开工的第4个月起分3个月等额扣回。开工后前6个月结算价见下表，则第5个月应支付的款项为（　　）万元。

月　份	1	2	3	4	5	6
结算价/万元	200	210	220	220	220	240

A. 136　　B. 160　　C. 156　　D. 152

【解析】 依据题意，5月扣回预付款为120/3=40（万元）。

第5个月应支付的款项为：80%×220+20−40=156（万元），5月支付156（万元）。

需要注意的是，本题默认安全文明施工费为单独支付，没有包含在工程款中。

55. **【2012年真题】**根据《建设工程价款结算暂行办法》（财建〔2004〕369号），建设工程承发包双方未在合同中对工程进度款支付时间、支付比例等作约定的，发包人应该在向承包人出具工程进度款支付证书的（　　）天内，向承包人支付支付证书列明的工程进度款。

A. 7　　B. 28　　C. 56　　D. 14

【解析】 根据《建设工程价款结算暂行办法》（财建〔2004〕369号），建设工程承发包双方未在合同中对工程进度款支付时间、支付比例等作约定的，发包人应该在向承包人出具工程进度款支付证书的14天内，向承包人支付支付证书列明的工程进度款。

56. **【2020年真题】**根据《建设工程施工合同（示范文本）》，对已缴纳履约保证金的承包人，其提交的竣工结算申请单的内容应包括（　　）。

A. 已经处理完的索赔资料

B. 竣工结算合同价格

C. 发包人已支付承包人的款项

D. 发包人应支付承包人的合同价款

E. 应扣留的质量保证金

【解析】 除专用合同条款另有约定外，竣工结算申请单应包括以下内容：①竣工结算

合同价格；②发包人已支付承包人的款项；③应扣留的质量保证金，已缴纳履约保证金的或提供其他工程质量担保方式的除外；④发包人应支付承包人的合同价款。

57. **【2019 年真题】**根据《建设工程施工合同（示范文本）》，除专用合同条款另有约定外，承包人应提交最终结清申请单及证明材料的最迟时间为（　　）。

A. 竣工验收合格后 7 天　　B. 缺陷责任期终止证书颁发后 7 天

C. 签发竣工付款证书后 14 天　　D. 工程竣工验收合格后 28 天

【解析】 承包人提交最终结算申请单及证明材料的期限，合同专用条款中有约定的按约定，未约定的，承包人应当在缺陷责任期终止证书颁发后 7 天内提交。

58. **【2019 年真题】**工程竣工结算书编制与核对的责任分工是（　　）。

A. 发包人编制，承包人核对　　B. 监理人编制，发包人核对

C. 工程造价咨询机构编制，承包人核对　　D. 承包人编制，发包人核对

【解析】 竣工结算书应由承包人或其委托的具有相应资质的工程造价咨询人编制，由发包人或其委托的具有相应资质的工程造价咨询人审核。

59. **【2018 年真题】**一般情况下竣工结算审查应采用的方法是（　　）。

A. 抽样审查　　B. 重点审查　　C. 全面审查　　D. 对比审查

【解析】 除非已有约定，竣工结算应采用全面审查的方法，严禁采用抽样审查、重点审查、分析对比审查和经验审查的方法，避免审查疏漏现象发生。

60. **【2013 年真题】**根据《建设工程工程量清单计价规范》（GB 50500—2013），实行工程量清单计价的工程，应采用的合同类型是（　　）。

A. 总价合同　　B. 单价合同

C. 固定总价合同　　D. 成本加酬金合同

【解析】 根据《建设工程工程量清单计价规范》（GB 50500—2013）的规定，工程量清单计价法通常采用单价合同的合同计价方式，竣工结算的编制是采用合同价加变更签证的方式进行。

61. **【2022 年真题】**根据《建设工程施工合同（示范文本）》，关于工程保修期和保修责任的说法，正确的是（　　）。

A. 单位工程中各分部分项工程的保修期必须相同

B. 保修期内，承包人应承担全部工程损坏的维修责任

C. 工程保修期从工程竣工验收合格之日起算

D. 发包人未经竣工验收擅自使用工程的，保修期自使用之日起算

【解析】 单位工程中各分部分项工程的保修期不相同，具体由当事人约定，但不得低于法定保修年限，故选项 A 错误。

保修期内，承包人依法律规定或者合同约定承担保修责任，不等同于承担全部工程损坏的维修责任（如保修范围外，发包人非正常使用等），故选项 B 错误。

发包人未经竣工验收擅自使用工程的，保修期自转移占有之日起算，故选项 D 错误。

62. **【2021 年真题】**根据《建设工程施工合同（示范文本）》，关于工程保修期内修复费用的说法，正确的是（　　）。

A. 因承包人原因造成的工程缺陷，承包人应负责修复，并承担修复费用，但不承担因工程缺陷导致的人身伤害

B. 因第三方原因造成的工程损坏，可以委托承包人修复，发包人应承担修复费用，并支付承包人合理利润

C. 因发包人不当使用造成的工程损坏，承包人应负责修复，发包人应承担合理的修复费用，但不额外支付利润

D. 因不可抗力造成的工程损坏，承包人应负责修复，并承担相应的修复费用

【解析】

修复费用	
承包人原因	承包人应负责修复，并承担修复的费用以及因工程缺陷、损坏造成的人身伤害及财产损失
发包人使用不当	可以委托承包人修复，发包人承担修复费用，并支付承包人合理的利润
其他原因	可以委托承包人修复，发包人应承担修复的费用，并支付承包人合理的利润。因工程缺陷造成的人身伤害和财产损失由责任方承担
修复通知	以书面通知为原则，情况紧急可口头通知，并在 48h 内书面确认，承包人在专用合同条款约定的合理期限内到达工程现场进行修复
未能修复的责任	因承包人原因造成的工程缺陷或损坏，承包人拒绝修复或未在合理期限内修复的，且经发包人催告后仍未修复的，发包人有权自行修复或委托第三方修复，所需费用由承包人承担

63. **【2020 年真题】** 根据《建设工程施工合同（示范文本）》，质量保证金扣留的方式原则上采用（　　）。

A. 在支付工程进度款时逐次扣留　　B. 工程竣工结算时一次性扣留

C. 按照里程碑扣留　　D. 签订合同后一次性扣留

【解析】 质量保证金的扣留有以下三种方式：①在支付工程进度款时逐次扣留（原则上采用这种方式）；②工程竣工结算时一次性扣留质量保证金；③双方约定的其他扣留方式。

64. **【2020 年真题】** 根据《建设工程施工合同（示范文本）》，关于工程保修期的说法，正确的是（　　）。

A. 各分部工程的保修期应该是相同的

B. 工程保修期从工程完工之日起计算

C. 发包人未经竣工验收擅自使用工程的，保修期自转移占有之日起算

D. 工程保修期可以根据具体情况适当低于法定取低保修年限

【解析】 工程保修期从工程竣工验收合格之日起算，故选项 B 错误。

具体分部分项工程的保修期由合同当事人约定，但不得低于法定最低保修年限，故选项 A、D 错误。

发包人未经竣工验收擅自使用工程的，保修期自转移占有之日起算，故选项 C 正确。

65. **【2019 年真题】** 根据《建设工程施工合同（示范文本）》通用合同条款，关于工程保修的说法，正确的是（　　）。

A. 保修期内因发包人使用不当造成工程的缺陷和损坏，可以委托承包人修复，发包人承担修复的费用但不用支付承包人利润

B. 保修期内因承包人原因造成工程的缺陷和损坏，承包人应负责修复并承担修复的费用，但不承担因工程缺陷和损坏造成的人身及财产损失

C. 保修期内因特大地震造成工程的缺陷和损坏，可以委托承包人修复，发包人承担修复的费用并支付承包人合理的利润

D. 保修期内发包人发现已接收的工程存在任何缺陷应书面通知承包人修复，承包人接到通知后应在 48 小时内到工程现场修复缺陷

【解析】 根据《建设工程施工合同（示范文本）》通用合同条款中关于“保修费用”的约定：

保修期内因发包人使用不当造成工程的缺陷和损坏，可以委托承包人修复，发包人承担修复的费用，并支付承包人合理利润，故选项 A 错误。

保修期内因承包人原因造成工程的缺陷和损坏，承包人应负责修复并承担修复的费用，并承担因工程缺陷和损坏造成的人身及财产损失，故选项 B 错误。

保修期内发包人发现已接收的工程存在任何缺陷应书面通知承包人修复，承包人接到通知后应在合同专用条款约定的合理期限内到工程现场修复缺陷，故选项 D 错误。

66. **【2018 年真题】**根据《建设工程施工合同（示范文本）》，关于工程保修及保修期的说法，正确的是（　　）。

A. 工程保修期从交付使用之日起算

B. 发包人未经竣工验收擅自使用工程的，保修期自开始使用之日起算

C. 保修期内的工程损害修复费用应全部由承包人承担

D. 具体分部分项工程的保修期可在专用条款中约定，但不得低于法定最低保修年限

【解析】 根据《建设工程施工合同（示范文本）》，工程保修期从工程竣工验收合格之日起算，具体分部分项工程的保修期由合同当事人在专用合同条款中约定，但不得低于法定最低保修年限，在工程保修期内，承包人应当根据有关法律规定以及合同约定承担保修责任，选项 D 正确。

发包人未经竣工验收擅自使用工程的，保修期自转移占有之日起算，故选项 A、B 错误。

保修期内：

① 因承包人原因造成工程的缺陷、损坏，承包人应负责修复并承担修复费用以及因工程缺陷、损坏造成的人身伤害和财产损失。

② 因发包人使用不当造成工程的缺陷、损坏，可以委托承包人修复但发包人应承担修复费用，并支付承包人合理的利润。

③ 因其他原因造成的工程缺陷、损坏，可以委托承包人修复，发包人应承担修复的费用，并支付承包人合理的利润，因工程缺陷、损坏造成的人身伤害和财产损失由责任方承担。

故选项 C 错误。

67. **【2017 年真题】**关于工程质量保证金的说法中，正确的是（　　）。

A. 合同约定缺陷责任期终止后，发包人应按照合同中最终结清的相关规定，将剩余的质量保证金返还给承包人

B. 在合同约定的缺陷责任期终止后，发包人退还剩余质量保证金，承包人不再承包质量保修责任

C. 承包人未按照合同约定履行工程缺陷修复义务的，发包人有权从质量保证金中扣除用于各种缺陷修复的支出

D. 最终结清时，如果承包人被预留的质量保证金不足以抵减发包人工程缺陷维修费用的，发包人应承担不足部分

【解析】 根据《建设工程施工合同（示范文本）》，合同约定缺陷责任期终止后，发包人应按照合同中最终结清的相关规定，将剩余的质量保证金返还给承包人。

剩余质量保证金的返还，并不能免除承包人按照合同约定应承担的质量保修责任和应履行的质量保修义务，故选项 B 错误。

承包人未按照合同约定履行属于自身责任的工程缺陷修复义务的，发包人有权从质量保证金中扣除用于各种缺陷修复的支出，题目缺少了自身责任的限定条件，故选项 C 错误。

最终结清后，如果承包人被预留的质量保证金不足以抵减发包人工程缺陷维修费用的，不足部分由承包人承担，故选项 D 错误。

68. **【2021 年真题】**根据《建设工程造价鉴定规范》，鉴定项目的发包人对承包人材料采购价格高于合同约定不予认可的，鉴定应遵循的原则是（　　）。

A. 材料采购前经发包人或其代表签批认可的，应按签批的材料价格进行鉴定

B. 材料采购前未报发包人或其代表认质认价的，应按材料实际采购价格进行鉴定

C. 发包人认为承包人采购的原材料不符合质量要求不予认价的，应在质量鉴定后再进行价格鉴定

D. 材料采购前未报监理人签批的，应按当地平均价格进行鉴定

【解析】 承包人采购材料价格高于合同约定争议的鉴定原则：

① 材料采购前经发包人或其代表签批认可的，应按签批的材料价格进行鉴定。

② 材料采购前未报发包人或其代表认质认价的，应按合同约定的价格进行鉴定。

③ 发包人认为承包人采购的原材料、零配件不符合质量要求，不予认价的，应按双方约定的价格进行鉴定，质量方面的争议应告知发包人另行申请质量鉴定。

69. **【2020 年真题】**根据《建设工程造价鉴定规范》，下列现场签证争议鉴定的做法，正确的是（　　）。

A. 现场签证明确了人工、材料、机械台班数量及其价格的，按签证的数量和计日工的价格计算

B. 现场签证只有用工数量没有人工单价的，其人工单价比照鉴定项目相应工程人工单价计算

C. 现场签证只有材料和机械台班用量没有价格的，其材料和台班价格按照鉴定项目相应工程的材料和台班单价适当上浮计算

D. 现场签证只有总价而无明细表述的，按总价款计算

【解析】 当事人因现场签证费用发生争议，鉴定人应按以下规定进行鉴定：

① 现场签证明确了人工、材料、机械台班数量及其价格的，按签证的数量和价格计算，故选项 A 错误。

② 现场签证只有用工数量没有人工单价的，其人工单价按照工作技术要求比照鉴定项目相应工程人工单价适当上浮计算，故选项 B 错误。

③ 现场签证只有材料和机械台班用量没有价格的，其材料和台班价格按照鉴定项目相

应工程材料和台班价格计算，故选项C错误。

④ 现场签证只有总价款而无明细表述的，按总价款计算，故选项D正确。

70.【2019年真题】根据《建设工程造价鉴定规范》，关于计量争议鉴定的说法，正确的有（　　）。

A. 在鉴定项目图纸完备，当事人对计量依据存在争议，合同专用条款没有明确约定且无国家标准的，鉴定人应以相关工程行业标准或地方标准规定计量

B. 当事人一方对另一方的计量结果提出异议但未提供具体证据的，鉴定人应按原计量结果进行鉴定

C. 当事人一方对另一方的计量结果提出异议又提供具体证据的，鉴定人应复核并依据复核结果进行鉴定

D. 合同当事人签订的总价合同对工程计量有约定的，鉴定人应按约定进行鉴定

E. 当事人签订的总价合同对工程计量没有约定的，鉴定人应对整个工程的工程量进行鉴定

【解析】 当事人就总价合同计量发生争议的，总价合同对工程计量有约定的按约定，没有约定的，仅就工程变更部分进行鉴定，故选项E错误。

71.【2019年真题】根据《建设工程造价鉴定规范》，由于承包人违约导致的合同解除的费用争议，鉴定人出具的鉴定意见包括的费用是（　　）。

A. 完成永久工程的价款　　B. 遣散人员的费用

C. 撤离现场的费用　　D. 已付款的材料等物品金额（归承包人所有）

【解析】 因承包人违约导致的合同解除的费用争议，鉴定人出具的鉴定意见应包含以下费用：

① 完成永久工程的价款。

② 已付款的材料设备等物品金额（付款后归发包人所有），故选项D错误。

③ 临时设施的摊销费用。

④ 现场签证、索赔以及其他应支付的费用。

⑤ 赔偿发包人的违约费用。

因发包人违约才包括遣散费用和撤离现场的费用，故选项B、C错误。

72.【2018年真题】根据《建设工程施工合同（示范文本）》，下列可能引起合同解除的事件中，属于发包人违约的情形是（　　）。

A. 因发包人所在国发生动乱导致合同无法履行连续超过100天

B. 因罕见暴雨导致合同无法履行连续超过了20天

C. 承包人未按进度计划及时完成合同约定工作

D. 因发包人原因未能在计划开工日期前7天下达开工通知

【解析】 根据《建设工程施工合同（示范文本）》，因发包人违约导致合同解除的情形：

① 因发包人原因未能在计划开工日期前7天内下达开工通知的。

② 因发包人原因未能按合同约定支付合同价款的。

③ 发包人违反"取消合同中任何工作，但转由他人实施的工作除外"约定，自行实施被取消的工作或转由他人实施的。

④ 发包人提供的材料、工程设备的规格、数量或质量不符合合同约定，或因发包人原因导致交货日期延误或交货地点变更等情况。

⑤ 因发包人违反合同约定造成暂停施工的。

⑥ 发包人无正当理由没有在约定的期限内发出复工指示，导致承包人无法复工的。

⑦ 发包人明确表示或者以其行为表明不履行合同主要义务的。

⑧ 发包人未能按照合同约定履行其他义务的。

选项 A、B 属于不可抗力，选项 C 属于承包人违约的情形。

二、参考答案

题号	1	2	3	4	5	6	7	8	9
答案	D	C	C	D	BCDE	ABDE	B	B	C
题号	10	11	12	13	14	15	16	17	18
答案	A	D	B	B	B	C	D	C	B
题号	19	20	21	22	23	24	25	26	27
答案	B	A	A	B	C	A	C	A	B
题号	28	29	30	31	32	33	34	35	36
答案	D	ABD	B	A	ACE	B	AD	C	A
题号	37	38	39	40	41	42	43	44	45
答案	BCE	A	A	DE	BE	DE	AB	D	D
题号	46	47	48	49	50	51	52	53	54
答案	B	A	C	ABDE	B	B	B	BC	C
题号	55	56	57	58	59	60	61	62	63
答案	D	BCD	B	D	C	B	C	B	A
题号	64	65	66	67	68	69	70	71	72
答案	C	C	D	A	A	D	ABCD	A	D

三、2023 考点预测

考点一：工程计量的原则

1）工程计量的依据。

2）均摊法计量。

考点二：合同价款调整

1）法律法规的变化。

2）工程量清单缺项的原因。

3）工程量偏差导致合同价款调整的方法。

4）计日工调整合同价款的程序。

5）价格指数法调整合同价款的计算。

6）不可抗力后果承担的原则。

考点三：工程变更价款的确定

1）合同变更的范围及程序。

2）变更估价的原则。

3）措施项目费的调整。
考点四：施工索赔与现场签证
现场签证的范围。
考点五：预付款及期中支付
1）预付款的支付程序。
2）安全文明施工费的支付及使用。
考点六：竣工结算与支付
1）竣工结算的审查方法。
2）竣工结算申请单的内容。
考点七：质量保证金的处理
1）质量保证金的扣留。
2）保修责任及修复费用的规定。
考点八：合同价款纠纷的处理
1）承包人违约导致合同解除的情形。
2）签证争议的鉴定。

第八节 国际工程投标报价

考点一：国际工程投标报价的程序及投标报价的组成
考点二：国际工程投标报价的技巧
考点三：国际工程投标报价决策的影响因素

一、历年真题及解析

1. **【2021 年真题】**下列国际工程投标报价组成中，属于现场管理费的是（ ）。

A. 工程辅助费　　B. 检验试验费

C. 临时设施工程费　　D. 工程保险费

【解析】 国际工程投标报价组成中检验试验费属于现场管理费，工程辅助费、临时设施工程费、保险费属于其他待摊费用。

2. **【2020 年真题】**国际工程投标报价时，下列施工现场办公费的处理方式，正确的是（ ）。

A. 按照其费用性质分别计入相应分项工程的人工费、材料费或机具费

B. 作为待摊费用单列并计入投标总报价

C. 作为开办费单列并计入投标总报价

D. 作为待摊费分摊到工程量清单的各个报价分项中

【解析】 施工现场办公费属于国际工程投标总报价组成中待摊费列项的内容。故选项 B 正确。

3. **【2022 年真题】**国际工程中业主在招标文件中规定的暂定金额正确处理方式（ ）。

A. 计入投标总价，由承包人决定使用

B. 不计入投标总价，实际发生时业主支付

C. 计入投标总价，但承包人无权自主使用

D. 不计入投标总价，由工程师决定使用

【解析】 暂定金额是业主在招标文件中明确规定了数额的一笔资金，标明用于工程施工，或供应货物与材料，或提供服务，或应付意外情况，亦称待定金额或备用金，每个承包商在投标报价时均应将此暂定金额计入工程总报价，但承包商无权做主使用此金额，这些项目的费用将按照业主工程师的指示与决定，全部或部分使用。

4.【2022 年真题】国际工程投标中，投标人在投标截止日前发现招标工程量清单中某分项工程的工程量有计算错误，宜采取的做法是（　　）。

A. 按照投标人自行修正的工程量填报单价，另在投标函中予以说明

B. 电话咨询招标人，根据招标人口头认可的工程量填报单价

C. 按照原招标文件的工程量填报单价，可另在投标函中予以说明

D. 按照施工中可能发生的工程量填报单价，另在投标函中予以说明

【解析】 国际工程投标中，当发现遗漏或相差较大时，投标人不能随便改动工程量，仍应按招标文件的要求填报自己的报价，但可另在投标函中适当予以说明。

5.【2018 年真题】国际工程投标报价时，在工程所在国当地采购的材料设备，其预算价格应包括材料设备市场价、运输费和（　　）。

A. 港口费　　B. 样品费　　C. 银行手续费　　D. 采购保管损耗费

【解析】 在工程所在国当地采购的材料设备，其预算价格应为施工现场交货价格。通常按下式计算：预算价格=市场价+运输费+采购保管损耗费。

6.【2018 年真题】关于国际工程投标报价中分项工程单价分析的说法中，正确的有（　　）。

A. 具有可靠定额标准的企业必须采用定额估价法进行单价分析计算

B. 匡算估价法适合于工程量较大并且所占费用比例较大的分项工程

C. 机械搁置时间过长又无法在定额估价中给予恰当考虑时，采用作业估价法计算机械费用更合适

D. 采用作业估价法进行单价分析，估价师的实际经验直接决定估价的准确程度

E. 为保证估价的正确与合理性，作业估价法的内容应包括制定施工计划和计算各项作业的资源费用等

【解析】 定额估价法：一般拥有较可靠定额标准的企业，定额估价法应用较为广泛，故选项 A 错误。

作业估价法：当机械设备所占比重较大，适用均衡性较差，机械设备搁置时间过长而使其费用增大，这种机械搁置而又无法在定额估价中给予恰当的考虑时，这时就应采用作业估价法进行计算更为合适。作业估价法应包括：制订施工计划，计算各项作业的资源费用等。

匡算估价法：估价师根据以往的实际经验或有关资料，直接估算出分项工程中人工、材料、机具的消耗量，往往适用于工程量不大，所占费用比例较小的那部分分项工程，故选项 B、D 错误。

7.【2017 年真题】投标人在国际工程投标的标前会议上的做法中，正确的有（　　）。

A. 对工程内容范围不清的问题请业主做出说明

B. 对容易产生歧义理解的合同条件，请业主给予解释

C. 对投标文件中图纸与技术说明矛盾之处，提出己方的修改技术要求

D. 提出对业主有力的设计方案修改建议

E. 详细阐述己方施工方案的优势和竞争力

【解析】 标前会议的内容：

① 对工程内容范围不清的问题应当提请说明，但不要表示或提出任何修改设计方案的要求。

② 对招标文件中图纸与技术说明互相矛盾之处可请求说明以何者为准，但不要轻易提出修改技术要求。

③ 对含糊不清、容易产生歧义理解的合同条件，可以请求给予澄清、解释，但不要提出任何改变合同条件的要求。

④ 投标人应该注意提问技巧，不要批评或否定业主在招标文件中的有关规定。

8. **【2016 年真题】**关于国际工程招标中暂定金额的说法中，正确的有（ ）。

A. 暂定金额的数量一般由业主在招标文件中明确

B. 承包商在投标报价时应将暂定金额在总报价之外单列

C. 暂定金额只能用于应对意外情况引起的损失

D. 承包商在施工中无权做主使用暂定金额

E. 暂定金额应按照业主工程师的指令与决定，全部或部分使用

【解析】 暂定金额是业主在招标文件中明确规定了数额的一笔资金，标明用于工程施工，或供应货物与材料，或提供服务，或应付意外情况，故选项 A 正确、选项 C 错误。

每个承包商在投标报价时均应将此暂定金额计入工程总报价，但承包商无权做主使用此金额，这些项目的费用按业主工程师的指示与决定全部或部分使用，故选项 B 错误，选项 D、E 正确。

9. **【2015 年真题】**关于国际工程投标报价的说法，错误的是（ ）。

A. 施工企业现场管理费应作为待摊费用分摊在各项综合单价中

B. 现场试验设施费作为开办费应依据招标文件决定是否单列

C. 暂定金额由业主工程师决定是否全部或部分使用

D. 人工费工日基价应按在工程所在国招募工人的平均日工资单价计算

【解析】 一般来说，对于人工费工日基价，应该分为国内出国工人和当地聘用工人分别确认，在分别计算这两类工人的工资单价后，再考虑功效和其他一些有关因素以及人数，加权平均即可算出工日工资基价，选项 D 错误。

10. **【2014 年真题】**按照国际工程投标报价的程序，投标人在标前会议之前应该进行的工作是（ ）。

A. 分包工程询价

B. 人工、材料、机械基础单价计算

C. 生产要素询价

D. 进行各项调查研究

【解析】 国际工程投标报价的程序：①组织投标报价班子→②研究招标文件→③进行各项调查研究→④标前会议→⑤现场勘察→⑥工程量复核→⑦生产要素与分包工程询价。

11. 【2014年真题】国际工程投标总报价组成中，应计入现场管理费的有（　　）。

A. 差旅交通费　　B. 临时设施工程费

C. 工程辅助费　　D. 劳动保护费

E. 检验试验费

【解析】现场管理费包括工作人员费、办公费、差旅交通费、固定资产使用费、国外生活设施使用费、工具用具使用费、劳动保护费、检验试验费、其他费用等。

12. 【2011年真题】国际工程投标报价的组成中，应计入现场管理费的有（　　）。

A. 贷款利息　　B. 现场办公费

C. 保险费　　D. 保函手续费

E. 固定资产使用费

【解析】现场管理费包括工作人员费、办公费、差旅交通费、固定资产使用费、国外生活设施使用费、工具用具使用费、劳动保护费、检验试验费、其他费用等。

13. 【2011年真题】国际工程投标报价程序中，为了便于准确计算投标报价，并为今后在施工中测量每项工程量提供依据，投标人应当进行的工作是（　　）。

A. 分包工程询价　　B. 出席标前会议

C. 对工程项目业主进行调查　　D. 工程量复核

【解析】工程量复核不仅是为了便于准确计算投标价格，更是今后在实施工程过程中测量每项工程量的依据，同时也是安排施工进度计划、选定施工方案的重要依据。

14. 【2009年真题】某国际工程投标过程中，投标人员在复核工程量时发现土方部分的工程量计算存在较大误差，其应采取的正确做法是（　　）。

A. 按自己核算的正确的工程量计算报价，并在投标函中予以说明

B. 按照有利的原则选择招标文件的工程量或自己核算的工程量报价

C. 按招标文件的工程量填报自己的报价，并在投标函中予以说明

D. 按招标文件的工程量和自己核算的工程量分别报价并加以说明

【解析】在工程量复核时，若发现遗漏或者存在较大误差时，仍应按照招标文件的要求填报自己的报价，但可另在投标函中适当予以说明。

15. 【2004年真题】在国际工程投标报价中，当机械设备所占比重较大、使用的均衡性较差、搁置时间过长而使其费用增大时，机械使用费一般宜采用（　　）进行计算。

A. 定额估价法　　B. 匡算估价法

C. 作业估价法　　D. 概算指标法

【解析】当机械设备所占比重较大、使用均衡性较差、机械设备搁置时间过长而使其费用增大，这种机械搁置而又无法在定额估价中给予恰当的考虑时，这时就应采用作业估价法进行计算更为合适。作业估价法应包括：制定施工计划，计算各项作业的资源费用等。

16. 【2021年真题】具有下列特点的国际工程项目中投标报价适宜采用低价策略的是（　　）。

A. 工作简单且支付条件好的工程

B. 专业要求高且工期要求急的工程

C. 竞争对手少且施工条件差的工程

D. 技术复杂且投资规模大的工程

【解析】

国际工程投标报价的技巧	
报价高的工程	报价低的工程
① 施工条件差的工程 ② 专业要求高的技术密集型工程，而本公司在这方面有专长，声望也较高 ③ 总价低的小型工程以及自己不愿做又不方便不投标的工程 ④ 特殊的工程，如港口码头、地下开挖工程等 ⑤ 工期要求急的工程 ⑥ 竞争对手少的工程 ⑦ 支付条件不理想的工程	① 施工条件好的工程 ② 工作简单、工程量大而一般公司都可以做的工程 ③ 本公司目前急于打入某一市场、某一地区，或在该地区面临工程结束，机械设备等无工地转移时 ④ 本公司在附近有工程，而本项目又可利用该工地的设备、劳务，或有条件短期内突击完成的工程 ⑤ 竞争对手多，竞争激烈的工程 ⑥ 非急需工程 ⑦ 支付条件好的工程

17. **【2019 年真题】** 在国际工程报价中投标人为了既不提高总报价又能在结算中获得更理想的经济效益运用不平衡报价法时可以适当偏高报价的有（　　）。

A. 能早日结账收款的工程项目

B. 预计不可能完全实施的早期工程项目

C. 经核算预计今后工程量会增加较多的项目

D. 预计工程量可能减少的后期工程项目

E. 因设计图纸不明确可能导致工程量增加的项目

【解析】 在国际工程报价中运用不平衡报价的技巧可以在下列方面适当偏高报价：

① 能够早日结账收款的项目，偏高报价有利于资金回收和周转。

② 经核算后预计今后工程量会增加的项目，结算时能获得超额利润。

③ 设计图纸不明确，可能导致工程量增加的项目，结算时能获得超额利润。

18. **【2018 年真题】** 国际工程投标报价时，考虑工程项目的不同特点、类别、施工条件等情况采用低价策略的情形是（　　）。

A. 专业要求高的技术密集型工程　　B. 支付条件好的工程

C. 竞争对手少的工程　　D. 工期要求急的工程

【解析】 报价可低一些的工程：①施工条件好的工程；②工作简单、工程量大而一般公司都可以做的工程；③本公司目前急于打入某一市场、某一地区，或在该地区面临工程结束，机械设备等无工地转移时；④本公司在附近有工程，而本项目又可利用该工地的设备、劳务，或有条件短期内突击完成的工程；⑤竞争对手多，竞争激烈的工程；⑥非急需工程；⑦支付条件好的工程。

19. **【2013 年真题】** 关于工程量清单招标中计日工程报价技巧的说法，正确的是（　　）。

A. 单纯对计日工程报价应报低价

B. 招标文件中有名义工程量的计日工程报高价

C. 单纯对计日工程报价应报高价

D. 招标文件中有名义工程量的计日工应报低价

【解析】 如果是单纯对计日工报价，可以报高一些，以便在日后业主用工或使用机械时可以多盈利。如果招标文件中有一个假定的“名义工程量”时，则要具体分析是否报高价，以免提高总报价。

20.【2013年真题】国际工程项目招标中，如果业主规定了暂定工程量的分项内容和暂定总价款，且规定所有投标人都必须在总报价中加入这笔固定金额，则投标人对该暂定工程的报价策略是（ ）。

A. 单价可适当降低　　B. 总价应适当降低

C. 单价可适当提高　　D. 总价可适当提高

【解析】 暂定工程量的报价：

① 业主规定了暂定工程量的分项内容和暂定总价款，由于分项工程量不很准确，允许将来按投标人所报单价和完成的工程量付款，投标时应当对暂定工程量的单价适当提高。

② 业主列出了暂定工程量的项目和数量，但没有限制这些工程量的估价总价款，投标人必须慎重考虑。单价高了，将会增大总报价影响投标报价的竞争力；单价低了，将来这类工程量增大，将会影响收益。

③ 只有暂定工程的一笔固定总金额，将来这笔金额做什么用，由业主确定。投标时按照招标文件要求将规定的暂定款列入总报价。

二、参考答案

题号	1	2	3	4	5	6	7	8	9
答案	B	B	C	C	D	CE	AB	ADE	D
题号	10	11	12	13	14	15	16	17	18
答案	D	ADE	BE	D	C	C	A	ACE	B
题号	19	20							
答案	C	C							

三、2023考点预测

考点一：国际工程投标报价的程序及投标报价的组成

1）分项工程人、料、机费用的估价方法。

2）国际工程投标报价的动态分析。

考点二：国际工程投标报价的技巧

1）可以报价高一点的工程。

2）不平衡报价的方法。

考点三：国际工程投标报价决策的影响因素

影响国际工程投标报价决策的因素。

附录　2023年全国一级建造师执业资格考试“建设工程经济”预测模拟试卷

附录A　预测模拟试卷（一）

一、**单项选择题**（共60题，每题1分。每题的备选项中，只有1个最符合题意）

1. 某施工企业年初向银行贷款流动资金100万元，按季度复利，季度利率2%，每年支付利息，则两年支付的利息总和为（　　）万元。

A. 16.00　　B. 16.16　　C. 16.48　　D. 16.80

2. 某施工企业投资100万元购入一台施工机械，计划从购买日起的未来5年等额收回投资并获取收益。若基准收益率为8%，复利计息，则每年年初应获得的净现金流入为（　　）。

A. 100×(*A/P*, 8%, 5)(*P/F*, 8%, 5)　　B. 100×(*P/A*, 8%, 6)

C. 100×(*A/P*, 8%, 5)(*P/F*, 8%, 1)　　D. 100×(*A/F*, 8%, 5)

3. 某企业流动比率为3.2，速动比率为1.5，该行业平均的流动比率和速动比率分别为3和2，关于该企业流动资产和偿债能力的说法，正确的是（　　）。

A. 该企业的偿债能力较强　　B. 该企业流动资产存货比例过大

C. 该企业的应收票据，应收账款比例较大　　D. 该企业流动资产中货币资金比例较大

4. 某工业项目建设投资额8250万元（不含建设期贷款利息），建设期贷款利息为1200万元，全部流动资金700万元，项目投产后正常年份的息税前利润500万元，则该项目的总投资收益率为（　　）。

A. 5.22%　　B. 5.67%　　C. 5.64%　　D. 4.93%

5. 某技术方案的净现金流量见下表，则该技术方案的静态投资回收期为（　　）年。

计算期	0	1	2	3	4	5	6
净现金流量/万元	—	-1500	400	400	400	400	400

A. 3.25　　B. 3.75　　C. 4.25　　D. 4.75

6. 某施工企业2012年度工程结算收入为1000万元，营业成本和税金及附属加为300万元，管理费用200万元，财务费用为100万元，其他业务收入为200万元，投资收益150万元，营业外收入为100万元，营业外支出为80万元，所得税为100万元，则企业当年营业利润为（　　）万元 。

A. 500　　B. 520　　C. 750　　D. 670

7. 目前，我国采用的利润表的结构主要形式为（　　）。

A. 多步式利润表　　B. 单步式利润表

C. 报告式利润表　　D. 账户式利润表

8. 施工中发生的下列与材料有关的费用，不属于建筑安装工程费中的材料费的是（　　）。

A. 材料工地保管费用

B. 对原材料进行鉴定发生的费用

C. 工程设备从来源地运至工地仓库的全部费用

D. 原材料的运输装卸过程中不可避免的耗损费

9. 属于资本金现金流量表中现金流出构成的是（　　）。

A. 建设投资　　B. 借款本金偿还

C. 流动资金　　D. 调整所得税

10. 某企业通过长期借款和长期债券两种方式筹资，其中长期借款3000万元，债券2000万元。期限均为3年，每年结息一次，到期一次还本。长期借款利率为6%，手续费率2%；长期债券年利率为6.5%，手续费率1.5%；企业所得税率25%。关于该企业资金成本的说法，错误的是（　　）。

A. 长期债券的资金成本率为4.95%　　B. 长期借款的资金成本率为4.59%

C. 两种筹资成本均属于债务资金成本　　D. 企业筹资的综合资金成本为4.77%

11. 某设备目前的账面价值为50000元，预计净残值为5000元，第1年设备运行成本为500元，此后每年运行成本均等递增400元，则该设备的经济寿命为（　　）年。

A. 10　　B. 8　　C. 15　　D. 12

12. 总概算审查中，如概算总投资超过原批准投资估算（　　）以上，应进一步审查超估算的原因。

A. 3%　　B. 5%　　C. 10%　　D. 15%

13. 关于采用定额单价法编制施工图预算的说法，不正确的是（　　）。

A. 当分项工程的名称与定额单价中所列内容完全一致时，可直接套用定额单价

B. 当分项工程施工工艺条件与定额单价不一致而造成人工、机械的数量增减时，一般调量不换价

C. 当分项工程的主要材料的品种与定额单价中规定的材料不一致时，应该调价不换量

D. 当分项工程不能直接套用定额、不能换算和调整时，则应采用实物量法编制施工图预算

14. 某工程施工有两个技术方案可供选择，甲方案投资180万元，年生产成本为45万元，乙方案需投资220万元，年生产成本为40万元，设基准投资收益率为12%，若采用增量投资收益率评价两方案，则（　　）。

A. 甲方案优于乙方案　　B. 甲乙两个方案的效果相同

C. 乙方案优于甲方案　　D. 甲乙两个方案的折算费用相同

15. 根据会计核算原则，在现值计量下，负债应按照预计期限内需要偿还的未来（　　）计量。

A. 净现金流入量的折现金额　　B. 净现金流出量的公允价值

C. 净现金流入量的可变现净值　　D. 净现金流出量的折现金额

16. 根据我国现行《企业会计准则》，不能列入工程成本支出的是（　　）。

A. 处置固定资产的净损失

B. 生产所耗用的人工费

C. 生产所耗用的材料费

D. 企业下属施工单位为组织和管理施工生产活动所发生的费用

17. 施工企业销售自行加工的商品混凝土的收入属于（　　）。

A. 产品销售　　B. 施工合同

C. 材料销售　　D. 提供劳务

18. 企业在确定交易价格时，应当考虑的因素不包括（　　）。

A. 可变对价　　B. 合同中存在重大融资成分

C. 现金对价　　D. 应付客户对价

19. 某分项工程施工采用方案A的成本为5万元，在相同条件下，采用其他方案的合理成本为4.5万元。对方案实施价值工程，可以认为方案A的价值系数为（　　）。

A. 0.90　　B. 0.10

C. 0.53　　D. 1.11

20. 施工总承包企业为扩大生产购买大型塔式起重机产生的现金流量属于（　　）。

A. 投资活动产生的现金流量　　B. 筹资活动产生的现金流量

C. 经营活动产生的现金流量　　D. 生产活动产生的现金流量

21. 要分别分析材料消耗量和采购单价对工程材料费用的影响，可以采用的财务分析方法是（　　）。

A. 趋势分析法　　B. 因果分析法

C. 比率分析法　　D. 因素分析法

22. 某技术方案设计年产量为5000件，单位产品售价为2500元，单位产品可变成本为750元，单位产品的税金及附加为370元，年固定成本为240万元，该项目达到设计生产能力时的年税前利润为（　　）万元。

A. 450　　B. 135

C. 635　　D. 825

23. 国际工程项目招标中，如果业主规定了暂定工程量的分项内容和暂定总价款，且规定所有投标人都必须在总报价中加入这笔固定金额，则投标人对该暂定工程的报价策略是（　　）。

A. 单价可适当降低　　B. 总价应适当降低

C. 单价可适当提高　　D. 总价可适当提高

24. 根据《建设工程工程量清单计价规范》（GB 50500—2013），以下描述分部分项工程清单全费用综合单价正确的是（　　）。

A. 人工费、材料费、施工机具使用费、企业管理费、利润

B. 人工费、材料费、施工机具使用费、企业管理费、规费

C. 人工费、材料费、施工机具使用费、企业管理费、规费、利润、税金

D. 材料费、工程设备费、施工机具使用费、规费、税金、企业管理费

25. 工程项目土方工程采用人工挖土方、人工运输和机械运输，招标工程量清单中挖土

方数量为2000m^3，投标人计算的施工挖土方数量为3800m^3，取土外运，投标人计算的人工挖土费用为52000元，人工运土费用为18000元，机械运土费用47000元，管理费以人、材、机之和为基数计算，管理费费率10%，利润以人、材、机与管理费之和为基数计算，利润费率8%，根据《建设工程工程量清单计价规范》（GB 50500—2013），不考虑其他因素，投标人报价的挖土方较为合理的综合单价为（　　）元/m^3。

A. 56.45　　B. 69.50

C. 68.00　　D. 70.10

26. 单因素敏感分析过程包括：①确定敏感因素；②确定分析指标；③选择需要分析的不确定性因素；④分析每个不确定因素的波动程度及其对分析指标可能带来的增减变化情况。正确的排列顺序是（　　）。

A. ③②④①　　B. ①②③④

C. ②④③①　　D. ②③④①

27. 对筹资方而言，短期负债筹资的特点有（　　）。

A. 筹资速度快　　B. 筹资难度大

C. 限制条件较多　　D. 筹资成本较高

28. 下列短期负债筹资方式中，不属于商业信用形式的有（　　）。

A. 抵押贷款　　B. 预收账款

C. 应付账款　　D. 商业承兑汇票

29. 根据《建设工程施工合同（示范文本）》（GF-2017-0201），下列关于工程预付款的说法正确的是（　　）。

A. 预付款至迟应在双方签订合同后的一个月内支付

B. 发包人逾期未支付预付款，承包人可以直接停工

C. 发包人要求承包人提供预付款担保的，预付款担保的额度不能随着预付款的扣回而相应减少

D. 预付款至迟应在开工通知载明的开工日期7天前支付

30. 若实际施工过程中工程量清单项目特征描述与施工图纸不符时，应以（　　）为准进行报价。

A. 招标文件中的施工图纸说明　　B. 招标工程量清单的项目特征

C. 实际施工的项目特征　　D. 投标人按规范修正后的项目特征

31. 下列现金收支管理措施中，能提高现金利用效率的是（　　）。

A. 充分使用现金浮游量

B. 推迟应收账款收款时间

C. 争取使现金流入的时间晚一些，现金流出的时间尽可能早一些

D. 提前应付款的支付期

32. 某施工企业生产所需甲材料，年度采购总量为200t，每吨单价1000元，一次订货成本为100元，每吨材料的年平均储备成本为400元，则该材料的经济采购批量为（　　）t。

A. 6.32　　B. 7.07

C. 10.00　　D. 100.00

33. 下列组成建设工程项目总概算的费用中，属于工程费用的是（　　）。

A. 工程监理费　　B. 建设期利息

C. 研究试验费　　D. 固定资产使用费

34. 根据《标准施工招标文件》，在发包人要求向承包人提前交付材料和工程设备，承包人可以要求合理补偿（　　）。

A. 费用　　B. 利润

C. 成本　　D. 工期

35. 某工程随工合同约定根据价格调整公式调整合同价，已知不调值部分占合同价的比例为15%，可参与调值部分的费用类型、占合同总价的比例和相关价格指数见下表，若结算当月完成的合同额为1000万元，则调整后的合同金额为（　　）万元。

项目	占合同总价的比例	基准日期价格指数	合同签订时价格指数	结算时价格指数
人工	30%	101	103	106
钢筋	20%	101	110	105
混凝土	25%	105	109	115
木材	10%	102	102	105

A. 1050　　B. 1034　　C. 1017　　D. 1000

36. 按照国际工程投标报价的程序，投标人在现场勘察之前应该进行的工作是（　　）。

A. 分包工程询价　　B. 人工单价计算

C. 待摊费的计算　　D. 组织报价班子

37. 某采用装运港船上交货价的进口设备，货价为1000万元人民币，国外运费为90万元人民币，国外运输保险费为10万元人民币，进口关税为50万元人民币，则该设备的到岸价为（　　）万元。

A. 1090　　B. 1100　　C. 1150　　D. 1250

38. 工程交付生产前按照批准的设计规定进行的生产线有负荷联动试车发生的净支出属于（　　）。

A. 建设单位管理费　　B. 生产家具购置费

C. 联合试运转费　　D. 生产准备费

39. 按照编制程序和用途分类，建设工程定额中分项最细、定额子目最多的一种定额是（　　）。

A. 预算定额　　B. 概算定额

C. 企业定额　　D. 施工定额

40. 下列机械工作时间消耗中，属于机械台班使用定额中机械的多余工作时间的是（　　）。

A. 工人没有及时供料而使机械空运转的时间

B. 筑路机在工作区末端掉头的时间

C. 未及时供给机械燃料而导致的停工时间

D. 暴雨时压路机被迫停工时间

41. 下列费用中，预算定额基价不包含的是（　　）。

A. 人工费　　B. 材料费
C. 企业管理费　　D. 施工机具使用费

42. 已知年名义利率是8%，按季度计息，则计息周期有效利率和年有效利率为（　　）。
A. 2%，8%　　B. 2%，8.24%
C. 2.06%，8%　　D. 2.06%，8.24%

43. 项目投资者通过分析项目有关财务评价指标获取项目的信息不包括（　　）。
A. 盈利能力　　B. 技术创新能力
C. 偿债能力　　D. 生存能力

44. 对于住宅工程或不具备全面审查条件的工程的施工图预算，适宜采用的审查方法是（　　）。
A. 全面审查法　　B. 标准预算审查法
C. 筛选审查法　　D. 重点审查法

45. 根据《建设工程工程量清单计价规范》（GB 50500—2013），应列入其他项目清单的费用是（　　）。
A. 施工单位现场管理费　　B. 工程设备暂估价
C. 危险作业意外伤害保险费　　D. 住房公积金

46. 招标人编制工程量清单时，对各专业工程现行（计量规范）中未包括的项目应作补充，则关于该补充项目及其编码的说法，正确的是（　　）。
A. 该项目编码应有对应《计量规范》的代码和三位阿拉伯数字组成
B. 清单编制人应将补充项目报省级或行业工程造价管理机构备案
C. 清单编制人在最后一个清单项目后面自行补充该项目，不需编码
D. 该项目按《计量规范》中相近的清单项目编码

47. 投标中清单中某项的综合单价没有报价，则评标委员会的正确处理方式是（　　）。
A. 视为该项费用已包含在工程量清单的其他单价和合价中
B. 认定该标书为废标
C. 要求投标人就此项进行单独报价，补充到原报价书中
D. 让投标人限时修改重新报价

48. 实行工程量清单计价的招标工程，投标人可完全自主报价的是（　　）。
A. 暂列金额　　B. 总承包服务费
C. 专业工程暂估价　　D. 措施项目费

49. 某工程采用工程量清单招标，招标人公示的招标控制价为1亿元。中标人的投标价为8000万元，经调整计算错误后的中标价为9100万元，所有合格投标人的平均价为9200万元，则该中标人的报价浮动率为（　　）。
A. 11.0%　　B. 9.0%　　C. 8.5%　　D. 8.0%

50. 某混凝土结构工程，工程量清单中估计工程量为3000m^3，合同规定该工程全费用单价为550元/m^3，实际工程量超过估计工程量15%以上时，单价调整为540元/m^3。工程结束时承包商实际完成混凝土结构工程量为4000m^3，则该项工程结算款为（　　）万元。
A. 219.45　　B. 220　　C. 216　　D. 240

51. 根据《建设工程工程量清单计价规范》（GB 50500—2013），关于投标报价的说法，

错误的是（　　）。

A. 暂列金额应按照招标工程量清单中列出的金额填写，不得变动

B. 专业工程暂估价按照招标工程量清单中列出的金额填写

C. 计日工应按照招标文件中的数量和单价计算总费用

D. 总承包服务费应按照招标人的要求和现场管理需要自主确定

52. 根据《建设工程工程量清单计价规范》，编制投标文件时，招标文件中提供暂估价的材料价格应根据（　　）填报。

A. 投标人自主确定价格　　B. 投标时当地的市场价格

C. 招标文件提供的价格　　D. 政府主管部门公布的价格

53. 投标人经复核，认为招标人公布的招标控制价未按照《建设工程工程量清单计价规范》（GB 50500—2013）的规定进行编制的，应在招标控制价公布后（　　）天内向招投标监督机构和工程造价管理机构投诉。

A. 10　　B. 7

C. 5　　D. 3

54. 因暴雨引发山体滑坡而实施的公路交通紧急抢修项目，其合同计价方式宜采用（　　）。

A. 固定总价合同　　B. 固定单价合同

C. 可调单价合同　　D. 成本加酬金合同

55. 根据《建设工程工程量清单计价规范》（GB 50500—2013），关于分部分项工程量清单中工程量计算的说法，正确的是（　　）。

A. 实际施工中的各种损耗应列入措施项目费和材料费中

B. 采用工程量清单计算规则计算时，工程实体的工程量不是唯一的

C. 所有招标清单项目工程量按实际施工工程量计算

D. 计算综合单价时需考虑施工方案增加的工程量，应考虑施工中的材料损耗

56. 某灌注桩计量支付条款约定工程量以米计算，若设计长度为 25 米的钻孔灌注桩，承包人做了 28 米，事后书面向监理工程师申请并得到业主确认，则承包人可以得到（　　）米工程价款。

A. 19　　B. 28

C. 25　　D. 22

57. 根据《建设工程施工合同（示范文本）》（GF-2017-0201），关于工程计量的说法，正确的是（　　）。

A. 单价合同应予计量的工程量是承包人实际施工的工程量

B. 承包人因自身原因造成返工的工程量应予计量

C. 工程计量应以设计图纸为依据

D. 承包人为保证工程质量超过图纸要求的工程量应予计量

58. 施工过程中发生的计日工没有相应单价的，应如何处理（　　）。

A. 发承包双方按合理的成本加利润重新商定综合单价

B. 计日工发生时承包人提出的综合单价

C. 计日工发生当月市场人工工资单价

D. 计日工发生当月造价管理部门发布的人工指导价

59. 现有甲和乙两个项目，静态投资回收期分别为4年和6年，该行业的基准投资回收期为5年，关于这两个项目的静态投资回收期的说法，正确的是（　　）。

A. 甲项目的静态投资回收期只考虑了前4年的投资效果

B. 乙项目考虑全寿命周期各年的投资效果，确定静态投资回收期为6年

C. 甲项目投资回收期小于基准投资回收期，据此可以准确判断甲项目可行

D. 乙项目的资本周转速度比甲项目更快

60. 某企业1月份人工成本计划值为21.6万元，实际值为24.2万元。构成该成本的三个因素的重要性排序和基本参数如下表，则“单位产品人工消耗量”变动对人工成本的影响为（　　）元。

A. -26000　　B. -20000　　C. -22000　　D. -18000

项　目	单　位	计　划　值	实　际　值
产品产量	件	180	200
单位产品人工消耗量	工日/件	12	11
人工单价	元/工日	100	110

二、多项选择题（共20题，每题2分。每题的备选项中，有2个或2个以上符合题意，至少有1个错项。错选，本题不得分；少选，所选的每个选项得0.5分）

1. 项目经济评价时，若以总成本费用为基础计算经营成本，应从总成本费用中扣除的费用项目有（　　）。

A. 折旧费用　　B. 销售费用

C. 摊销费　　D. 管理费用

E. 利息支出

2. 技术方案资本金的出资方式除现金外，还可以采用的出资形态包括经过有资格的资产评估机构评估作价后的（　　）。

A. 实物　　B. 工业产权

C. 非专利技术　　D. 土地使用权

E. 股票

3. 融资租赁的租金应由（　　）构成。

A. 租赁资产的成本　　B. 出租人承办租赁业务的费用

C. 租赁资产的运行成本　　D. 租赁资产成本的利息

E. 出租人提供租赁服务的利润

4. 下列关于价值工程原理的描述中，正确的有（　　）。

A. 价值工程中所述的“价值”是指研究对象的使用价值

B. 运用价值工程的目的是提高研究对象的比较价值

C. 价值工程的核心是对研究对象进行功能分析

D. 价值工程是一门分析研究对象效益与费用之间关系的管理技术

E. 价值工程中所述的“成本”是指研究对象建造/制造阶段的全部费用

5. 在计算应纳税所得额时，企业按照规定计算的固定资产折旧准予扣除，包括（　　）。

A. 以经营租赁方式租入的固定资产
B. 与经营活动有关的固定资产
C. 已足额提取折旧仍继续使用的固定资产
D. 单独估价作为固定资产使用的土地
E. 以融资租赁方式租入的固定资产

6. 动态会计等式是由（　　）等会计要素构成的。
A. 负债　　B. 收入
C. 费用　　D. 利润
E. 资产

7. 根据现行《企业会计准则》，应计入管理费用的有（　　）。
A. 印花税　　B. 管理人员劳动保护费
C. 应付债券利息　　D. 固定资产使用费
E. 法律顾问费

8. 根据《建设工程工程量清单计价规范》，应计入规费项目清单的费用有（　　）。
A. 安全文明施工费　　B. 住房公积金
C. 工程定位复测费　　D. 工伤保险费
E. 增值税销项税额

9. 招标工程量清单是（　　）的依据。
A. 进行工程索赔　　B. 编制项目投资估算
C. 编制招标控制价　　D. 支付工程进度款
E. 办理竣工结算

10. 企业取得收入在会计核算中的表现形式可能有（　　）。
A. 银行存款增加　　B. 预付账款增加
C. 库存现金减少　　D. 应收账款增加
E. 预收账款减少

11. 关于利率高低影响因素的说法，正确的有（　　）。
A. 利率的高低首先取决于社会平均利润率的高低，并随之变动
B. 借出资本所承担的风险越大，利率越低
C. 资本借出期间的不可预见因素越多，利率越高
D. 社会平均利润率不变的情况下，借贷资本供过于求会导致利率上升
E. 借出资本期限越长，利率越高

12. 根据《建设工程工程量清单计价规范》（GB 50500—2013），关于单价合同工程计量的说法，正确的有（　　）。
A. 承包人认为发包人核实后的计量结果有误，应及时口头告知发包人
B. 发包人在现场计量前24小时通知承包人，承包人未派人参加，计量结果有效
C. 工程量按承包人在履行合同义务过程中实际完成应予计量的工程量确定
D. 对于承包人原因造成超出施工图纸范围施工的工程量，不予计量
E. 对工程变更引起工程量的增减变化，应据实调整，正确计量

13. 企业下列活动中，属于经营活动产生的现金流量有（　　）。

A. 承包工程收到的现金
B. 处置固定资产收回的现金
C. 投资支付的现金
D. 收到的税费返还
E. 发包工程支付的现金

14. 下列资金成本中，属于资金占用费的有（　　）。
A. 借款手续费
B. 发行债券支付的印刷费
C. 筹资过程中支付的广告费
D. 债券利息
E. 贷款利息

15. 根据《建筑安装工程费用项目组成》（建标〔2013〕44号），施工机具使用费包括（　　）。
A. 大型机械设备进出场及安拆费
B. 机械操作人员工资
C. 机械经常修理费
D. 仪器仪表使用费
E. 工伤保险

16. 编制施工机械台班使用定额时，属于机械工作时间中损失时间的有（　　）。
A. 施工本身原因造成的停工时间
B. 非施工原因造成的停工时间
C. 违反劳动纪律引起的时间损失
D. 工人正常的休息时间
E. 有根据的降低负荷下的工作时间

17. 建设项目总概算书的内容有编制说明和（　　）。
A. 单位工程概算表
B. 分部分项工程概算表
C. 单项工程综合概算表
D. 工程建设其他费用概算表
E. 总概算表

18. 施工企业拟投标一个单独招标的分部分项工程项目，清单工程量10000m^3，企业经测算完成该部分分项工程施工直接消耗的人、料、机费用为200万元（不含增值税进项税额）。估计管理费为16万元，风险费用2万元，利润30万元。为完成该分部分项工程的措施项目费估计为24万元（其中安全文明施工费18万元）（不含增值税进项税额），估计全部规费29万元，税金9万元。不考虑其他因素，关于该分部分项工程的说法正确的有（　　）。
A. 工料单价为200元/m^3
B. 按现行清单计价综合单价为248元/m^3
C. 全费用综合单价为292元/m^3
D. 按现行清单计价规范，为了中标，规费和税金可降至20万元
E. 按现行清单计价规范，措施项目费报价不能低于18万元

19. 评价技术方案偿债能力时，可用于偿还借款的资金来源包括（　　）。
A. 固定资产修理费
B. 固定资产折旧
C. 无形资产摊销费
D. 利息
E. 减免的营业中税金

20. 编制预算定额人工消费指标时，下列人工消耗量属于人工幅度差用工的有（　　）。
A. 施工过程中水电维修用工
B. 隐蔽工程验收影响的操作时间
C. 现场材料水平搬运用工
D. 现场材料加工用工
E. 现场筛沙子增加的用工量

参考答案

一、单项选择题

题号	1	2	3	4	5	6	7	8	9	10
答案	C	C	B	D	D	C	A	B	B	D
题号	11	12	13	14	15	16	17	18	19	20
答案	C	C	D	C	D	A	A	C	A	A
题号	21	22	23	24	25	26	27	28	29	30
答案	D	A	C	C	B	D	A	A	D	C
题号	31	32	33	34	35	36	37	38	39	40
答案	A	C	D	A	A	D	B	C	D	A
题号	41	42	43	44	45	46	47	48	49	50
答案	C	B	B	C	B	B	A	B	B	A
题号	51	52	53	54	55	56	57	58	59	60
答案	C	C	C	D	D	B	C	A	A	B

二、多项选择题

题号	1	2	3	4	5	6	7	8	9	10
答案	ACE	ABCD	ABDE	BCD	BE	BCD	ABDE	BD	ACDE	ADE
题号	11	12	13	14	15	16	17	18	19	20
答案	ACE	BCDE	ADE	DE	BCD	ABC	ACDE	ABE	BCE	AB

附录B 预测模拟试卷（二）

一、单项选择题（共60题，每题1分。每题的备选项中，只有1个最符合题意）

1. 考虑资金时间价值，两笔资金不能等值的情形有（ ）。

A. 金额相等，发生在相同时点　　B. 金额不等，发生在不同时点

C. 金额不等，但分别发生在期初和期末　　D. 金额相等，发生在不同时点

2. 企业或行业投资者以动态的观点确定的、可接受的投资方案最低标准的收益水平称为（ ）。

A. 基准收益率　　B. 社会平均收益率

C. 内部收益率　　D. 社会折现率

3. 根据《建设工程工程量清单计价规范》（GB 50500—2013），施工企业综合单价的计算有以下工作：①确定组合定额子目并计算各子目工程量；②确定人、料、机单价；③测算人、料、机的数量；④计算清单项目的综合单价；⑤计算清单项目的管理费和利润；⑥计算清单项目的人、料、机总费用。正确的步骤是（ ）。

A. ①③②⑥⑤④　　B. ②③①⑤⑥④

C. ③①②⑥⑤④　　D. ①③②④⑥⑤

4. 根据《建设工程工程量清单计价规范》（GB 50500—2013），适宜采用综合单价法计价的措施项目费是（ ）。

A. 脚手架工程费　　B. 夜间施工增加费

C. 冬雨季施工增加费　　D. 二次搬运费

5. 某投资方案建设期为1年，第一年年初投资8000万元，第二年年初开始盈利，运营期为4年，运营期每年年末净收益为3000万元，净残值为零。若基准率为10%，则该投资方案的财务净现值和静态投资回收期分别为（ ）。

A. 1510万元和3.67年　　B. 1510万元和2.67年

C. 645万元和2.67年　　D. 645万元和3.67年

6. 施工企业收取的下列款项中，不能计入企业收入的是（ ）。

A. 代扣职工个人的所得税　　B. 收到的工程价款

C. 转让施工技术取得的收入　　D. 售卖材料价款收入

7. 某企业的银行存款期限为10年，到期时可得到现金10000元，但由于意外事故需要钱，5年时就必须取回，设贴现率为10%，则企业可取回现金为（ ）元。

A. 4660　　B. 7500　　C. 5000　　D. 6200

8. 某施工企业在2012年度同时进行甲、乙、丙、丁四个单项合同的施工生产。本年度甲、乙、丙、丁各单项工程实际发生的直接费用分别为：2000万元、1000万元、4000万元和3000万元。本年度发生的与四个单项工程施工均相关的间接费用共计300万元。则丙单项工程本年度应分担的间接费用为（ ）万元。

A. 60　　B. 30　　C. 120　　D. 90

9. 客户支付非现金对价的，企业确定交易价格的方式是（ ）。

A. 企业应当按照期望值或最可能发生金额确定最佳估计数作为交易价格

B. 企业应当按照非现金对价的公允价值确定交易价格

C. 企业应当按照假定客户取得商品控制权时即以现金支付的应付金额确定交易价格

D. 企业应当将非现金对价冲减交易价格，并冲减当期收入

10. 某企业拟新建一项目，有两个备选方案技术均可行。甲方案投资5000万元，计算期15年，财务净现值为200万元；乙方案投资8000万元，计算期20年，财务净现值为300万元。则关于两方案比选的说法，正确的是（　　）。

A. 甲乙方案必须构造一个相同的分析期限才能比选

B. 甲方案投资少于乙方案，净现值大于零，故甲方案较优

C. 乙方案净现值大于甲方案，且都大于零，故乙方案较优

D. 甲方案计算期短，说明甲方案的投资回收速度快于乙方案

11. 下列关于财务内部收益率的说法正确的是（　　）。

A. 财务内部收益率与财务净现值成反比

B. 若财务内部收益率小于或等于基准收益率，则技术方案在经济上可以接受

C. 对某一技术方案，可能不存在财务内部收益率

D. 财务内部收益率受众多外部参数的影响

12. 某工程项目土方工程采用人工挖土方、人工运输和机械运输，招标工程量清单中挖土方数量为2000m^3，投资人计算的施工挖土方数量为3800m^3，取土外运，投标人计算的人工挖土费用为42000元、人工运土费用为15000元、机械运土费用为38000元，管理费用取人、料、机之和的14%，利润取人、料、机与管理费之和的8%。根据《建设工程工程量清单计价规范》（GB 50500—2013），不考虑其他因素，投标人报价的挖土方综合单价为（　　）元/m^3。

A. 33.41　　B. 58.48　　C. 61.56　　D. 73.10

13. 根据《建设工程工程量清单计价规范》，关于投标人的投标总价编制的说法，正确的是（　　）。

A. 为降低投标总价，投标人可以将暂列金额降至0

B. 投标总价可在分部分项工程费、措施项目费、其他项目费和规费、税金合计金额上做出优惠

C. 开标前投标人来不及修改标书时，可在投标者致函中给出优惠比例，并将优惠后的总价作为新的投标价

D. 投标人对投标报价的任何优惠均应反映在相应的清单项目的综合单价中

14. 一个建设项目总投资2200万元，业主资本金投入600万元，计算期为20年，建设期为2年。已知以下数据：

① 建设投资支出第一年1300万元（其中资本金投入200万元），第二年900万元（其中资本金投入400万元）。

② 银行贷款第一年年末累计余额1100万元，第二年发生新增银行贷款500万元。

以技术方案投资者整体角度出发所编制的现金流量表中，第二年的净现金流量是（　　）万元。

A. −2000　　B. −400　　C. 1200　　D. −1400

15. 可以采用大修理方式进行补偿的设备磨损是（　　）。

A. 不可消除性有形磨损　　B. 第一种无形磨损

C. 可消除性有形磨损　　D. 第二种无形磨损

16. 根据我国《企业会计准则》，某施工企业2012年3月收到建设单位支付的2011年完工工程的结算款200万元，则该笔款项在会计核算上正确的处理方式是计入（　　）。

A. 2012年的收入　　B. 2012年的负债

C. 2011年的负债　　D. 2011年的收入

17. 某企业利用借款购买的一台生产设备，每期按规定提取折旧费15万元，每期借款利息3万元，该企业税金及附加率为5.5%，所得税税率为25%，则企业购买该项设备带来的每期税收节约为（　　）万元。

A. 5.49　　B. 4.58　　C. 4.50　　D. 3.75

18. 下述现金流量中，属于筹资活动流出的是（　　）。

A. 偿还债务所支付的现金　　B. 投资所支付的现金

C. 购建长期资产所支付的现金　　D. 支付的各项税费

19. 根据《建设工程工程量清单计价规范》，一般情况下编制招标控制价采用的材料价格选用（　　）。

A. 招标人的材料供应商提供的材料单价

B. 近三个月当地已完工程材料结算单价的平均值

C. 工程造价管理机构通过工程造价信息发布的材料单价

D. 当时当地市场的材料单价

20. 根据《建设工程工程量清单计价规范》，某工程项目的钢筋由发包人在施工合同与承包人一起招标采购，编制招标工程量清单时招标人将HRB335钢筋暂估价定为4200元/t，已知市场平均价格为3650元/t，若甲投标人自行采购，其采购单价低于市场平均价格，则甲投标人在投标报价时HRB335钢筋应采用的单价是（　　）。

A. 甲投标人自行采购价格　　B. 4200元/t

C. 预计招标采购价格　　D. 3650元/t

21. 根据现行《企业会计准则》，对于资产负债表日起一年内到期的负债，企业预计不能自主地将清偿义务展期，但在资产负债表日后，财务报告批准报出日前签订了重新安排清偿计划协议，则该项负债应归类为（　　）。

A. 非流动负债　　B. 流动负债

C. 应付票据　　D. 长期应付款

22. 某企业在一个会计期间的营业收入为600万元，期初应收账款为70万元，期末应收账款为130万元，则该企业应收账款周转率为（　　）。

A. 4.62　　B. 8.57　　C. 10.00　　D. 6.00

23. 根据《建筑安装工程费用项目组成》（建标〔2013〕44号），不属于施工机具使用费的是（　　）。

A. 折旧费　　B. 大型机械安拆费

C. 机上司机或操作人员人工费　　D. 仪器仪表使用费

24. 某工程采购的一批水泥的出厂价为1990元/t，运费为25元/t，运输损耗率为

0.5%，采购保管费率为2%，则该批水泥的材料单价为（　　）元/t。

A. 2064.95　　B. 2039.45　　C. 2025.75　　D. 2065.58

25. 反映企业盈利能力的核心指标是（　　）。

A. 净资产收益率　　B. 总资产周转率

C. 销售增长率　　D. 资本积累率

26. 关于敏感度系数S_{AF}的说法，正确的是（　　）。

A. $S_{AF}>0$ 表示评价指标 A 与不确定因素 F 同方向变化

B. S_{AF}越大，表示评价指标 A 对于不确定因素 F 越敏感

C. S_{AF}表示不确定因素 F 的变化额与评价指标 A 的变化额之间的比例

D. S_{AF}可以直接显示不确定因素 F 变化后评价指标 A 的值

27. 进行建设项目敏感性分析时，如果主要分析方案状态和参数变化对投资回收快慢与对方案超额净收益的影响，应选取的分析指标为（　　）。

A. 财务内部收益率与财务净现值　　B. 投资回收期与财务内部收益率

C. 投资回收期与财务净现值　　D. 建设工期与财务净现值

28. 延期付款，但早付款可享受现金折扣，如“2/10，1/20，0/30”其表示的意思是（　　）。

A. 表示在信用期间10天内付款可享受2折的折扣，20天内付款可享受1折的折扣，超过20天则全额付款。

B. 表示在信用期间10天内付款可享受2天的回旋余地，20天内付款可享受1天的回旋余地，超过20天则无回旋余地。

C. 表示如果在超过信用期限10天内就交2%的滞纳金，超过20天就交1%的滞纳金。

D. 表示在信用期间10天内付款可享受2%的折扣，20天内付款可享受1%的折扣，超过20天则全额付款。

29. 企业从银行取得一笔长期借款2000万元，年利率8%，期限3年，每年年末结息一次，到期一次还本，借款手续费率0.2%，企业所得税率25%，则该笔借款的资金成本率为（　　）。

A. 6.00%　　B. 8.02%　　C. 6.01%　　D. 8.20%

30. 关于用成本分析模式确定企业现金持有量的说法中，正确的是（　　）。

A. 企业持有现金的成本有机会成本、管理成本和短缺成本

B. 管理成本与现金持有量一般成正比例关系

C. 现金的短缺成本随现金持有量的增加而增加

D. 运用成本分析模式确定现金最佳持有量的目的是加速现金周转速度

31. 企业从金融机构借款100万元，月利率1%，按月复利计息，每季度付息一次，则该企业一年需向金融机构支付利息（　　）万元。

A. 12.00　　B. 12.12　　C. 12.55　　D. 12.68

32. 在国际工程投标报价中，当机械设备所占比重较大、适用的均衡性较差、搁置时间过长而使其费用增大时，机械使用费一般宜采用（　　）进行计算。

A. 定额估价法　　B. 匡算估价法

C. 作业估价法　　D. 概算指标法

33. 某企业生产所需的一种材料单价为 200 元/t，一次订货总成本为 400 元，其中订货固定成本为 320 元，每吨材料的年储备成本为 1 元。已知该材料的经济采购批量为 800t，则该企业该种材料的年度采购总量为（　　）t。

A. 4000　　B. 3200　　C. 1600　　D. 800

34. 完成某预算定额项目单位工程量的基本用工为 5.6 工日，辅助用工为 1.4 工日，超运距用工为 1.8 工日，人工幅度差系数为 10%，该定额的人工工日消耗量为（　　）工日。

A. 9.68　　B. 9.50　　C. 9.12　　D. 9.36

35. 新建工程与某已建成工程仅外墙饰面不同。已建成工程外墙为水泥砂浆抹面，单价为 8.75 元/m^2，每平方米建筑面积消耗量为 0.852m^2；新建工程外墙为贴釉面砖，单价为 49.25 元/m^2，每平方米建筑面积消耗量为 0.814m^2。若已建成工程概算指标为 536 元/m^2，则新建工程修正概算指标为（　　）元/m^2。

A. 568.63　　B. 576.50　　C. 585.25　　D. 613.26

36. 审查精度高、效果好，但工作量大、时间较长的施工图预算审查方法是（　　）。

A. 逐项审查法　　B. 重点审查法

C. 对比审查法　　D. 筛选审查法

37. 对施工单位而言，施工图预算不是（　　）的依据。

A. 确定投标报价　　B. 控制施工成本

C. 进行施工准备　　D. 编制工程概算

38. 某企业有甲、乙、丙、丁四个现金持有方案，各方案的现金持有量依次是 60000 元、70000 元、84000 元、120000 元。四个方案的机会成本均为现金持有量的 10%，管理成本均为 24000 元，短缺成本依次是 8100 元、3000 元、2500 元和 0 元。若采用成本分析模式进行现金持有量决策，该企业应采用（　　）方案。

A. 甲　　B. 乙　　C. 丙　　D. 丁

39. 根据《建筑安装工程费用项目组成》（建标〔2013〕44 号），建筑安装工程项目经理停工学习的费用应计入（　　）。

A. 劳动保护费　　B. 规费

C. 企业管理费　　D. 人工费

40. 下列建设工程投资费用中，属于工程建设其他费用中的场地准备及临时设施费的有（　　）。

A. 办公及生活家具购置费　　B. 环境影响评价费

C. 遗留设施拆除清理费　　D. 施工单位临时设施费

41. 某建设工程项目的设备及工器具购置费为 2500 万元，建筑安装工程费为 2000 万元，工程建设其他费为 1500 万元，基本预备费率为 10%，则该项目的基本预备费为（　　）万元。

A. 200　　B. 400　　C. 600　　D. 450

42. 某工程的招标工程量清单中人工挖土方数量为 5800m^3，投标单位根据施工方案确定的挖土工程量为 11200m^3，人工、材料、机械费用之和为 50 元/m^3，综合单价确定为 80 元/m^3，则在如下人工挖土方分项工程的综合单价分析表中，“ * ”位置对应的数量应为（　　）。

<table>
<tr><td colspan="4">项目编号</td><td colspan="2">项目名称</td><td colspan="2">人工挖土方</td><td colspan="2">计量单位</td><td colspan="2">m^3</td></tr>
<tr><td colspan="12">清单综合单价组成明细</td></tr>
<tr><td></td><td></td><td></td><td></td><td colspan="4">单价</td><td colspan="4">合计</td></tr>
<tr><td>定额编号</td><td>定额名称</td><td>定额单位</td><td>数量</td><td>人工费</td><td>材料费</td><td>机械费</td><td>管理费和利润</td><td>人工费</td><td>材料费</td><td>机械费</td><td>管理费和利润</td></tr>
<tr><td></td><td>人工挖土</td><td>m^3</td><td>*</td><td>—</td><td>—</td><td>—</td><td>—</td><td>—</td><td>—</td><td>—</td><td>—</td></tr>
<tr><td></td><td>—</td><td>—</td><td>—</td><td>—</td><td>—</td><td>—</td><td>—</td><td>—</td><td>—</td><td>—</td><td>—</td></tr>
</table>

A. 1.93　　B. 1.60　　C. 0.63　　D. 0.52

43. 对于施工条件正常、产品稳定、工序重复量大的产品制定人工定额适合选用的方法是（　　）。

A. 技术测定法　　B. 比较类推法

C. 统计分析法　　D. 经验估计法

44. 实物量法编制施工图预算所用的材料单价应采用（　　）。

A. 网上咨询厂家的报价　　B. 编制预算定额时采用的单价

C. 当时当地的实际价格　　D. 预算定额中采用的单价加上运杂费

45. 下列筹资方式中，属于以企业为主体进行内源筹资的是（　　）。

A. 新增发行优先股股票　　B. 向金融机构举债

C. 争取风险投资资金　　D. 变卖闲置的固定资产

46. 在价值工程活动中，描述某一个产品零部件“是干什么用的”，属于（　　）。

A. 产品功能分析　　B. 产品结构分析

C. 对象选择　　D. 产品设计

47. 某工程有甲、乙、丙、丁四个实施方案可供选择。四个方案的投资额依次是60万元、80万元、100万元、120万元。年运行成本依次是16万元、13万元、10万元和6万元，各方案应用环境相同，设基准投资率为10%，则采用折算费用法选择的最优方案为（　　）。

A. 丁　　B. 甲

C. 乙　　D. 丙

48. 招标人编制招标控制价与投标人报价的共同基础是（　　）。

A. 工料单价　　B. 综合单价

C. 按拟采用施工方案计算的工程量　　D. 工程量清单标明的工程量

49. 工程量清单计价模式下，关于分部分项工程量和定额子目的说法，错误的是（　　）。

A. 清单工程量是按施工图图示尺寸和工程量清单计算规则计算得到的工程净量

B. 定额子目工程量应严格按照与所采用的定额相对应的工程量计算规则计算

C. 一个清单项目对应一个定额子目时，清单工程量和定额工程量都相同

D. 通常情况下，清单工程量小于施工单位实际完成的工程量

50. 制定材料消耗定额时，定额中的损耗量是指操作过程中不可避免的废料和损耗以及不可避免的（　　）。

A. 施工场外运输损耗
B. 采购过程中的计量误差
C. 保管过程中的损耗
D. 施工现场内运输损耗

51. 关于企业存货管理的说法中，正确的是（　　）。

A. 存货管理的目标是最大限度地降低存货成本
B. 存货管理是要在存货成本与存货效益之间做出权衡，达到两者之间的最佳结合
C. 财务部门存货管理的职责是选择供应单位及筹集订货资金
D. 根据存货管理的 ABC 分析法，应对 C 类存货实施严格控制

52. 根据《建设工程工程量清单计价规范》（GB 50500—2013），采用工程量清单招标的工程，投标人在投标报价时不得作为竞争性费用的是（　　）。

A. 二次搬运费
B. 安全文明施工费
C. 夜间施工费
D. 总承包服务费

53. 施工过程中，不可以作为工程量计量依据的资料有（　　）。

A. 质量合格证书
B. 计量规范
C. 质量保修书
D. 混凝土验收规范

54. 根据《建设工程工程量清单计价规范》（GB 50500—2013），以下工程量清单计价计算公式正确的是（　　）。

A. 措施项目费 = ∑计算基数×相应费率
B. 安全文明施工费 = ∑（定额分部分项工程量+定额中可计量的措施项目费）×安全文明施工费费率
C. 单位工程造价 = ∑分部分项工程费
D. 建设项目总造价 = ∑单项工程造价+工程建设其他费用+建设期利息

55. 根据《建设工程施工合同（示范文本）》（GF-2017-0201），因不可抗力事件导致的损害及其费用增加，应由承包人承担的是（　　）。

A. 工程本身的损害
B. 发包人现场的人员伤亡
C. 承包人购买的水泥
D. 停工期间工程现场承包人主动的清理费用

56. 根据《建设工程工程量清单计价规范》（GB 50500—2013），关于提前竣工的说法，正确的是（　　）。

A. 招标人压缩的工期天数一般不得超过定额工期的 20%
B. 工程实施过程中，发包人要求合同工程提前竣工，可以不征求承包意见
C. 发承包双方约定提前竣工每日历天应补偿额度，与计日工签证一并支付
D. 赶工费用包括人工费、材料费、机械费以及合理的利润

57. 关于工程质量保证金的说法，正确的是（　　）。

A. 承包人已经提供履约担保的，发包人可以同时预留工程质量保证金
B. 承包人提供质量保证金的方式优先采取按相应比例的工程款扣回
C. 发包人累计扣留的质量保证金不得超过工程价款结算总额的 3%
D. 最终结清时，承包人被预留的质量保证金是抵减发包人工程缺陷维修费用的上限

58. 某工程施工合同约定采用造价信息进行价格调整。施工期间，项目所在地省级造价

管理机构发布了工人工资指导价上调10%的通知并即时生效，该工程在颁布通知当月完成的合同价款为300万元，其中人工费为60万元（已知该人工费单价比发布的指导价高出30%），则该工程当月人工费结算的做法是（　　）。

A. 不予上调　　B. 按照通知要求上调10%

C. 由总监理工程师确定新的单价　　D. 由发承包双方协商后适当调整

59. 国际工程投标中，投标人做出最终报价前应对估算人员算出的暂时标价进行对比分析，其目的是（　　）。

A. 从宏观上把握标价的合理性　　B. 分析报价的竞争力

C. 预测报价的利润水平　　D. 检查标价计算是否存在错误

60. 根据《建设工程造价鉴定规范》，由于承包人违约导致的合同解除的费用争议，鉴定人出具的鉴定意见包括的费用是（　　）。

A. 完成永久工程的价款　　B. 遣散人员的费用

C. 撤离现场的费用　　D. 已付款的材料等物品金额（归承包人所有）

二、多项选择题（共20题，每题2分。每题的备选项中，有2个或2个以上符合题意，至少有1个错项。错选，本题不得分；少选，所选的每个选项得0.5分）

1. 融资租赁的租金应由（　　）构成。

A. 租赁资产的成本　　B. 出租人承办租赁业务的费用

C. 租赁资产的运行成本　　D. 租赁资产成本的利息

E. 出租人提供租赁服务的利润

2. 关于有效利率和名义利率关系的说法，正确的有（　　）。

A. 年有效利率和名义利率的关系实质上与复利和单利的关系一样

B. 每年计息周期数越多，则年有效利率和名义利率的差异越大

C. 只要名义利率大于零，则据此计算出来的年有效利率一定大于年名义利率

D. 计息周期与利率周期相同时，周期名义利率与有效利率相等

E. 单利计息时，名义利率和有效利率没有差别

3. 资本金现金流量表中，作为现金流出的项目有（　　）。

A. 借款本金偿还　　B. 回收固定资产余值

C. 回收流动资金　　D. 借款利息支付

E. 经营成本

4. 有一设备买来时10万元，账面价值为4万元，市场价值为3万元，现在设备更新买同样的设备为8万元，说法正确的有（　　）。

A. 使用旧设备投资按3万元　　B. 不考虑沉没成本1万元

C. 新方案市场价比旧方案多4万元　　D. 新方案投资应为10万元

E. 新旧方案的经济寿命和运行成本相同

5. 反映企业某一时点财务状况的会计要素有（　　）。

A. 资产　　B. 负债

C. 所有者权益　　D. 利润

E. 费用

6. 根据《企业会计准则 15 号——建造合同》，工程成本中的其他直接费包括施工过程中发生的（　　）。

A. 材料二次搬运费
B. 施工机械安装、拆卸和进出场费
C. 临时设施摊销费
D. 工程定位复测费
E. 场地清理费

7. 施工企业其他业务收入包括（　　）。

A. 产品销售收入
B. 建造合同收入
C. 材料销售收入
D. 固定资产盘盈收入
E. 固定资产出租收入

8. 在计算应纳税所得额时，应在收入总额中扣除的不征税收入包括（　　）。

A. 财政拨款
B. 依法收取并纳入财政管理的行政事业性收费、政府性基金
C. 企业提供固定资产使用权提供的收入
D. 企业接收的来自其他企业、组织或者个人无偿给予的货币性资产
E. 企业取得的，由国务院财政、税务主管部门规定专项用途并经国务院批准的财政性资金

9. 企业资产负债表中的资产项目有（　　）。

A. 资本公积
B. 预收款项
C. 应收票据
D. 预付账款
E. 实收资本

10. 根据《建设工程价款结算暂行办法》（财建〔2004〕369 号），发承包双方在施工合同中约定的合同价款事项有（　　）。

A. 投标保证金的数额、支付方式及时间
B. 工程价款的调整因素、方法、程序、支付方式及时间
C. 承担计价风险的内容、范围以及超出约定内容、范围的调整方法
D. 工程竣工价款结算编制与核对、支付方式及时间
E. 违约责任以及发生合同价款争议的解决方法及时间

11. 下列属于国际工程招标待摊费组成的有（　　）。

A. 检验试验费
B. 临时设施工程费
C. 现场勘察费
D. 现场清理费
E. 贷款利息

12. 招标工程量清单应由（　　）等组成。

A. 分部分项工程量清单
B. 综合单价分析清单
C. 措施项目清单
D. 其他项目价格清单
E. 主要材料价格清单

13. 下列关于安全文明施工费的说法，正确的有（　　）。

A. 发包人应在开工后 28 天内预付不低于当年施工进度计划的安全文明施工费总额的 50%
B. 承包人对安全文明施工费应专款专用，不得挪作他用

C. 安全文明施工费可以自主报价

D. 发包人没有按时支付安全文明施工费的，承包人可以直接停工

E. 安全文明施工费有三个计算基数

14. 根据现行《建筑安装工程费用项目组成》（建标〔2013〕44 号），下列费用中属于不可竞争费的是（　　）。

A. 安全文明施工费　　B. 社会保险费

C. 税金　　D. 暂列金额

E. 计日工

15. 编制材料消耗定额时，材料净用量的确定方法有（　　）。

A. 理论计算法　　B. 图纸计算法

C. 比较类推法　　D. 测定法

E. 经验法

16. 某常规技术方案当折现率为 10%时，财务净现值为-360 万元；当折现率为 8%时，财务净现值为 30 万元。则关于该方案经济效果评价的说法，正确的有（　　）。

A. 内部收益率在 8%~9%之间

B. 当行业基准收益率为 8%时，方案可行

C. 当行业基准收益率为 9%时，方案不可行

D. 当折现率为 9%时，财务净现值一定大于 0

E. 当行业基准收益率为 10%时，内部收益率小于行业基准收益率

17. 单位建筑工程概算的常用编制方法有（　　）。

A. 概算定额法　　B. 预算定额法

C. 概算指标法　　D. 类似工程预算法

E. 生产能力指标法

18. 关于施工图预算对建设单位的作用的说法中，正确的有（　　）。

A. 是确定建设项目筹资方案的依据

B. 是施工图设计阶段确定建设工程项目造价的依据

C. 是编制进度计划，统计完成工程量的依据

D. 是确定工程招标控制价的依据

E. 可以作为拨付工程进度款及办理结算的基础

19. 工程量清单招标时，投标人编制投标报价前应认真复核工程量清单中的分部分项工程量，因为该工程量会影响（　　）。

A. 施工方法选择　　B. 投标总价的计算

C. 劳动力和机具的选择　　D. 结算工程量的确定

E. 投标综合单价报价

20. 在价值工程活动中，计算功能评价值前应完成的工作有（　　）。

A. 功能现实成本计算　　B. 方案创造

C. 功能整理　　D. 功能定义

E. 方案评价

参考答案

一、单项选择题

题号	1	2	3	4	5	6	7	8	9	10
答案	D	A	A	A	D	A	B	C	B	A
题号	11	12	13	14	15	16	17	18	19	20
答案	C	B	D	B	C	D	C	A	C	B
题号	21	22	23	24	25	26	27	28	29	30
答案	B	D	B	D	A	A	C	D	C	A
题号	31	32	33	34	35	36	37	38	39	40
答案	B	C	A	A	A	A	D	B	C	C
题号	41	42	43	44	45	46	47	48	49	50
答案	C	A	C	C	D	A	A	D	C	D
题号	51	52	53	54	55	56	57	58	59	60
答案	B	B	C	B	D	A	C	A	A	A

二、多项选择题

题号	1	2	3	4	5	6	7	8	9	10
答案	ABDE	ABDE	ADE	AB	ABC	ACDE	ACE	ABE	CD	BCDE
题号	11	12	13	14	15	16	17	18	19	20
答案	ABE	ACD	BE	ABC	ABDE	ABCE	ACD	BDE	ABCE	ACD

附录C　预测模拟试卷（三）

一、单项选择题（共60题，每题1分。每题的备选项中，只有1个最符合题意）

1. 下列关于现值P、终值F、年金A、利率i、计息期数n之间关系的描述中，正确的是（　　）。

A. F一定、n相同时，i越高、P越大　　B. P一定、n相同时，i越高、F越小

C. i、n相同时，F与P呈同向变化　　D. i、n相同时，F与P呈反向变化

2. 某施工企业向银行借款250万元，期限2年，年利率6%，半年复利计息一次，第二年还本付息，则到期企业需支付给银行的利息为（　　）万元。

A. 30.00　　B. 30.45　　C. 30.90　　D. 31.38

3. 某建筑公司融资租赁一台施工设备，设备价格300万元，租期为6年，每年年末支付租金，折现率为6%，附加率为3%。租赁保证金为30万元，租赁保证金在租赁期满时退还；担保费为2万元。租赁保证金和担保费的时间价值忽略不计，则按附加率计算的年租金为（　　）万元。

A. 68.0　　B. 77.0　　C. 79.0　　D. 81.6

4. 某工程由六个分部工程组成，采用价值工程分析得到各分部工程功能指数和成本指数见下表，则首先应进行价值工程改进的是（　　）。

分部工程	分部一	分部二	分部三	分部四	分部五	分部六
功能指数	0.20	0.30	0.20	0.15	0.10	0.05
成本指数	0.21	0.29	0.19	0.17	0.10	0.04

A. 分部二　　B. 分部四　　C. 分部五　　D. 分部六

5. 在项目财务评价中，若某一方案可行，则（　　）。

A. $P_t<P_c$，$FNPV>0$，$FIRR>i_c$　　B. $P_t<P_c$，$FNPV<0$，$FIRR<i_c$

C. $P_t>P_c$，$FNPV>0$，$FIRR<i_c$　　D. $P_t>P_c$，$FNPV<0$，$FIRR<i_c$

6. 某项目财务净现值$FNPV$与收益率i之间的关系如图所示。

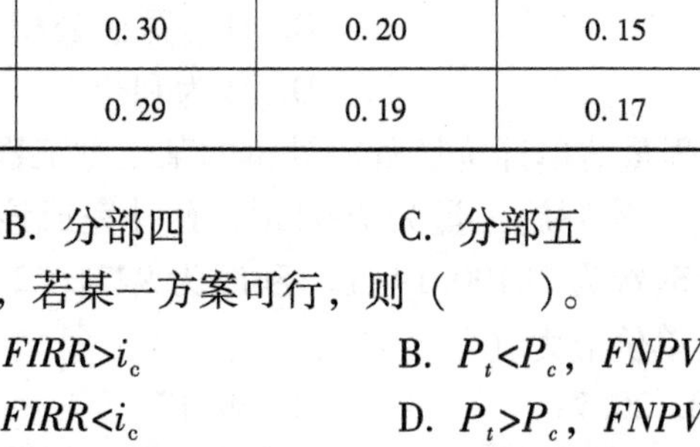

若基准收益率为6.6%，该项目的内部收益率和财务净现值分别为（　　）。

A. 3.0%，21万元　　B. 3.0%，69万元　　C. 7.7%，21万元　　D. 7.7%，69万元

7. 某施工企业按3/10，n/30的信用条件购入材料100万元。已知企业可以以3%的年

利率从银行取得流动资金借款。则关于这批材料款支付的合理做法是（　　）。

A. 企业向银行借款，在 10 天内付款　　B. 企业向银行借款，在 11～30 天之间付款

C. 企业不借款，在 11～30 天之间付款　　D. 企业不借款，在 30 天后付款

8. 某施工企业从银行取得一笔借款 500 万元，银行手续费为 0.5%，借款年利率为 7%，期限 2 年，每年计算并支付利息，到期一次还本，企业所得税率为 25%，则在财务上这笔借款的资金成本率为（　　）。

A. 5.25%　　B. 7.00%　　C. 5.28%　　D. 7.04%

9. 某技术方案设计年产量为 12 万 t，已知单位产品的销售价格为 700 元（含税价格），单位产品税金为 165 元，单位可变成本为 250 元，年固定成本为 1500 万元，则以价格（含税价格）表示的盈亏平衡点是（　　）元/t。

A. 540　　B. 510　　C. 375　　D. 290

10. 某企业 2016 年实现净利润为 1000 万元，销售收入为 10000 万元，总资产周转率为 0.8，权益乘数为 1.5，不考虑其他因素，采用杜邦财务分析体系计算的净资产收益率是（　　）。

A. 100%　　B. 15%　　C. 12%　　D. 10%

11. 某工程模板加工有 A、B 两种方案：A 方案的固定费用为 10 万元，单位加工费用 200 元；B 方案的固定费用 5 万元，单位加工费用 300 元。则仅从经济上考虑时，B 方案的适用范围是模板总加工量在（　　）。

A. 500 单位以下　　B. 500～1500 单位之间

C. 1500～2000 单位之间　　D. 500 单位以上

12. 股份有限公司溢价发行股票筹集的资金超过股票面值的溢价收入应（　　）。

A. 计入资本公积　　B. 计入盈余公积

C. 增加为注册资本　　D. 作为利得

13. 根据《建设工程工程量清单计价规范》计价的某土方工程，业主方提供的清单工程量为 3951m^3。施工企业预计的实际施工量为 7902m^3，预计完成该分项工程的人、料、机费用总和为 115265.27 元，管理费为 39190.19 元，利润为 9221.22 元，不考虑风险费和其他因素，则该分项工程的综合单价应为（　　）元/m^3。

A. 41.43　　B. 20.71　　C. 29.17　　D. 94.48

14. 施工过程中必须发生，但在投标时很难具体分项预测，又无法单独列出项目费用，已采用的计价方法是（　　）。

A. 工料单价法　　B. 参数法

C. 全费用综合单价法　　D. 分包法

15. 国际工程投标报价时，在工程所在国当地采购的材料设备的预算价格应按（　　）。

A. 材料设备出场价格　　B. 投标人所在国预算价格

C. 当地市场价格　　D. 施工现场交货价格

16. 某装饰企业施工的 M 项目于 2012 年 10 月工程完工时只发生材料费 30 万元，项目管理人员工资 8 万元，企业行政管理部门发生水电费 2 万元。根据现行《企业会计准则》，应计入工程成本的费用为（　　）万元。

A. 30　　B. 38　　C. 32　　D. 40

17. 编制和应用施工定额之所以有利于推广先进技术是因为（　　）。

A. 施工定额是强制实施的

B. 施工定额是工程定额体系的基础

C. 施工定额水平本身包含成熟先进的施工技术

D. 施工定额是用先进的技术方法测定出来的

18. 材料消耗定额中不可避免的消耗一般以损耗率表示，（　　）。

A. 损耗率=损耗量/材料消耗定额×100%

B. 损耗率=损耗量/净用量×100%

C. 损耗率=损耗量/(净用量+损耗量)×100%

D. 损耗率=损耗量/(净用量-损耗量)×100%

19. 在施工企业的下列收入中，属于让渡资产使用权收入的是（　　）。

A. 机械作业收入　　B. 运输服务收入

C. 利息收入　　D. 产品安装收入

20. 合同开始日，企业预计客户取得商品控制权与客户支付价款间隔不超过（　　）的，不可不考虑合同中存在重大融资成分。

A. 3个月　　B. 6个月　　C. 1年　　D. 2年

21. 某施工企业本年发生主营业务收入1500万元，主营业务成本1200万元，主营业务税金及附加96万元，其他业务收入50万元，管理费用30万元，营业外收入4万元，营业外支出8万元，所得税按33%计算，其净利润应为（　　）万元。

A. 127.3　　B. 137.5　　C. 147.4　　D. 150.08

22. 下列经济活动产生的现金中，不属于筹资活动产生的现金流量是（　　）。

A. 处置子公司收到的现金净额　　B. 取得借款收到的现金

C. 分配股利支付的现金　　D. 偿还债务支付的现金

23. 下面选项中，在现金流量表中不属于“现金”的是（　　）。

A. 库存现金　　B. 其他货币资金

C. 通知金融企业便可提取的定期存款　　D. 不能随时支取的定期存款

24. 某施工企业拟从银行借款500万元，期限为5年，年利率8%，下列还款方式中，施工企业支付本利和最多的还款方式是（　　）。

A. 每年年末偿还当期利息，第5年年末一次还清本金

B. 第5年年末一次还本付息

C. 每年年末等额本金还款，另付当期利息

D. 每年年末等额本息还款

25. 关于企业净资产收益率指标的说法，正确的有（　　）。

A. 该指标反映了企业偿付到期债务的能力

B. 指标值越高，说明企业盈利能力越好

C. 该指标是企业本期利润总额和净资产的比率

D. 该指标反映企业全部资产运用的总成果

26. 根据《建筑安装工程费用项目组成》（建标〔2013〕44号），建筑安装工程项目经理停工学习的费用应计入（　　）。

A. 劳动保护费　　B. 规费　　C. 企业管理费　　D. 人工费

27. 根据《建筑安装工程费用项目组成》（建标〔2013〕44 号），不属于施工机具使用费的是（　　）。

A. 折旧费　　B. 大型机械安拆费

C. 机上司机或操作人员人工费　　D. 仪器仪表使用费

28. 按照造价形式划分建筑安装工程费用项目组成中，施工过程中，因夜间施工而增加的作业工人的夜班补助费应计入（　　）。

A. 分部分项工程费　　B. 措施项目费

C. 其他项目费　　D. 人工费

29. 因修改设计导致现场停工而引起施工索赔时，承包商自有施工机械的索赔费用宜按机械（　　）计算。

A. 租赁费　　B. 台班费　　C. 折旧费　　D. 大修理费

30. 某增值税纳税人适用的增值税税率为 9%，当月发生交易如下：购买原材料支出 113 万元（发票上原材料金额 100 万元，增值税 13 万元），商品不含税销售额为 200 万元，不考虑其他因素情况下，该企业当月应缴纳的增值税税额为（　　）万元。

A. 5　　B. 15　　C. 18　　D. 31

31. 当初步设计达到一定深度、建筑结构比较明确时适合采用的建筑单位工程概算编制方法为（　　）。

A. 概算指标法　　B. 预算单价法　　C. 概算定额法　　D. 类似工程预算法

32. 实物量法编制施工图预算的工作主要有：①计算工程量；②套用消耗定额，计算人、料、机消耗量；③按计价程序计取其他费用，并汇总造价；④计算并汇总人、材、机费用；⑤准备资料，熟悉施工图纸，正确的步骤是（　　）。

A. ④-⑤-①-②-③　　B. ⑤-①-④-②-③

C. ⑤-②-①-④-③　　D. ⑤-①-②-④-③

33. 施工图预算审核时，利用房屋建筑工程标准层建筑面积数对楼面找平层、天棚抹灰等工程量进行审查的方法，属于（　　）。

A. 分组计算审查法　　B. 重点审查法

C. 筛选审查法　　D. 对比审查法

34. 某工程项目预付款 120 万元，合同约定：每月进度款按结算价的 80% 支付；每月另行支付安全文明施工费 20 万元；预付款从开工的第 4 个月起分 3 个月等额扣回。开工后前 6 个月结算价见下表，则第 5 个月应支付的款项为（　　）万元。

月份	1	2	3	4	5	6
结算价/万元	200	210	220	220	220	240

A. 136　　B. 160　　C. 156　　D. 152

35. 根据《建设工程工程量清单计价规范》（GB 50500—2013），应列入措施项目费清单的费用是（　　）。

A. 暂估价　　B. 施工降水

C. 工程保险费　　D. 检验试验费

36. 已知项目从投资估算到开工建设年限为 1 年，建设期 3 年，运营期为 8 年。其中工程费用为 9000 万元，工程建设其他费为 5900 万元，建设期利息为 100 万元，铺底流动资金 200 万元。建设投资各年计划投资值为 30%，50%，20%，年均投资价格上涨率 5%，基本预备费率 8%，其他因素不考虑，则该项目建设期间的价差预备费为（　　）万元。

A. 1123.96　　B. 1748.43　　C. 2009.7　　D. 2349.6

37. 某工程项目，建设期为 2 年，共向银行借款 5000 万元，其中第一年借入 2000 万元，第二年借入 3000 万元，年利率均为 6%，借款在各年内均衡使用，建设期内只计息不付息，则建设期第二年应计利息为（　　）万元。

A. 300.00　　B. 273.60　　C. 213.60　　D. 180.00

38. 施工过程中对隐蔽工程质量检查验收影响工人操作的时间，属于预算定额人工消耗量指标组成中的（　　）。

A. 基本用工　　B. 辅助用工

C. 人工幅度差用工　　D. 超运距用工

39. 某工程采用工程量清单计价，施工过程中，业主将屋面防水变更为 PE 高分子防水卷材（1.5mm），清单中无类似项目，工程所在地造价管理机构发布该卷材单价为 18 元/m^2，该地区定额人工费为 3.5 元/m^2，机械使用费为 0.3 元/m^2，除卷材外的其他材料费为 0.6 元/m^2，管理费和利润为 1.2 元/m^2。若承包人报价浮动率为 6%，则发承包双方协商确定该项目综合单价的基础为（　　）元/m^2。

A. 25.02　　B. 23.60　　C. 22.18　　D. 21.06

40. 某项目采用净现值指标进行敏感性分析，有关数据见下表，则各因素的敏感程度由大到小的顺序为（　　）。

项　　目	-10%	0	10%
建设投资/万元	623	564	505
营业收入/万元	393	564	735
经营成本/万元	612	564	516

A. 建设投资—营业收入—经营成本　　B. 营业收入—经营成本—建设投资

C. 经营成本—营业收入—建设投资　　D. 营业收入—建设投资—经营成本

41. 根据《建设工程工程量清单计价规范》（GB 50500—2013），实行工程量清单计价的工程，应采用的合同类型是（　　）。

A. 总价合同　　B. 单价合同

C. 固定总价合同　　D. 成本加酬金合同

42. 与资产相关的政府补助，包括先征后返的增值税、按销量或工作量等依据国家规定的补助定额计算并按期给予的定额补贴，以及属于财政扶持而给予的其他形式的补贴等，记作补贴收入，但不列入（　　）。

A. 投资现金流量表　　B. 资本金现金流量表

C. 投资各方现金流量表　　D. 财务计划现金流量表

43. 下列单位工程概算中，属于建筑单位工程概算的是（　　）。

A. 工程建设其他费概算　　B. 热力设备及安装工程概算

C. 工器具及生产家具购置费用概算　　　　D. 特殊构筑物工程概算

44. 根据《建设工程工程量清单计价规范》（GB 50500—2013）编制措施清单项目时，下面说法正确的是（　　）。

A. 参考拟建工程的常规施工技术方案，以确定环境保护、安全文明施工等项目

B. 措施项目清单的编制应考虑建设单位的实际情况

C. 措施项目清单的编制应考虑招标文件中需要通过一定技术措施才能实现的要求

D. 参考拟建工程的常规施工组织设计，以确定混凝土模板及支架、脚手架等项目

45. 根据《建设工程工程量清单计价规范》，在编制工程量清单时，招标人对工程质量、材料、施工等的特殊要求的描述应列在（　　）中。

A. 其他项目清单的暂列金额

B. 措施项目清单的项目特征

C. 可能导致噪声污染的分部分项工程量清单的项目特征

D. 工程量清单编制总说明

46. 关于国际工程投标报价中暂定金额的说法，错误的是（　　）。

A. 暂定金额是业主在招标文件中明确规定了数额的一笔资金

B. 承包商在投标报价时应将暂定金额计入工程总报价

C. 暂定金额等同于暂估价

D. 承包商无权做主使用暂定金额

47. 根据《建设工程工程量清单计价规范》（GB 50500—2013），关于工程量清单的说法，不正确的是（　　）。

A. 措施项目费都应该以“项”为计量单位

B. 同一招标工程的项目编码不能重复

C. 施工单位投标报价时清单项目的工程量不可以更改

D. 暂列金额是用于施工中可能发生工程变更时的工程价款调整的费用

48. 根据《建设工程工程量清单计价规范》，某工程在2018年5月15日发布招标公告，规定投标文件提交截止日期为2018年6月15日，在2018年6月6日招标人公布了修改后的招标控制价（没有超过批准的投资概算），对此情况招标人应采取的做法是（　　）。

A. 将投标文件提交的截止日期仍确定为2018年6月15日

B. 将投标文件提交的截止日期延长到2018年6月18日

C. 将投标文件提交的截止日期延长到2018年6月21日

D. 宣布此次招标失败，重新组织招标

49. 某投资方案各年的净现金流量如下图所示，试计算该方案的财务净现值，并判断方案的经济可行性，正确的是（　　）（单位：万元）。

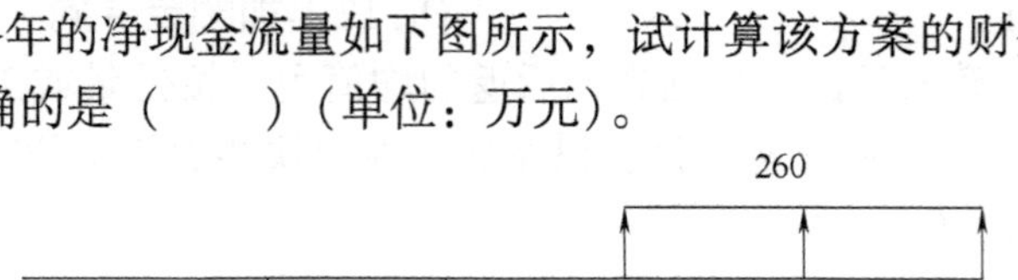

已知：基准收益率为10%，$(P/A, 10\%, 2)=1.7355$，$(P/A, 10\%, 6)=4.3553$，$(P/F, 10\%, 2)=0.8264$。

A. 335.8万元，可行　　B. -125.7万元，不可行

C. 241.6万元，可行　　D. 760万元，可行

50. 根据《建设工程施工合同（示范文本）》，关于工程保修及保修期的说法，正确的是（　　）。

A. 工程保修期从交付使用之日起算

B. 发包人未经竣工验收擅自使用工程的，保修期自开始使用之日起算

C. 保修期内的工程损害修复费用应全部由承包人承担

D. 具体分部分项工程的保修期可在专用条款中约定，但不得低于法定最低保修年限

51. 某项目净现金流量见下表，则项目的静态投资回收期为（　　）年。

计算期/年	1	2	3	4	5	6	7	8	9
净现金流量/万元	-800	-1200	400	600	600	600	600	600	600

A. 5.33　　B. 5.67　　C. 6.33　　D. 6.67

52. 根据《建筑工程工程量清单计价规范》（GB 50500—2013），分部分项工程量清单中，确定综合单价的依据是（　　）。

A. 计量单位　　B. 项目特征

C. 项目编码　　D. 项目名称

53. 某施工企业需要从银行借款200万元，期限1年，有甲、乙、丙、丁四家银行愿意提供贷款，年利率为7%，但利息支付方式不同，甲要求采用贴现法；乙要求采用收款法；丙、丁均要求采用加息法，并且丙要求12个月内等额还本付息，丁要求12个月内等额本金偿还，利息随各期的本金一起支付，其他贷款条件都相同。则该企业借款应选择的银行是（　　）。

A. 甲　　B. 丙　　C. 乙　　D. 丁

54. 根据《建设工程施工合同（示范文本）》，下列可能引起合同解除的事件中，属于发包人违约的情形是（　　）。

A. 因发包人所在国发生动乱导致合同无法履行连续超过100天

B. 因罕见暴雨导致合同无法履行连续超过了20天

C. 承包人未按进度计划及时完成合同约定工作

D. 因发包人原因未能在计划开工日期前7天下达开工通知

55. 在招标工程的合同价款约定中，若招标文件与中标人投标文件不一致，应以（　　）中的价格为准。

A. 投标文件　　B. 招标文件

C. 工程造价咨询机构确认书　　D. 审计报告

56. 对建设规模较小，技术难度较低，施工工期较短，施工图设计已经审查批准的工程，从有利于业主方控制投资的角度，适宜采用的合同类型是（　　）。

A. 固定单价合同　　B. 固定总价合同

C. 成本加酬金合同　　D. 可调单价合同

57. 根据《建设工程工程量清单计价规范》（GB 50500—2013），关于工程量清单编制的说法，正确的是（　　）。

A. 综合单价包括应由招标人承担的全部风险费用
B. 招标文件提供了暂估单价的材料，其材料费用应计入其他项目清单费
C. 措施项目费包括规费、税金等在内
D. 规费和税金必须按有关部门的规定计算，不得作为竞争性费用

58. 当企业与客户之间的合同变更之后发生可变对价后续变动，且合同变更增加了可明确区分的商品及合同价款，同时新增合同价款反映了新增商品单独售价，对该合同变更部分进行了会计处理时，正确的做法是（　　）。
A. 将合同变更部分作为原合同的组成部分处理
B. 将合同变更部分作为一份单独的合同处理
C. 将原合同未履行的部分和变更部分合并为新合同处理
D. 将原合同与变更部分合并形成新合同处理

59. 关于新技术应用方案技术经济分析的说法，正确的是（　　）。
A. 有无对比法是新技术应用方案比选常用的方法
B. 新技术应用方案技术经济分析的内容不包括环境分析
C. 新技术应用方案比选只能采用定性分析方法
D. 横向对比法适于不同行业的新技术应用方案对比

60. 在工程量清单计价模式下，关于确定分部分项工程项目综合单价的说法，正确的是（　　）。
A. 若分部分项工程量清单项目特征的描述与设计图纸不符，投标人应按设计图纸确定综合单价
B. 综合单价中不需考虑招标文件中要求投标人承担的风险费用
C. 综合单价中应考虑招标人和投标人承担的所有风险费用
D. 招标文件中提供了暂估单价的材料，应按暂估单价计入综合单价

二、多项选择题（共20题，每题2分。每题的备选项中，有2个或2个以上符合题意，至少有1个错项。错选，本题不得分；少选，所选的每个选项得0.5分）

1. 施工图预算的编制依据有（　　）。
A. 建设单位的资金到位情况
B. 施工投标单位的资质等级
C. 施工投标单位的施工组织设计
D. 批准的设计概算
E. 批准的施工图设计图纸

2. 根据我国现行《企业会计准则》，应列入流动负债的会计要素有（　　）。
A. 应付债券
B. 应收账款
C. 短期借款
D. 应付工资
E. 存货

3. 关于资产负债表作用的说法，正确的有（　　）。
A. 能够反映构成净利润的各种要素
B. 能够反映企业在一定会计期间现金和现金等价物流入和流出的情况
C. 能够反映企业在某一特定日期所拥有的各种资源总量及其分布情况
D. 能够反映企业的偿债能力

E. 能够反映企业在某一特定日期企业所有者权益的构成情况

4. 已知折现率 i>0，所给现金流量图表示（　　）。

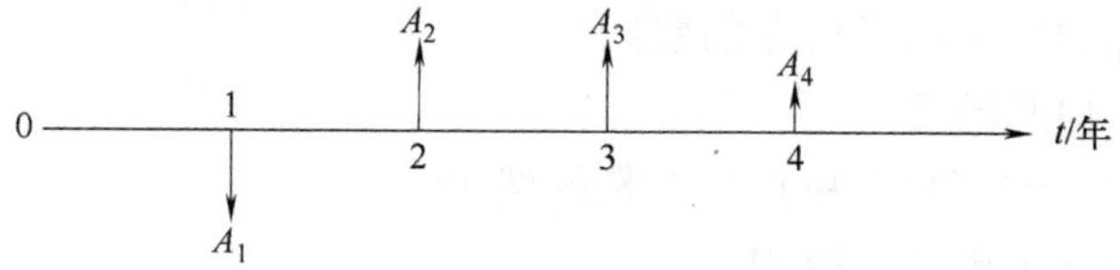

A. A_1为现金流出　　B. A_2发生在第 3 年年初

C. A_3发生在第 3 年年末　　D. A_4的流量大于 A_3 的流量

E. 若A_2与A_3流量相等，则A_2与A_3的价值相等

5. 关于建设工程项目设计概算的内容与作业的说法，正确的有（　　）。

A. 设计概算是项目实施过程造价控制管理的依据

B. 设计概算是考核设计方案的经济合理性和控制施工图预算的依据

C. 项目总概算是反映项目从设计至竣工交付使用所需全部费用的文件

D. 单位工程概算中应包括工程建设其他费用概算

E. 政府投资项目经主管部门审批的总概算是总造价的最高限额，不得任意突破

6. 下列有关基准收益率确定和选用要求的表述中，正确的有（　　）。

A. 基准收益率应由国家统一规定，投资者不得擅自确定

B. 从不同角度编制的现金流量表应选用不同的基准收益率

C. 资金成本和机会成本是确定基准收益率的基础

D. 选用的基准收益率不应考虑通货膨胀的影响

E. 选用的基准收益率应考虑投资风险的影响

7. 在技术方案投资各方现金流量表中，应作为现金流出的有（　　）。

A. 实缴资本　　B. 租赁资产支出

C. 技术方案资本金　　D. 借款本金偿还

E. 经营成本

8. 关于设备技术寿命的说法，正确的有（　　）。

A. 设备的技术寿命是指设备年平均维修费用最低的使用年限

B. 设备的技术寿命一般长于设备的自然寿命

C. 设备的技术寿命受产品质量和精度要求的影响

D. 设备的技术寿命主要是由设备的有形磨损决定的

E. 一般情况下，科学技术进步越快，设备的技术寿命越短

9. 应作为价值工程重点对象的是那些（　　）的功能。

A. 价值系数高　　B. 功能价值低

C. 可靠性尚可　　D. 改进期望值大

E. 复杂程度高

10. 施工企业发生的下列费用，应当计入财务费用的有（　　）。

A. 财会人员的工资　　B. 短期借款的利息

C. 财务部门的办公费　　D. 应付票据的利息

E. 汇兑损失

11. 建筑安装工程费用项目组成中，暂列金额主要用于（　　）。

A. 施工合同签订时确定要购买的设备但暂时价格未定

B. 施工图纸以外的零星项目所需的费用

C. 隐蔽工程二次检验的费用

D. 施工中可能发生的工程变更价款调整的费用

E. 项目施工现场签证确认的费用

12. 施工合同履行过程中，导致工程量清单缺项并应调整合同价款的原因正确的有（　　）。

A. 设计变更

B. 施工方案改变

C. 承包人投标漏项

D. 工程量清单编制错误

E. 施工技术进步

13. 从施工企业的角度，建造（施工）合同收入包括（　　）。

A. 变卖项目废弃材料的收入

B. 建造合同规定的初始收入

C. 企业出租施工机械的收入

D. 合同执行过程中变更形成的收入

E. 项目提前完工而获得的额外奖励款项

14. 公司进行利润分配时，应在提取任意公积金前分配的有（　　）。

A. 向投资者分配利润

B. 向股东分配股利

C. 弥补公司以前年度亏损

D. 提取法定公积金

E. 提取留作以后年度分配的利润

15. 因发包人提供资料错误导致承包人返工或造成工程工期及费用损失引起施工索赔时，下列说法正确的是（　　）。

A. 增加工作内容的人工费应按照综合单价计算

B. 停工损失费和工作效率降低的损失费按窝工费计算

C. 工作内容增加引起设备费索赔时，设备费的标准按照机械台班费计算

D. 因窝工引起的设备费索赔，按照机械折旧费计算索赔费用

E. 承包人可以索赔工期、费用和利润

16. 下列资产在财务管理上可作为现金管理的有（　　）。

A. 应收账款

B. 库存现金

C. 银行存款

D. 银行本票

E. 无形资产

17. 下列措施项目中，属于国家计量规范规定的不宜计量的措施项目的有（　　）。

A. 夜间施工增加

B. 冬雨期施工增加

C. 二次搬运

D. 垂直运输

E. 脚手架工程

18. 下列费用中，应计入建设项目资金筹措费的有（　　）。

A. 建设期利息

B. 项目为发行债券而支付的手续

C. 汇兑损失

D. 铺底流动资金

E. 建设期内利率变动导致的投资额的增加

19. 编制人工定额时需拟定施工的正常条件其内容包括拟定（　　）。

A. 施工作业内容　　B. 施工作业方法
C. 施工企业技术水平　　D. 施工作业地点组织
E. 施工作业人员组织

20. 根据《建设工程施工合同（示范文本）》（GF-2017-0201），关于单价工程计量的说法，正确的有（　　）。

A. 监理人对工程量有异议的，有权要求承包人进行共同复核或抽样复测
B. 监理人未在收到承包人提交的工程量报表后的14天内完成审核的，承包人报送的工程量报告中的工程量视为承包人实际完成的工程量据此计算工程价款
C. 除合同另有约定外，承包人应于每月25日向监理人报送上月20日至当月19日已完工程量报告
D. 所有工程内容必须按月计量
E. 对工程变更引起工程量的增减变化应据实调整，正确计量

参考答案

一、单项选择题

题号	1	2	3	4	5	6	7	8	9	10
答案	C	D	B	B	A	C	A	C	A	C
题号	11	12	13	14	15	16	17	18	19	20
答案	A	A	A	B	D	B	C	B	C	C
题号	21	22	23	24	25	26	27	28	29	30
答案	C	A	D	B	B	C	B	B	C	A
题号	31	32	33	34	35	36	37	38	39	40
答案	C	D	A	C	B	C	C	C	C	D
题号	41	42	43	44	45	46	47	48	49	50
答案	B	C	D	C	D	C	A	C	C	D
题号	51	52	53	54	55	56	57	58	59	60
答案	B	B	C	D	A	B	D	B	A	D

二、多项选择题

题号	1	2	3	4	5	6	7	8	9	10
答案	CE	CD	CDE	ABC	ABE	BCE	AB	CE	BDE	BDE
题号	11	12	13	14	15	16	17	18	19	20
答案	DE	AD	BDE	CD	BCE	BCD	ABC	ABC	ABDE	ACE